JN029359

「美意識」を育てる

筑波大学附属小学校 著

共に幸せに生きるための授業とカリキュラム

Elementary School attached to University of Tsukuba

東洋館出版社

まえがき

1994年、アメリカのロサンゼルスで大地震（ノースリッジ地震）が発生し、大きな被害をもたらした。そのとき、現地に支社があったある日本企業が復興支援のボランティア活動に参加したのだが、現地に住む日本人たちからこの活動に多くの批判が寄せられたという。会社名が入っていたＴシャツを着て活動をしていたため、売名行為として受け取られてしまったのである。しかたなく、ボランティアに参加した社員たちはＴシャツを脱いで活動した。中には、活動自体を断念してしまった人もいた。すると、一連の様子を見ていた現地のアメリカ人から、「どうして会社名の入ったＴシャツを着てボランティア活動をしてはいけないのか」と、批判した日本人に対する疑問の声があがった。

日本文化に根づいている精神主義の立場から考えれば、会社名の入ったＴシャツを着てのボランティア活動は、偽善的な行為として映る。一方、合理主義の立場から考えれば、会社名の入ったＴシャツを着ていようが着ていまいがボランティア活動自体は善行そのものであり、批判されることには当たらない。

このエピソードは、善行に対する評価も、国、組織、時代、文化等の違いによって変化するものであり、絶対的な価値基準はないことを示している。考えてみれば、私たちが実社会の中で直面する問題も、明確な正解がない場合が少なくない。国際問題、経済・政治問題、そして環境問題等の構造は複雑の一途をたどり、「ああすればこうなる」式の打開策では歯が立たない状況下にある。クローン技術、原子力発電、死刑制度、安楽死等の是非、そして昨今の新型コロナウイルス感染対策にしても、明確な正解はない。

『教育研究』（2020年７月号特集「教育に必要な『美意識』とは」）において、哲学者である苫野一徳氏（熊本大学准教授）は、特集論文の中で「美についての意識」を次のように記している。

「『美』は、そのような単なる相対主義を超えて、深い共通了解と相互承認の領域へとわたしたちを導いてくれるのだ。ここには大きな教育的意味がある」

たとえ正解を導くことができなくても、互いに普遍性（共通了解可能性）を見いだそうとする態度や精神を教育によって育むことができれば、それはこれからの社会で生き抜くための「生きる力」となるにちがいない。ここに、本研究「『美意識』を育てる」ことの本質的な価値があるように思う。

OECD（経済協力開発機構）が組織したプロジェクトであるDeSeCoが示したキーコンピテンシーの一つに「異質な集団で交流する力」がある。今後さらにグローバル化が進めば、さまざまな文化的背景、価値観、経歴をもった異質な集団といかに交流できるか、自分の価値基準だけにとらわれない“柔軟な心のもちかた”が求められるに違いない。

筑波大学附属小学校長　佐々木昭弘

目次

外国語科 外国語科で育てる「美意識」～音とコミュニケーションの視点で～

外国語活動・外国語科教育研究部　荒井和枝

道徳科 授業を変える、カリキュラムが変わる

道徳科教育研究部　加藤宣行／山田 誠

STEM⁺総合活動で育てる美意識

総合活動教育研究部

教科等横断的な学習（理科・保健教育・道徳科）

正解のない問題に納得解を出す「いのちの授業」

佐々木昭弘／齋藤久美／加藤宣行／山田 誠

第1章

「美意識」を育てる

～研究の全体像～

「美意識」を育てる

研究企画部　髙倉弘光／桂 聖／由井薗 健／大野 桂／辻 健
／平野次郎／笠 雷太／眞榮里耕太／加藤宣行／盛山隆雄

1.研究テーマ「『美意識』を育てる」は、こうして生まれた

筑波大学附属小学校は、明治６年（1873年）に師範学校の附属小学校として開校し、令和４年（2022年）に創立150周年を迎えました。創立以来、本校は日本の初等教育がどうあればよいか、理論的・実践的な研究を重ねて参りました。それらの研究は、いつの時代も日本の教育の「いまと未来」を見据える内容であったと言えます。

そのすべてを振り返ることはできませんが、昭和の終盤からの本校研究テーマを下にご紹介します。

■昭和62～平成２年　「自ら学び育つ授業の創造」
■平成３～５年　「子どもの感性が生きる授業の創造」
■平成６～９年　「学ぶ価値を見出し追究する活動」
■平成10～12年　「自分づくりを支える教育課程」
■平成13～16年　「子どもの豊かさに培う共生・共創の学び」
■平成17～20年　「『子ども力』を高める」
■平成21～24年　「『独創』の教育」
■平成25～27年　「日本の初等教育、本当の問題点は何か？」
■平成28～令和元年　「『きめる』学び」
■令和２～５年　「『美意識』を育てる」

ご覧のとおり、本校の研究では一つのテーマについて、３～４年をかけて追究します。そして研究の成果や課題に鑑み、また時代の変化に即応して次のテーマを考えるのです。

さて、最新の研究テーマ「『美意識』を育てる」は、どのように生まれたのでしょうか。まず、その経緯からお伝えします。

（1）　時代の動向から考える

新しい時代「令和」に入って２年目（2020年）、国の教育の道標となる新学習指導要領が、装いを新たに小学校で全面実施となりました。時おりしも〈新型コロナウイ

ルス感染症拡大〉が始まった年でもあります。

新しい学習指導要領では、各教科等の目標や内容を、これまでの内容ベースから資質・能力ベースへと転換しました。それは学習指導要領が始まって以来の大きな変化であり、国の並々ならぬ意気込みが感じられるものでした。資質・能力ベースへの転換、その大きな理由は「時代の変化」にあったのではないでしょうか。

本校の新しい研究の方向性を探るときにも、急速なスピードで変化する時代の動向を捉え、方向性を見据えることは大切な位置づけとなりました。

(1)-1　人生107年時代

平成29年に厚生労働省から出された「人生100年時代構想会議」の中間報告の中では、2007年に生まれた日本人の半数が107歳まで生きると推計しています。

たとえ、定年が75歳まで延びたとしても、その後30年以上老後の時間があることになります。いや、「老後」という言葉も使われなくなる時代が来るのかもしれません。生涯、人生の現役として生き続けることが望ましく、あるいは生涯現役で働き続けることが一般的な生き方となることも考えられます。

新しい学習指導要領では、「知識・技能」の習得、「思考力・判断力・表現力等」の育成、「学びに向かう力・人間性等」の涵養という３つの資質・能力をベースに各教科等の目標や内容が書き換えられました。

「知識・技能」「思考力・判断力・表現力等」という文言は、以前から使われてきたものです。しかし、今次改訂で使われているそれらの文言は、100年以上にも及ぶかもしれない長い人生を、幸せを感じながら生き抜くための「知識・技能」「思考力・判断力・表現力等」という意味合いが強いと考えれば、それらは新たな価値が付加されているものと捉えられるべきでしょう。

これらを踏まえ、新しい本校研究の方向性を探るとき、子どもたちが「人生107年時代」を幸せに生き抜くための教育、授業をどう改革していくか、という視座に立ちたいと考えました。

(1)-2　AI(人工知能)時代

イギリスで起こった第一次産業革命。大量生産のための機械化によって、多くの失業者を出し、それを解消するのに30年かかったとされます。

いま盛んに言われる言葉に「AI時代」がありますが、このAI革命もまた産業革命の一つです。しかもこの産業革命は、地球上で起こる最後の産業革命だとする研究者もおり、AIが人々の仕事を奪うと予想する研究者も多いのは周知のとおりです。

さて、AIの開発研究において、日本は世界のリーダーになっていると思いきや、2019年のデータ（2019年度版政府による科学技術白書）では、2004年に世界第４位だったAI開発にかかわる論文の被引用数が、2019年には世界第９位に、2021年は世界第10位と急転落しています。これに危機感を抱いているのは研究に身を置いている人ばかりではなく、国そのものと考えられます。

今次学習指導要領改訂での「プログラミング学習」導入、コロナ禍で急展開した「GIGAスクール構想」も、上のことに鑑みれば必然的な流れとも言えます。

AIの開発に欠かせない力とは何でしょうか。それは言わずもがな「創造力」です。だから、いま言われている３つの資質・能力は、AIを開発するような創造性を発揮するための土台となるようなものであることが望ましいと言えます。

今後ますますAIとの関わりが多くなり、さらなる創造力が求められる時代において、学校教育はどうあるべきか。このような視座も、研究の方向性を探る際には大切にしたいと考えました。

(1)-3　人としてよりよく生きること

法務省が出している「犯罪白書」(令和元年版) によれば、我が国の犯罪件数は平成14年をピークに減少し続け、今が第二次世界大戦後もっとも犯罪が少ない世の中になっていることがわかります。ところが、その中において横ばい、または微増傾向にあるのが詐欺犯罪で、認知されているだけで年間１万６千件以上に及んでいます (平成30年)。

詐欺犯罪に限らず、犯罪に手を染めてしまっている人の中には、いわゆる高学歴者もいるようです。過去に起きた凶悪な事件でも、一流大学を卒業した人が加担していたこともありました。

「知識」や「思考力」レベルにおいて、高いスコアを獲得できていたとしても、それを間違った方向に行使してはならないのは当然のことです。せっかく身につけた資質・能力を間違った方向に発揮してしまっては本末転倒です。小学校教育で育まれた資質・能力を生涯にわたってよりよい方向に発揮されることが望まれます。

平和な世の中をつくっていくことは、日本のみならず、世界的で絶対的な課題です。単に「知識」を人より多く獲得できるような尺度だけで教育を語ってはいけないのは明らかです。

人としてよりよく生きることは、３つの資質・能力で言えば、「人間性等」の涵養に当たると思われます。私たちは教育活動を通して、人として生きること、真っ当に、そしてよりよく生きようとする子どもを育てなくてはなりません。見せかけの資質・能力ではない、本物の資質・能力を見据えなければならないのです。

研究の方向性を探るとき、子どもたちが、よりよく生きていくために、各教科等の授業改革をどのように進めるか。このような視座も忘れてはなりません。

(2)　「『きめる』学び」研究の知見から

令和元年までの４年間取り組んできた「『きめる』学び」研究では、「知的にたくましい子ども」の育成を目的にして、理論的・実践的研究に取り組みました。その中で得た知見は以下の通りです。

①子どもが何かを「きめる」とき、「感覚的」にきめるときと「論理的」にきめるときがある。

②「感覚的」にきめることと「論理的」にきめることを往還させることで、知的たくましさがよりよく育つ。

③知的たくましさをよりよく育てるために、「価値ある遠回り」も有効に働く。

④「きめる」学びには、学ぶ様相として４つの要素（①自分の経験やそれまで身につけてきた知識・技能を生かして「きめる」、②自分事として「きめる」、③自分のこだわりをもって「きめる」、④自分が「きめた」学びを実感する）が認められた。

以上、「子ども自身が『きめる』こと」を授業に位置づけることで、知的にたくましい子どもの育成につながることが明らかになりました。

その一方で、課題も見出されました。

例えば、道徳の授業において、子どもが何らかの価値について考え、自らの立場を「きめる」場面があります。その際、一般的に考えてよりよい行いや考えが明らかなとき、自らに問いかけることなく、建て前としてよりよい立場に「きめる」ことはないでしょうか。頭ではよりよい行いや考えをすべきということはきめることができますが、実生活においてはそのことがまったく意識されていないとしたら、「きめる」学びを指向した授業は、子どもの育ちを伴わない空虚なものになってしまいます。

長い人生において、さまざまな局面で自分が「きめる」ことは重要なことです。その際、知的な判断を伴うこともまた重要です。しかし、いくら知的にたくましく「きめる」ことができても、それが実際の行いとずれたものであってはいけませんし、方向性が間違ったものであってはいけません。

「知的にたくましい」「きめる」にはよりよい方向性が必要なのです。このことは、先述した高学歴者による犯罪の例とも関連づけられる考え方です。

新しい研究の方向性を考えるとき、「『きめる』学び」研究の成果や課題に立脚することは必然となりました。

（3）「日本の初等教育　本当の問題点は何か」研究を継承する

平成26年から３年間進められた本校研究では、全国の教師がそのとき真にもっていた問題意識を出発点にして、それらの問題解決を目指す理論的・実践的研究を進めました。

いつの時代も、現場にいる私たち教師が問題意識をもって教育を語ることは大切なことです。本校の新たな研究の方向性を探るとき、いまの我が国の小学校教育における問題点を洗い出すことも必要な作業であり、平成26年からの研究を継承していきたいと考えました。

では、学習指導要領が改まったいま、我が国の初等教育が抱える問題点はどこにあるのでしょうか。学習指導要領では、主体的・対話的で深い学びの実現を謳っています。このうち「深い学び」について考えてみましょう。「深い学び」の実現に際しては、留意することとして国が何点か列挙しています。そこに挙げられていないのが、「時間」のことです。

単純に考えて、何かを深く学ぶために必要なものの一つとして挙げられるのは「時間」です。例えば、音楽の授業において、子どもの思いや意図を生かして表現を高めよう、追究しようとするとき、相応の時間が必要であることは当然のことです。

しかし、いま教室の時間割は過密な状態にあります。

十分に保障された時間のなかで「主体的・対話的で深い学び」の実現に向かうことは、いま喫緊の課題となっていると思われます。

私たちは、カリキュラムが学校の時間枠からあふれ出ているいまの状況「カリキュラム・オーバーロード」が、初等教育が抱える問題であると考えました。

本研究においては、各教科等におけるカリキュラムを今一度見直し、資質・能力時代に応じた「新しいカリキュラムモデル」の創出を新しい研究内容に位置づけたいと考えました。

（このカリキュラムモデル創出研究については、令和２年度から４年間、文部科学省から「研究開発学校」指定を受けています）

2.「『美意識』を育てる」研究の概略

（1） 研究テーマ

ここまで本校研究の方向性を探るために、いまの社会状況、本校先行研究の成果や課題について述べてきましたが、それらを参考にして研究テーマが生まれたのです。

「美意識」を育てる

（2） なぜ「美意識」なのか？

人生107年時代を幸せに生き抜くために必要な資質・能力を育てることが大切だと言いました。価値観が多様化している昨今ですが、今後はますます多様化が進むと予測されます。

そのような時代にあって、個々人は何をもとに自らの価値観をつくりあげていくのでしょうか。もちろん、価値観を形成していくには、相応の知識も必要だし、その知識をもとにして思考、判断することが大切です。そのとき、学校教育が果たす役割は非常に大きなものです。だから、いま学校で３つの資質・能力を育てる必要性が叫ばれているのです。学校には共に学ぶ仲間がいる。先生がいる。いろいろな人との交わりを通して３つの資質・能力を育てるところに学校のよさや強みがあります。

しかし、３つの資質・能力を育てるというとき、単に多くの知識を覚えられればよいわけではないし、先の道徳の授業の例で示したとおり、空虚な思考力を育てるのも間違いです。それらは、言わば「見せかけの資質・能力」です。

そうではなく、資質・能力を本質的な方向に働かせようとする根本的な「何か」があると仮定し、その「何か」を、私たちは「美意識」と呼び、育てることを志向したのです。

「美意識」という言葉は、「日本の美意識」とか「あの人の美意識は高い」などと使われます。つまり「美意識」とは、あるものや人の中にある固有のものであり、人それぞれ違ったものでしょう。それこそ多様です。その個の「美意識」に従って、知識を生かし、思考・判断し、その人らしい生き方を決めていく。これが、多様な価値観が存在する新しい時代の生き方なのではないでしょうか。「美意識」がその人の人生を方向づけていくという考え方です。

このように、本研究では「美意識」という言葉を研究の柱として据えたのです。

(3) 本研究における「美意識」とは何か？

本研究における「美意識」をどのように定義づけるかについては、紆余曲折ありました。幾多の研究授業、その後の協議会、研究企画部会で修正を重ね続け、4年間あった研究期間の2年目終了時に、ようやく下のように落ち着きました。

「美意識」とは、その子の「みえ方」や「こだわり」をもとに、本質を捉え深めようとする心の働きである。それは「共に幸せに生きるために発揮される資質・能力」の源である。

(4) 本研究の目的

本研究の目的は以下のとおりです。

初等教育において、子どもに育むべき「美意識」とはどのようなものか、そしてどのように育むことができるかを探るとともに、「美意識」をよりよく育むためのカリキュラムモデル創出を試みることを本研究の目的とする。

本研究の目的に、「子どもに育むべき『美意識』とはどのようなものか」とあります。ここで言う「美意識」とは、各教科や領域がもつ特性に鑑みて授業の中で育まれる「美意識」のことです。その「美意識」とはどのようなものなのかを実践的に探っていくことが一つの大きな目的なのです。また授業を通してその「美意識」がどのように育まれていくのか、授業を構築する際に「美意識」という概念をもち込むことで、授業がどのように改善されるのかが、研究の主眼となります。

また、「『美意識』をよりよく育むためのカリキュラム創出」とは、「美意識」を育むために各教科や領域における学習内容を吟味し、配列を試みることを指しています。

資質・能力ベースで書き換えられた新学習指導要領ですが、学習内容については従前の学習指導要領と大きな変化がありません。本研究では、「美意識」が支えとなる資質・能力をよりよく育むために、真に必要な学習内容は何かを抽出し、それらを構造化し、配列することを目指したのです。

(5) 本研究で目指す子ども像

本研究の主眼は、子どもの「美意識」を育てることにあります。ここで、子どもがどのように育っていってほしいのか、その具体の姿を挙げたいと思います。実際の授業構築に資すると考えられるからです。

目指す子ども像は、以下のとおりです。

自らの「美意識」に素直に向き合い、追究したいことを見出したり、よいと思ったこと、正しいと思ったことを実行したり、取り入れたりすることを通して、新たな価値を共に創造することを楽しみ、自らの「美意識」を成長させようとする子ども。

子どもが、その段階でもちあわせている「美意識」に素直に向き合うことで、その子なりの物事の捉え方をする、その上で追究したいことを見出したり、よいと思ったことや正しいと思ったことを実行したり、取り入れたりすることを重視したいのです。こうすることが、その子なりの「美意識」を生かすことにつながると考えます。

また、上のような過程を経て、友達と交わりながら新たな価値を共に創造することを重視します。友達と交わりながら追究することは、その子の「美意識」を更新させることにつながります。このことは学校教育における大きな価値と言えるのではないでしょうか。身勝手や自惚れ、独りよがりな「美意識」に陥らないようにするために「新たな価値を共に創造する」ということが重要になると考えます。

本研究においては、学校でのあらゆる教育活動を通して、自らが自身の「美意識」を成長させていこうとする子どもを育てたいと考えているのです。

(6) 研究の内容

前掲した本研究の目的に鑑み、研究の内容を以下のように設定しました。

①各教科や領域が固有にもつ、子どもに育てたい「美意識」について、授業の具体、子どもの具体的な姿を通して明らかにする。
②授業や教育活動全体を通して、子どもの「美意識」がどのように育まれるかを明らかにする。
③「美意識」がよりよく育まれるためのカリキュラムモデル創出を試みる。

(7) 研究の方法

研究内容について、以下のような方法で取り組みました。

①各教科や領域が固有にもつ、子どもに育てたい「美意識」について授業の具体、子どもの具体的な姿を通して明らかにする。
②授業や教育活動全体を通して、子どもの「美意識」がどのように育まれるかを明らかにする。

上記①及び②の研究内容については、各教科や領域において、日常的に授業や学習活動を構築する際、「美意識」というキーワードを念頭に置いて授業に臨むようにします。そして実際に授業を行い、記録と考察を行います。

また、定期的に行われる校内研究会において、各教科や領域の研究授業を実施し、その際、上記①「各教科や領域が固有にもつ『美意識』」とは何か、また上記②「授業などを通して育まれる『美意識』」をどのように想定するのか、授業者自身の見解を指導案に明記することにします。授業後の協議会では、授業者が想定したことが実現したか、あるいは妥当かなどを検討していきます。

③「美意識」がよりよく育まれるためのカリキュラムモデル創出を試みる。

本研究においては、子どもの「美意識」がよりよく育まれるために、各教科等におけるカリキュラムを今一度見直し、資質・能力時代に応じた新しいカリキュラムモデルの創出を研究内容に位置づけました。

本校は、令和２年度より４年間の計画で文部科学省による「研究開発学校」の指定を受けました。これは、主として各教科等の内容の構造化等による資質・能力の育成に関する研究開発を行うもので、現行の学習指導要領による時間的な、あるいは内容的な制約を受けないで研究に当たることが可能となります。

カリキュラムモデルについては、本研究（「美意識」を育てる）によって導き出された考察に基づいて、各教科等の本質をなす内容の精選、学年への配当、指導順序などを考察し、創出していくこととしました。

（8） 研究の計画

本研究「『美意識』を育てる」は、４年の期間で進められました。各年次のサブテーマは以下のとおりです。

第１年次　資質・能力を支える「美意識」
第２年次　「美意識」を育てる授業と指導法
第３年次　「美意識」を育てる学びの系統
第４年次　「美意識」を育てるカリキュラム

3．「『美意識』を育てる」研究で明らかになったこと

（1）「美意識」は資質･能力を発揮する方向をきめる源

第１年次研究のサブテーマは「資質・能力を支える『美意識』」です。このことは、本研究で使っている「美意識」という言葉の定義**「共に幸せに生きるために発揮される資質・能力の源である」**にも表れています。このことを大前提に研究がすすめられました。このことを図に示すと右のようになります。

資質・能力を「美意識」が支えるイメージです。ですから、それはかなり子どもの深い部分にあるものと考えられます。その深い部分に作用するような授業とはいったいどんな授業なのでしょうか。

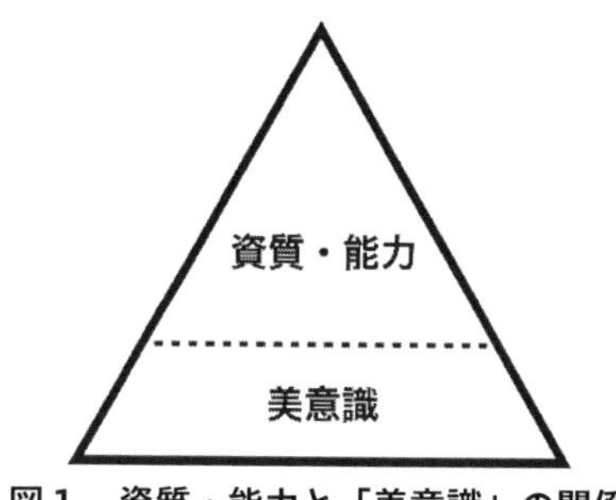

図１　資質・能力と「美意識」の関係

各教科での理論的研究、そして実践的な研究がスタートした第１年次。

第１年次は、国語科、算数科、理科、音楽科、道徳科の５本の研究授業が行われました。どの教科も理論的な研究はまだ脆弱と言わざるを得ませんでした。しかし、授業者が考えるその教科で育てたい「美意識」について語り、それを授業で具現化しようとしたのです。

例を挙げましょう。

◆国語科の桂教諭は、授業提案とともに国語科における「美意識」を次のように定義づけを試みました（2019年時点）。

> 言葉や論理のよさを感じ取り、それを表現しようとする心の働き

◆算数科の森本教諭は、「共に幸せに生きること」に焦点をあてた授業を提案しました（2020年１月）。

> ①　算数の資質・能力が知的に高まっていくこと（知的な部分）
> ②　算数授業をきっかけとして、仲間とのかかわりあいが大切にされていくこと（心的な部分）

◆理科の志田教諭は、授業提案とともに理科授業において子どもに育てたい「美意識」を次のように想定しています（2019年時点）。

> 科学的なのか、科学的ではないのかを判断するための「軸」

◆音楽科の高倉教諭は、授業提案とともに、本研究で育てたい子ども像と、授業づくりのポイントを次のように想定しました（2019年時点）。

〈育てたい子ども像〉

小学校で学んだことが生きて働き、その子の音楽に対する意識が常に更新され、人生のあらゆる場面で、豊かに、音楽と、そして多くの人々と関わりをもとうとする子ども（人）。

〈授業づくりのポイント〉

① 音や音楽から「感じ取ること」を基盤とした、新しい知識や技能、あるいは音楽に対する見方・考え方を獲得すること（インプット）

② 上の①によって得た知識や技能をもとにして、新たな音楽的な価値を生み出すこと（アウトプット）

このようにして、子どもの深い部分にあるであろう「美意識」に対して、各教科、各教員によるアプローチが始まったのです。

その結果、研究第１年次では、授業研究や協議を積み重ね、「美意識」を説明するためのイメージが加わりました（右図参照）。

図２　美意識の「自転車」モデル

「美意識」を「自転車」で説明します。前後の車輪が思考力・判断力・表現力等と知識・技能、自転車を動かすペダルが、学びに向かう力としたとき、これらの資質・能力を方向づける考えの源、自転車ではハンドルの役割を担うものが「美意識」となります。子どもたちは、日々の生活や学習場面で、ペダルを回しています。すると、車輪はどんどん大きくなり、強く丈夫になるイメージ。資質・能力が育成されている状態です。そのとき、乗り手である子どものハンドリングは自転車全体が向かうべき方向を定めることになります。

学習には、ときに向かうべき方向が見えず、子どもが試行錯誤を繰り返す場面があります。そのようなとき、教師が向かう方向を示唆するような助言を行うこともあります。様々な進み方をしても、俯瞰すると、轍は自転車がよりよい方向へ進んできたことを示すでしょう。

これまでも、子どもは授業のなかで、ハンドルの切り方も身につけているはずですが、どちらかというと、私たち大人は、いや子どもも、車輪の大きさや強さに目が向き、知識・技能の車輪を大きくするための指導や思考力・判断力・表現力等の車輪を強くするための方策などが、大切にされてきたのではないでしょうか。

しかし、それらの力も向かうべき方向が定まらなければ、あるいは使い道を誤ればよい方向へ向かわなくなることも考えられます。

学びに向かう力というペダルが踏み込まれ、前後の車輪は駆動します。そしてその時々に乗り手が考えるよりよい方向へ向かっていくと考えられます。その方向を決めるハンドリングこそが「美意識」であり、その経験を通してハンドルの切り方を子どもが会得していく。これが授業で「美意識」が育まれるということとも解釈できるのです。

（2）「美意識」を育てる授業と、指導法

第2年次研究のサブテーマは、「『美意識』を育てる授業と指導法」です。新型コロナウイルス感染症拡大の影響で、年間5本（国語科、社会科、算数科、道徳科、総合活動）しか研究授業を実施できませんでした。しかし、第1年次研究の成果に立脚した研究は、さらなる成果を生み出す結果となりました。

子どもの「美意識」を育てる授業とはどんなものなのか。そしてその指導法に、教科の垣根を超えた共通の指導法があるのか。以下、研究から見えてきたことを記します。

◆「美意識」を育てる授業の目指すところ　～「みえ方」から「見方」への変容～

「美意識」を育てる授業とは、一体どのような授業なのでしょうか。端的に述べると、それは子どもの素直な「みえ方」を「見方」に深化させ、その「見方」を子どもが自覚的に働かせるようになることを目的とした授業であるという結論に至りました。

ここでいう「みえ方」とは、教材に出会ったときの子どもの初発の感じ方です。それはまだ受け身的で、「〇〇みたいじゃない？」、「なにか面白そう！」のように感覚的で表面的な解釈と言えます。

このような、子どもの素直な感じ方を受け入れないとき、教師がもっている学習内容を〈教え込む注入型〉の授業になりかねません。授業の中で子どもの変容を促す授業を目指すならば、初期段階の子どもの感覚的な素直さが現れた「みえ方」を受け止め、それを深化させて「見方」に高める授業を行うことが大切であると考えます。

ここでいう「見方」とは、子どもの感覚的で表面的な「みえ方」を検討した結果、他の問題場面や活動場面でも使える一般性や客観性、妥当性を有したものになることであり、共に学ぶ友達からも共感される〈共通了解〉を得た考えを指します。それは、「美意識」の定義にある「共に幸せに生きる」という概念に結びつくものでもあるのです。

そして、「見方」とは、例えば算数科でいう「数学的な見方・考え方」のように、必ずしも親学問から下りてきたものではありません。子どもが既習や自らの感じ方、他者との対話などを基に獲得したものであり、子ども自ら構築する「見方」なのです。

仮に子どもの「みえ方」から構築された「見方」が一般にいわれる「数学的な見方・考え方」と同じであったとしても、その「見方」にたどり着くまでのプロセスの違いに注目したいのです。既にあるものを教えるスタンスと、子どもの素直な「みえ方」を変容させることで構築するスタンスとでは、「見方」の働きは大きく異なるは

ずです。

指導法ステップ１

◆味わわせたい教材の美を吟味し、
それに対する子どもの「みえ方」を表出させること

指導法ステップ２

◆「みえ方」から「見方」へ変容させること

美意識は「子ども一人ひとりの心に内在しているもの」です。その美意識を育てる基本的な理念は、外にある美を取り入れるのではなく、外にある美と出会わせることで、心に内在する美意識を変容させるものです。その観点から「美意識」を育てる指導法を考えたとき、子どもに出会わせるべき教科や教材の美とその出会わせ方を検討することがとても重要であることがわかりました。

道徳科の研究授業を行った加藤教諭は、「よみがえった速球－藤川球児－」という教材を扱いました。主題は、「個性を生かす」。プロ野球選手の藤川球児は、あるとき、コーチの勧めで自分の投球フォームを変える一大決心をし、その後再度成功を収めました。

加藤教諭はその藤川球児の生き方に「美」を見出し、新たな自分を見つけるために、自分の個性を否定するという矛盾を子どもにぶつけて考えさせました。

自らの投球フォームを捨てた藤川球児は自分らしく生きていると言えるのか、言えないのかの二者択一を迫り、立場を決めさせて考えさせたのです。

コーチの助言だからといって、自分のこだわってきた投球フォームを捨てるという行為に、「果たして自分らしく生きていると言ってよいのか」と子どもは葛藤しました。もっている常識や知識ではすぐに判断できない状態になったとき、子どもは素直になり、自分の言葉で語り始めます。それが子どもの「みえ方」です。それから互いの「みえ方」を検討しました。

最終的にはどちらがよいではなく、子どもたちは両者の考えを包含する新たな個性について考えを巡らせていきました。それが「見方」なのです。授業を振り返って、加藤教諭は次のように述べています。

「…『美意識A』か『美意識B』かの二者択一ではなく、AにもBにも共通してあるものを共有できたとき、各自の『美意識』は殻を破って広がる…」と。

道徳科の研究授業から、教材のもつ「美」の捉え方と子どもの「みえ方」を表出させる教材の出会わせ方の重要性について深く考察することができました。

◆「リフレクション」の重要性

国語の研究授業を行った弥延教諭は、「リフレクション」によって美意識を成長させることを提案しました。

ここで「リフレクション」と「振り返り」の違いについて触れておきます。一般に「振り返り」は授業の終末に行われ、その授業で学んだことを整理する目的で行うものです。一方、本研究でいう「リフレクション」は、授業のいたる場面で行われ、新たな課題や方法を見出したり、「みえ方」を「見方」に深めたりするために行うものを指します。

弥延教諭は、国語の研究授業において、下記の①～④の状況をつくって、今の自然なみえ方（読み方）をこれまでの読み方とつなげてみること、また、他者の考えと自分のみえ方（考え）を比較し、共有するリフレクションを提案しました。そのことによって、個々の「みえ方」を「見方」に高めようとしたのです。

① 子どもが言葉や論理にこだわる状況をつくる。
② 表現することを通して個々の読みが表出する状況をつくる。
③ 個々の読みがゆらいだり、読みを見つめ直したりする状況をつくる。
④ 自分の中で読みを再構成することを通して、美意識の成長が自覚できるようにする。

スパイラルに繰り返されるインプットとアウトプットのプロセスに、リフレクションを取り入れて、そのときの「みえ方」を自覚させます。そして、他者との意見交換や、さらなるリフレクションをすることで、「見方」まで深める態度を育てることが大切なのです。

リフレクションについて研究を進めることで、取り入れるリフレクションを、次の３つに整理することができました。

① 問題解決や活動の途中で立ち止まって考え、自らの「みえ方」を自覚し、問題の条件や既習とのつながりをもとに、次の課題や方法を見出す。（自己との対話）
② 自分の「みえ方」を他者の「みえ方」と比較し検討することで、「見方」へと深める。（他者との対話）
③ 他の場面で「見方」を活用し、その「見方」をしてよかったことを共有する。（自他との対話）

さて、ここまで述べてきた「美意識」を育てるための指導法についてまとめたいと思います。

「美意識」を育てるには、子どもが心に内在する「美意識」を自覚的に働かせる経験を積ませることが必要です。自覚的に働く状態になって、初めて育ったと評価することができるのだと思います。

そのためには、例えば下記のように、単元の中で「美意識」を育てる段階を構成することが考えられます。

【「美意識」を育てる指導法の流れ】

① 「みえ方」を表出させる。

↓

② 「みえ方」から「見方」へ深める。

↓

③ 「見方」を活用させ、「見方」を使ったことのよさを意識化させる。

◆子どもの「美意識」を評価する４つの観点

「美意識」を育てるということは、ある状態【A】からある状態【B】への変容を促すことを意味します。そのためには、子どもの美意識を評価できるようにして、授業者は目指すべき「美意識」を理解しておくことが重要です。

そこで、子どもがどのような理由で「美意識」を働かせているのか、その観点を次のように作成しました。

表１ 【子どもの「美意識」を評価する観点】

	「美意識」の観点	特　徴	
1	好き嫌い、好み	直感的 嗜好的	自己 了解
2	自分のこだわり	感性的 個性的	
3	役に立つこと	合目的的 個別条件的	共通 了解
4	共に幸せになること	普遍的 互恵的	

上の１～４の観点について説明します。

1	好き嫌い、好み

１の「好き嫌い、好み」は、子どもが対象を「美」と捉える理由には、「好き嫌い」の世界があり、感覚が優先されるというカテゴリーです。その時々の気分で変わる「美意識」です。対象に初めて出会ったときに起こる心の働きで、そこに他者との関わりはない世界と考えてよいものと思われます。ときには、独りよがりな考えも表出される場合もあるかもしれません。

2	自分のこだわり

2の「自分のこだわり」は、内から湧き起こる感情に突き動かされて「美」を捉えるものであり、ある程度一貫性があります。個人のこだわりと言える「美意識」です。例えば1の「好き嫌い、好み」でであった対象であっても、時間が経って、あるいはその対象を調べたり、他と比べたりして、それでもその対象にこだわりをもって関わろうとする心の働きのことです。

3	役に立つこと

3の「役に立つ」は、ある条件や環境の中で目的を達成するものを「美」と捉えるものです。心が癒されたいという目的に合う音楽を「美しい」と捉えるといった例が挙げられます。これは、自分の思いだけではなく、その思いが何かの役に立つ、誰かの役に立つ、目的にふさわしい行為になるような方向性をもった心の働きを意味します。1や2より社会性を帯びた次元の心の働きと言えます。

4	共に幸せになること

4の「共に幸せになること」は、相対的な美や合目的的な「美」の世界を超えて、共通して多くの人々が了解することを目指した「美意識」であり、市民社会の「教養」としてふさわしい「美意識」として考えることができます。

3の「役に立つ」というカテゴリーをさらに社会化、一般化させ、自分の他も幸せになることを指向した心の働きを意味しています。このような「美意識」をもち合わせた子どもは、決して獲得した資質・能力をよからぬ方向に発揮することはないでしょう。

次に、1～4の観点の関係性についても触れておきます。

4の「共に幸せになること」を目指した普遍性を特徴とする「美意識」は、学校教育におけるどの教科・領域でもゴールとして目指す「美意識」ということになるかもしれません。しかしながら、この「美意識」に到達するまでのプロセスは多様です。

例えば算数科の授業では、およそ1～4へ順に深まっていくものと考えられます。問題に対して自分の「みえ方」を表出する段階は、観点1～2にあたります。その「みえ方」を、リフレクションを通して「見方」まで深めます。その「見方」は、特定の条件や目的に合った観点3の段階であったり、一般化された観点4の段階であったりするのです。

しかし、例外も考えられます。算数科では、論理と同時に感性を大切にします。数感覚、図形感覚、量感覚といった感覚は、瞬時に本質を捉えることがあり、観点4の普遍性や一般性を特徴とする「美意識」となる可能性があるのです。このことは、必ずしも観点1～4への道筋を、直線的に順を追ってたどるわけではないことを意味しています。

また図画工作科（以下、図工科）では、一般に、心象表現は［観点2］の感性や個性を大切にした「自分のこだわり」としての「美意識」が発揮される部分が大きいと言えます。デザインは、［観点3］の合目的的な「役に立つこと」としての「美意識」が求められることがあります。つまり、図工科では［観点1、2、3］と順に高まっていくのではなく、［観点1～3］のどの「美意識」にも価値があり、それらどの「美意識」からも［観点4］に迫ることができるという「美意識」の関係性をもつと考えられるのです。

これらのことから言えることは、［観点4］の「共に幸せになること」を求める「美意識」を目指すものの、［観点1～3］の「美意識」に価値の序列や、固定された育成の順序があるわけではないということです。

むしろ、子どもは［観点1や2］の「美意識」をもち、自分らしさを発揮できることがまずは重要なのです。そういった自分軸をもつことによって、はじめて［観点3や4］の「美意識」のよさを理解し、向かっていくことができるのではないかと考えるのです。

◆「内容の美」と「方法の美」を分けて捉える

総合活動の研究授業を行った辻教諭は、本単元「葉っぱーくの実現」の中に、コンテンツとしての「美」、つまり学習内容自体に「美」は無いと述べました。しかし、子どもたちが実現させようとする努力を惜しまない姿や、お互いの活動の繋がりを見つけ協働で解決しようとする姿に「美」があると考えたのです。

辻教諭の総合活動の実践では、クラウド上につくられたプラットフォームである「まなびポケット」を活用しました。自宅でもオンラインで友達と意見交換することができるようになり、子どもたちは、友達との「つながり」や「協働」への意識をより強くすることができ、友達と共により納得のいくものを創ろうという思いを強めました。

このように、子どもが課題を達成しようとする（「教科の本質」を捉え深める）プロセスを「方法の美」という観点から考察し、コンテンツ（学習内容）のもつ「内容の美」と分けて捉えることにしました。

「内容の美」と「方法の美」とを分けて捉えることによって、新たな授業づくりの視点が生まれることが期待され、研究の幅を広げることにつながったのです。

このことを図にすると、右図のようになります。

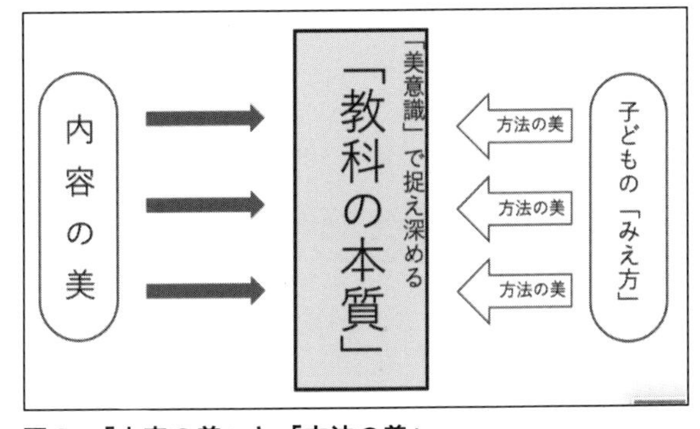

図3　「内容の美」と「方法の美」

(3)「美意識」を育てる学びの系統と、カリキュラム

第３年次研究のサブテーマは、「『美意識』を育てる学びの系統」、そして第４年次のサブテーマは「『美意識』を育てるカリキュラム」です。本研究の目的の一つが、「美意識」をよりよく育むためのカリキュラムモデル創出を試みることですから、いよいよ第２年次までの研究で得られた知見一つひとつを、今度は「系統」としてつなげていく作業に入ったのです。

「点から線へ」というのが第３年次の、「線から面へ」というのが第４年次のキャッチフレーズになりました。

これらの作業は、各教科等独自の方法で取り組みました。一般的には、同じフォーマットを使ってカリキュラムづくりをすると思います。しかし、そうはしませんでした。なぜなら、各教科等が置かれている状況が多様だからです。

親学問がきっちりとできあがっていると考えられる算数科や理科などの教科と、国語科や音楽科、図工科、体育科などのように、指導の系統性があまりはっきりしない教科とでは、おのずと学びの系統を考える視点が変わってくるはずです。また各教科等では、学習内容の領域や分野の分け方なども違っています。

それらをある一つのフォーマットにまとめることは、不自然であり、提案性に乏しい研究になってしまうとの判断から、独自の「系統」づくりを行ったわけです。

第３年次は、国語科、社会科、理科、図工科、家庭科、体育科の計６本。第４年次は、国語科、理科、社会科、体育科、算数科、音楽科、図工科の計７本の研究授業を行い、各教科がどのような考えをもとにして「学びの系統」を立てているのかを全職員で確認しつつ、同時に「美意識」を育てる授業づくりについて研究を深めました。

各教科等の「学びの系統」「カリキュラム」の詳細については、後の各教科等のページに掲載がありますので、そちらをご覧ください。ここでは、系統を立てる際の特徴的な考えをもった２教科についてご紹介します。

一つは理科です。理科は、先述したとおり親学問がしっかりしている代表的な教科と言えます。エネルギー、粒子、生命、地球を４つの柱として、小学校から高等学校まで、学習内容が系統的に学習指導要領にも示されています。しかし、本校理科部では、日々の授業で感じている子どもたちの教材への「みえ方」をデータとして収集し、それを分析、分類することによって、独自の「学びの系統」を見出したのです。

もう少し説明を加えると、子どもの「みえ方」が、理科の「教科の本質」（内容の美）に迫っていく道筋、すなわち「方法の美」で学びの系統を整理したというわけです（右図）。

①くらべ、そろえ、はっきりさせる系統
②見えないものを見えるようにする系統
③時間をかけて変化をとらえる系統
④なかま分け、類別する系統
⑤つくりと仕組みを結びつける系統
⑥大きな枠組みで考える系統

図４　本校理科部が立てた「理科の学びの６系統」

もう一つは、体育科です。現行の学習指導要領では、各種運動・スポーツを６つの領域に分けています。しかし、本校の体育科では、各種運動・スポーツ

を、その「動きの要素ごと（子どもたちに身につけさせたい運動感覚・技能）」にまとめ、それらを「学びの系統」として柱立てしました（下図）。

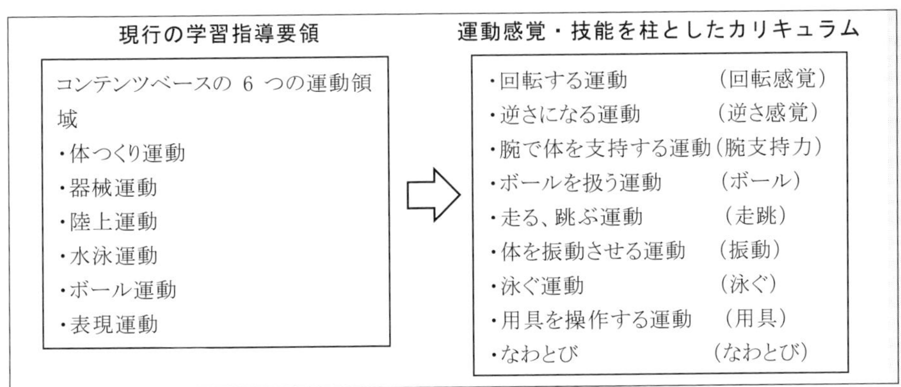

図５　本校体育部が立てた「体育科の学びの９系統」

このように運動感覚・技能を柱としたカリキュラムに組み替えることによって、低中学年で子どもたちに身につけさせたい運動感覚・技能を高めておくことが可能になります。また様々な運動に共通する運動感覚・技能であれば、これまで各単元の導入段階で取り組んでいた時間も短縮することができます。その結果として、主たる運動に取り組む時間が増え、学習の深まりを期待することができます。あわせて各種運動・スポーツの基礎感覚・技能が身についていれば、「できる」ようになることが増え、「できない」ことを原因とした運動嫌いを減らすことも期待できるのです。その結果、現在全国レベルで課題となっている体力向上も、解決に向かわせることができるのではないかと考えているのです。

以上、２つの教科について「学びの系統」の立て方をご紹介しました。

どの教科等においても共通に言えることは、「美意識」を育てる学びの系統を立ち上げる軸にしたのは、子どもの「みえ方」と「教科の本質」であることです。ここで注意が必要なのは、「美意識」で捉え深める「教科の本質」とは、親学問から下りてきたそのものではなく、各教科等で「内容の美」を想定しつつ、子どもの「みえ方」から「教科の本質」を改めて捉え直したものであるということです。「美意識」を育てる学びの系統は、次頁の図のように、子どもの「みえ方」と「教科の本質」との接点から立ち上げていくことにした点に、本研究の特徴があります。子どもの「みえ方」から「教科の本質」を捉え直し、「線」としての学びの系統を立ち上げようと考えたのです。

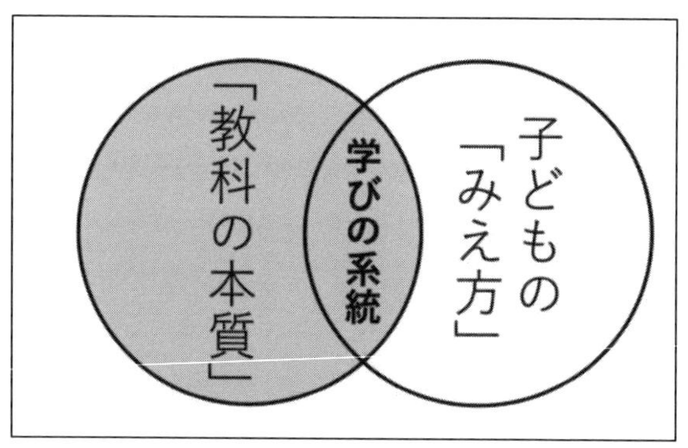

図6 「子どものみえ方」と「教科の本質」から立ち上げる学びの系統

大切なのは、各教科等で立てた「学びの系統」が、どのように子どもの学びをより有意義で、より効率的で、より本質的なものにするかという視点です。

本研究は、子どもの「美意識」を育てることにその主眼があります。第４年次の研究では各教科等で立てた「学びの系統」をもとに、「カリキュラム」を編むことになるのです。

（4）「カリキュラム」の位相

さて、本研究では日本のカリキュラム・オーバーロード問題を取り上げました。それを解消すべく新しいカリキュラムの創出、提案を研究の目的の一つとしたのです。

ここで一つ確認しておきたいことがあります。そもそも「カリキュラム」とはいったい何を指すものでしょうか。一般的には、一定の教育の目的に合わせて教育内容と学習支援を総合的に計画したものをカリキュラムと呼んでいます。元々はラテン語の「走る」(currere) から由来した言葉で「走るコース、走路、ランニングコース」のことを指し、第二次世界大戦後のアメリカから入ってきた概念だそうです。

しかし、今では日本国内の教育方法学の研究が進み、カリキュラムには様々な位相があることが知られています（田中2001）。

①制度化されているカリキュラム	(学習指導要領)
②計画されているカリキュラム	(各学校の年間指導計画)
③教えられているカリキュラム	(各教員の学習指導計画)
④経験されているカリキュラム	(子どもの経験内容)

図7 カリキュラムの概念と位相

上の図を見ておわかりのとおり、一番上に位置しているのは、国が制度として定めたカリキュラムであり、下に行くにしたがって、関係する範囲が身近になっていきます。最後は子どもが経験した学習内容ということになります。

本校では、子どもの「美意識」を育てるためのカリキュラムを創出しようと試みました。そのとき、子どもの学習対象に対する「みえ方」を大切にすることで、教科の本質に向かうことができるようなカリキュラムづくりを指向したのです。

つまり、日々の実践をもとに各教員独自の指導計画を生み出し、それをもち寄って各教科部で統一された指導計画をつくっていく方法を模索したのです。下図のとおり「下から上へ（ボトムアップ）」の方策でカリキュラムをつくっているということがおわかりいただけると思います。

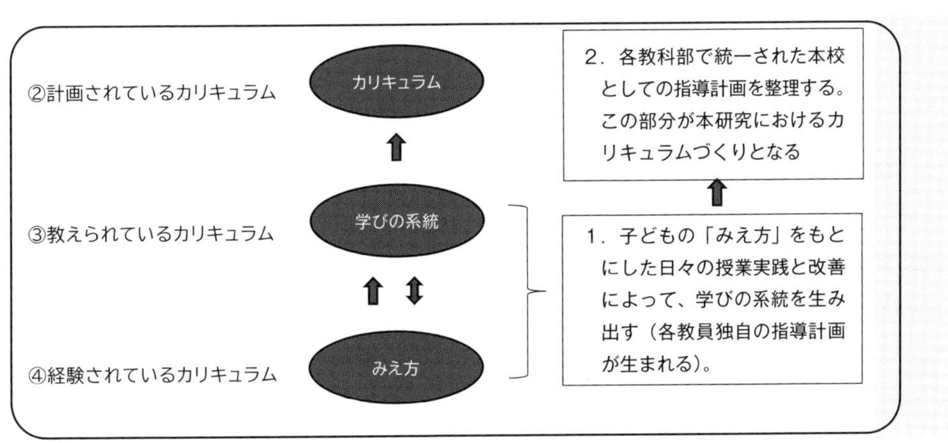

図8　本校のカリキュラム創出のシステム・イメージ

本研究で生み出した各教科等のカリキュラムの一部について、後のページでご紹介しています。また各教科のカリキュラム全貌については、本校ホームページに掲載しますので、あわせてご覧いただきたいと思います（2024年春以降予定）。

ここまで、本校の「『美意識』を育てる」研究の概略をお伝えしました。「美意識」を携えた子どもたちの明るい未来は、もうすぐそこまでやって来ています。その明るい未来づくりに、わずかでも本研究が貢献できることを願うばかりです。

［参考文献］
筑波大学附属小学校「研究紀要第76集」2020年
筑波大学附属小学校「研究紀要第77集」2021年
筑波大学附属小学校「研究紀要第78集」2022年
筑波大学附属小学校「研究紀要第79集」2023年
田中統治「教育研究とカリキュラム研究－教育意図と学習経験の乖離を中心に－」、山口満編著『現代カリキュラム研究』学文社，2001年，pp.21-33
苫野一徳『「美」とは何か、そして教育における「美意識」について』，一般社団法人初等教育研究会『教育研究』No.1421，不昧堂出版，2020年pp.14-17

第 2 章

「美意識」を育てる

～各教科等の研究～

国語科　「美意識」を育てる授業とカリキュラム

―読むこと（文学的文章）の授業改善を中心に―

国語科教育研究部　青木伸生／青山由紀／桂 聖／白坂洋一／弥延浩史

1. 国語科で育てたい「美意識」とは

（1）なぜ「美意識」なのか

2017年告示の学習指導要領（以下、2017年版要領）では、「知識及び技能」「思考力・判断力・表現力等」「学びに向かう力、人間性等」という三つの資質・能力の育成を目指しています。

しかし、いくつかの問題点もあります。

一つ目は「指導内容の曖昧さ」。２学年括りの指導事項は、学習内容を曖昧にしている原因の一つだと考えています。

二つ目は「授業時数の多さ」。国語科は授業時数が一番多い教科です。確かに「書く力」「話す・聞く力」「読む力」は、生きていく上で大切な力。とはいえ、授業時数が必要以上に多いのもマイナスです。適切な授業時数に精選していく必要があります。

三つ目は、「授業のあり方」の問題。2017年版要領では、「主体的・対話的で深い学び」を目指す授業改善が求められています。この理念には賛成です。でも、実際には「発問・応答」型の「教師主導」の授業が多いのも現実ではないでしょうか。「主体的・対話的で深い学び」が実現するような「学習者主体」の授業に関する理論や方法を確立する必要があります。

四つ目は、資質・能力を育成する「方向性」の問題です。例えば、仮に高学年の子どもが「原爆投下に賛成である」という主旨の意見文を書いたとします。そして、文章構成も表現も見事に工夫していたとします。私たち教師は、この作文をどう見るでしょうか。資質・能力の育成という視点だけでは、高い評価をつけざるを得ません。この子の「論理」自体は否定できないからです。しかし、こうした内容の作文には、私たち教師は肯定することができないでしょう。つまり、「書く」「話す」の表現にも、「読む」「聞く」の理解にも、「よりよい方向性」としての教材・題材、学習活動、学習内容を見極める必要があるのです。

さて、私たちは、資質・能力を育成する「よりよい方向性」のことを「美意識」と呼ぶことにしました。国語科授業においても「資質・能力」を支える「よりよい方向性」としての「美意識」を育てるという観点が不可欠なのです。

（2）国語科で育てたい「美意識」

国語科で育てたい「美意識」とは、次の「国語科の本質」に向かう心の働きです。

感覚と論理が往還する互恵的な言語活動を通して、子ども自らが言語生活を切り拓くこと

こうした「国語科の本質」に向かう心の働きは、教師が教え込むことはできません。子ども自らが、主体的に言葉に関わったり（インプット）、自分なりの言葉で表現したり（アウトプット）、他者とのズレや言葉のよさに気づいたり（リフレクション）する中でこそ成長していくと考えました。

2．国語科で「美意識」を育てる授業の条件

国語科授業で「美意識」を育てるため、例えば「読むこと」の授業においては「I（インプット）・O（アウトプット）・R（リフレクション）学びのサイクルモデル」の中で、「問いA → 問いB ⇄ 問いC ⇄ 問いD → 問いE」（問いBと問いC、問いCと問いDは行きつ戻りつする）のような「問いの深化」を促します（図1）。

問いA：感覚的な問い
（直感的な読み）
「（私は）～と感じる。（他の友達はどう感じたのかな？）」
「（私は）～と読めるなあ。（他の友達はどう読んだのかな？）」

問いB：論理的な問い
（直感的な読みのズレ）
「えっ、本当に～かな？　読み直してみよう」

問いC：共感的な問い
（他者の読みの想像）
「～さんは、たぶん～と読んだのかな？」

問いD：納得的な問い
（言葉や論理のよさへの気づき）
「ああ！」「確かに！」「なるほど！」

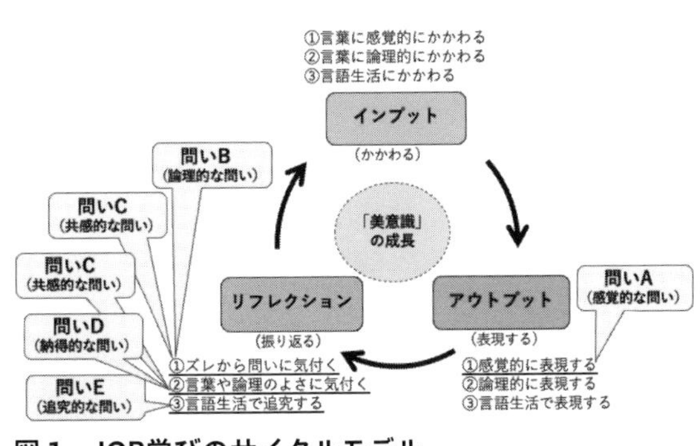

図1　IOR学びのサイクルモデル

問いE：追究的な問い
（読書生活や表現活動への意欲）
「よし、～も読んでみよう」「私らしく表現できそうだ」「～にも伝えたいな」

これらは「国語科の本質」に向かう「美意識」としての「問い」です。私たちは、このようにして「問い」が深化していくように、国語科授業をデザインすることが大切だと考えました。

（文責　桂 聖）

3．国語科で「美意識」を育てる授業の実際

以下では、文学的文章を「読むこと」の授業について取り上げて紹介します。「創作」「読後感」「問い日記」「対話」によって「問い」の深化を図りました。

「創作」で問いの深化を促す授業実践（１年）

（1）単元名　ペープサートでお話発表会をしよう
「やくそく」（光村図書一上）

（2）本実践における美

「やくそく」は、三匹のあおむしたちの物語です。それぞれ自分のはっぱであると主張し合い、けんかとなった三匹は、それを見ていた木に上まで登って周りを見るように諭されます。木の上から見た広い世界と美しい景色に圧倒され、蝶になったら一緒に海を見に行こうと約束するところで話は終わります。

限られた文字数で表現された入門期の学習材は、さし絵や行間を読み、想像することで内容を理解する必要があります。本教材も三匹の会話と行動が中心に描かれており、そこから心情を読み取っていかなければなりません。ペープサートという言語活動は、だれの会話文かを特定すること、会話文の内容や登場人物の様子、行動から心情に迫る必然を伴います。ペープサートを行うことを通して、これらの言葉の力を身につけることになるのです。理解したことを土台として、続き話を創作することでそれぞれの解釈を表現しました。

（3）問いの深化を促すリフレクション

初読後、一人の子どもが「三匹のあおむしたちは仲直りしたのかな？」と、問いA（感覚的な問い）を口にしました。すると、「仲直りしたよ」「仲直りなんてしてない」と意見が真っ二つに分かれました。そこで、【あおむしたちは、最後は仲直りをしたのか】を課題として読み進めることとしました。

さらに、この話が気に入った子どもたちは、【ペープサートでお話を発表したい】と言い始め、単元の終末の言語活動が決まりました。ペープサートをするには、だれの会話文かを特定し、心情を読み取り、それを声にのせて表現する必然が生じます。「いつ、どのように仲直りをしたのか」という課題の追究に適した言語活動です。

読み進めている中で、会話文や「…あおむしたちは、おおげんか。」という叙述から、三匹がけんかをしていたことは全員の意見が一致しました。さらに、木の上から見た景色の広さや美しさに驚き、一緒に海を見に行く約束をしたことも理解していました。それでも、「仲直りしたかどうかわからない」と言う子どもたちがいるのです。話し合いの中で、ある子どもが「心の中で仲直りをしたんだよ」と発言しました。すると、「仲直りはしていない」と主張していた子どもたちが急に、「そうか、心の中で仲直りしたのか」と考えを変えたのです。どうやら「仲直りする」とは、「ごめんね」と言葉で謝ることだと考えていたようです。さらにほかの子どもが「だって、一緒に

海を見に行く約束をしたもの」「だから題名が『やくそく』なんだよ」と、題名につなげて考えることもできました。これは問いD（納得的な問い）の姿と言えます。

そして、この後三匹のあおむしたちはどうなったのか、話の続きについて話し始めました。「三匹は無事に蝶になると思う」「蝶になった三匹は、きっと海を見に行くよ」。問いE（追究的な問い）へ自然につながっていったのです。そこで、それぞれが続き話をつくり、それも含めてペープサートで表現することになりました。

（４）単元計画（全８時間）

第一次　「やくそく」を読む　（４時間）
第二次　「やくそく」の続き話を書く　（１時間）
第三次　ペープサートでお話発表会を行う　（３時間）

（５）授業の実際

子どもたちは、読み取ってきたことを使って続き話を書きました。二人の子どもの続き話を紹介します。

（略）そして二かめ、あらしがきました。ちょうちょたちはあわててひなんしました。そして三びきはおなじばしょにかくれました。三びきのあおむしたちは、やっとちょうちょのすがたで、であえたのです。（略）
「そういえば、むかし、あおむしだったころのやくそくおぼえてる？」
「おぼえてるよ。たしかちょうちょになったら、きらきらひかってるばしょにとんでいくやくそくだったよね。」
（略）きらきらひかるばしょまで、とんでいきました。
　さかなに、「ここって、なんていうの。」とききました。さかなは、「うみっていうんだよ。」といいました。
（略）ちょうちょたちは、うみをとおりすぎて、のはらにいきました。すると、いっぱいなかまがいました。三びきは、なかまたちとなかよくたのしくくらしました。

三びきは、ちょうになりました。三びきともやくそくをおぼえてました。三びきは、木のうえまでのぼりました。
「やくそくどおりにいく？」
と一ぴきめがいいました。
「うん。」と二ひきめがいいました。
「それなら、みんなでいこう。」
と三びきめがいいました。
うみにつきました。ちょうは、バッタにあいました。一ぴきめのちょうがききました。
「あの、ひかっているところはなに？」
「あれは、うみだよ。」
とバッタがおしえてくれました。
「そうなんだー。」
と三びきのちょうは、こえをあわせていいました。（略）

どちらの話も約束を果たし、海へ行く展開となっています。さらに、蝶（あおむし）たちが「うみ」という言葉を知らないという想定とも齟齬がないように書かれています。これは、ほかの子どもたちの続き話にも見られました。それぞれが自分らしい表現をしながらも、もとの話の言葉や内容をきちんと受けていました。

（6）考察

入門期の子どもたちは、問いAでの直感的な読みにこだわるため、問いBの論理的に読み返したり、問いCの他者の読みを想像したりすることを自発的に求めることは難しいことを実感しました。しかし、登場人物に同化させることで言葉や論理のよさに気づき、それが問いD、さらに問いEの表現活動へと自然とつながっていったことから、劇化や創作が有効な言語活動であることが改めて認められました。

（文責　青山由紀）

「問い日記」で問いの深化を促す授業実践（４年）

（1）単元名　問いを立てて読もう！

中心学習材「白いぼうし」（学校図書４年上）

（2）本実践における美

本学習材を読むにあたって、ファンタジー構造は押さえておきたい特性です。入口と出口は「夏みかん」で、現実の世界には、夏みかんのにおいがのこっています。また、松井さんをはじめとした登場人物同士のかかわりは、つながりある、温かみのあるものかというと、決してそうとは言えません。たけのたけおくんや蝶（女の子）とのかかわりで描かれているのは、「すれ違い」です。松井さんは、逃がしてしまった蝶の代わりに夏みかんを忍ばせます。蝶と夏みかんは、どちらも自然のものという点で同じであり、たけおくんと松井さんにとって、「今一番大切にしている」という点で等価です。題名にある「白いぼうし」は、蝶（女の子）にとっては「檻」、たけのたけおくんにとっては「虫捕り網の代わり」であるなど、登場人物によってその捉えは異なるアイテムであるとともに、登場同士のかかわりを紡ぎ出す役割をしています。

（3）問いの深化を促すリフレクション

本実践では、学習者による「問いづくり→読み合い→問いの評価」を位置づけています。これまでの国語科授業づくりでは、問いの検討・選択、決定は、主に教える側によって設定されていました。単元で「問い日記」を中心的言語活動として位置づけ、次の要素で構成しています。

①問いの評価　　②読みの方略の価値づけ　　③自己の思いの表現

学習者自らがつくる「問い」をもとに読み、考えを交流するからこそ、振り返りとしてまとめる「問い日記」では、自分事として学びのプロセスを捉えていきます。

（4）単元計画（全10時間）

第一次　「白いぼうし」を読もう！（２時間）

・「白いぼうし」を読み、読後感を交流し、物語の設定とファンタジー構造を確認する。

第二次　問い日記をつくろう！（６時間）

・問いをつくり、問いの選択・検討をする。

・問いをもとに、「白いぼうし」を再読し、問い日記をつくる。

第三次　私を語ろう！（２時間）

・「白いぼうし」を読んで、自分の考えや経験、感想を書き、交流する。

（５）授業の実際

子どもたちが決定した問いと教材の特性との関係は右の通りです。子どもたちが決定した問いは物語の〈山場〉→〈結末〉→〈題名〉へと変化しています。また、部分の問いから全体の問いへと発展していることがわかります。さらには、本校国語部で提案している学びのサイクルに当てはめたとき、問いＡ（感覚的な問い）→問いＤ（納得的な問い）→問いＤへと問いが深化していることがわかります。

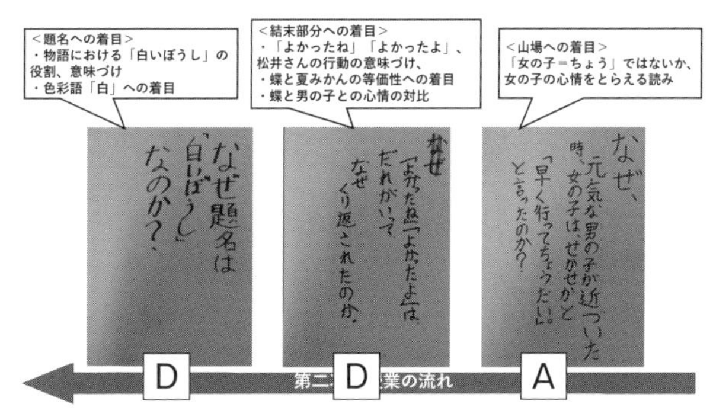

ここでは２つ目の問い『「よかったね」「よかったよ」はだれがいって、なぜくり返されたのか』での読み合いの一場面を紹介します。

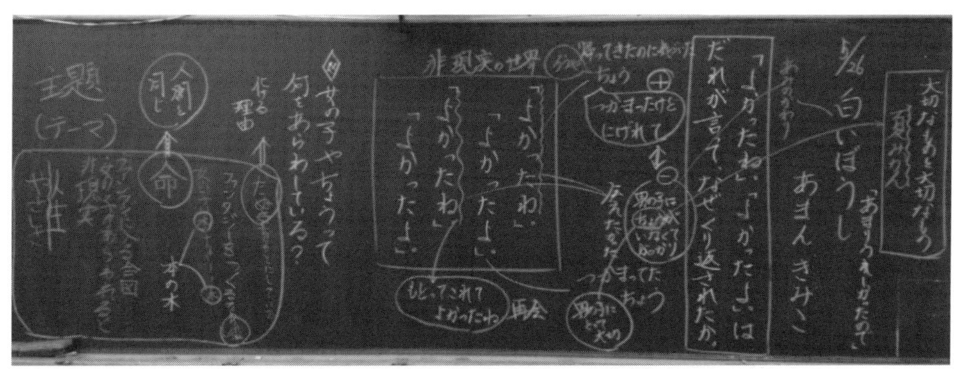

授業の冒頭では、この場面がまだ非現実の世界であること、「よかったね」には仲間の蝶の「帰ってきてよかったね」という思いが込められていること、「よかったよ」には「もどって来れてよかったよ」という再会の思いが込められていることが話題になりました。これらの話題を受けて、次のように問い返しました。

Ｔ：本当に助かってよかったんだろうか？

Ｃ：よかったと思っていて、この「よかったね」には、「男の子につかまったけどにげれてよかったね」という意味も込められていると思う。

Ｃ：男の子は、自分の白いぼうしを網のかわりにして蝶をつかまえていたんだけれど、松井さんが逃がしてしまって、蝶がいなくなってがっかりしたから、男の子にとってみたらマイナスだと思う。

Ｔ：だったら、この蝶にとってみたら、白いぼうしは何だったんだろう？

Ｃ：蝶にとってみたら、ろうやみたいなものじゃないかな。

Ｔ：どういうこと？

C：だって、たけのたけおくんにとっては蝶をつかまえるための網のかわりだったんだけど、つかまった蝶にとってみたら、逃げられないろうやみたいなものだと思う。

C：わかった！　松井さんは大切なものと大切なものを交換していて、男の子にとってみたら、白いぼうしの中にいる蝶がそのときに男の子にとって一番大切なもので、松井さんにとってみたら、お母さんから届いた夏みかんがそのときに一番大切なものだから、大切なもの同士を交換している。

子どもたちが目を向けたのは、「等価性」です。松井さんが逃がしてしまった蝶と、代わりに入れた夏みかんの関係性に思いを巡らせ、意味づけていました。本時の読み合いを通した問い日記には、右のようにまとめられていました。

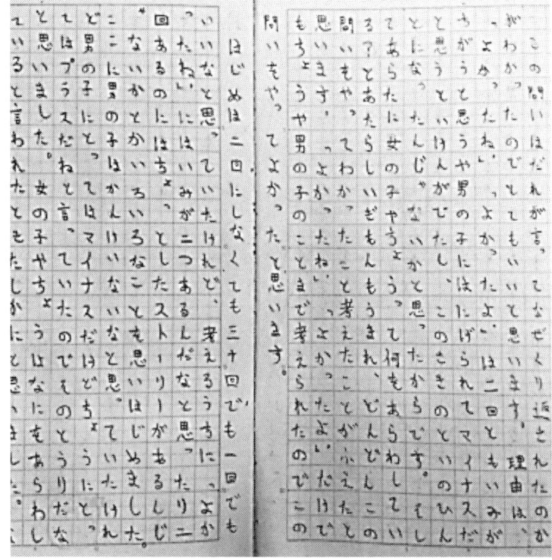

（6）考察

本実践では、学習者による「問いづくり→読み合い→問いの評価」を位置づけています。一連のサイクルが働いたとき、問いは深化していきます。問いの深化には、中心的言語活動として「問い日記」が大きく寄与していると言えます。

（文責　白坂洋一）

「読後感」で問いの深化を促す授業実践（5年）

（1）単元名　物語のおもしろさを紹介しよう

中心学習材　「世界でいちばんやかましい音」（東京書籍5年）

（2）本実践における美

文学的文章は、それぞれが学習材としての「よさ」をもっています。読後感（初読の感想）は、それを感覚的に捉えたものが表れます。例えば、初読後に「すてきな話だった」とか「悲しい話だった」と思うのは、作品がもつ「よさ」を自分なりに感じ取っているからであり、それは個々が美意識を働かせている姿と捉えることができます。また、学級では、読後感を書く際に「一言で表す」ということを条件づけています。そうすることで、全員の考えを可視化できるという長所があります。端的に表しているからこそ、学習を通して自分自身の読後感が変わっていったり深まっていったりする実感をつかむことができるという長所もあります。

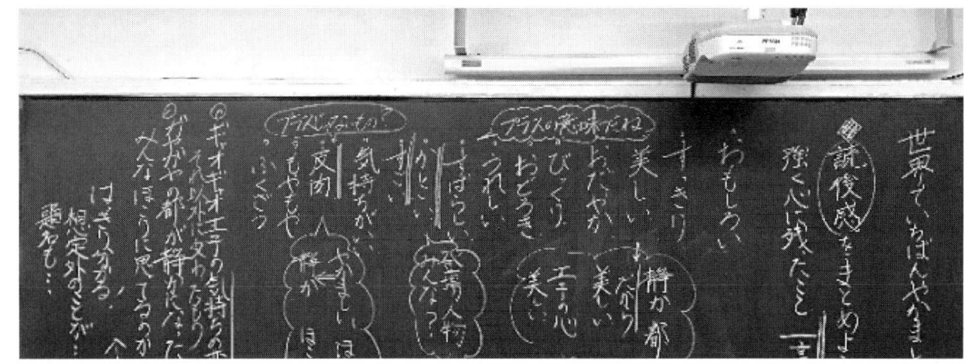

本実践では、読後感のやりとりは上の板書のようになりました。初読の段階で得られる読後感は多様であり、その違いを表出させることを目的としています。IOR学びのサイクルモデルで考えると、問いA（感覚的な問い）を引き出すための方略です。一言で表すからこそ共通点や相違点が明確になり、その結果として「どうしてあの子はその読後感にしたのかな」、「自分と同じ読後感だけど、その理由（どうしてそう考えたのか）は同じかな、違うかな」というように、読後感をきっかけとして物語の詳細を読み、仲間と共に学び合っていく必要感をもつことへつながるのです。

（3）問いの深化を促すリフレクション

学習を通して問いが深化していくためには、読後感をきっかけに子どもたちが追究したい課題を見出していくことが重要であると考えます。本実践では、読後感を交流した際、「言葉としての違いはあるけれど、読後感の理由には共通点がある」ということを子どもたちは発見しました。読後感の理由をまとめると次のようになります。

1　中心人物以外にも変容する結末のおもしろさ（ガヤガヤの都の人々　など）
2　中心人物のこだわりが変わることのおもしろさ（やかましさ→静けさ）
3　作品の構造や表現のおもしろさ（冒頭と結末の対比、くり返されるセンテンス）

子どもたちはそこから、「ギャオギャオ王子のどんなところが変わったのか」「なぜ、町の人たちも変わったのか」という問いを立てました。その過程で、「町の人たちにとって変わったことは本当によかったのかな？」という発言をした子どもがいました。それに対して、「確かに最初は自分たちのやかましさを自慢に思っていたけれど、最後はどうなんだろう」、「最初は誇りに思う感じだよね。最後は…」というように、問いB（論理的問い）から問いC（共感的な問い）に変わっていく姿も見られました。

自分なりに作品の主題をどう捉えたか、『おもしろさを紹介する』ということを最終の目的として読んでいきましたが、読後感の一覧をいつでもノートの見えるところに貼付しておき、自分の気づきをどんどんノートに書いていくように促しました。そして、読後感と作品の主題を関連づけながらまとめることをねらいました。

（4）単元計画（全7時間）

第一次　「世界でいちばんやかましい音」を読み、読後感を書く（2時間）

・読後感を書き交流する。

第二次　「世界でいちばんやかましい音」のおもしろさを考えて読む（４時間）

・山場での変化とその理由について考える。

・作品の主題について考える。

第三次　作品のおもしろさを紹介する（１時間）

・作品のおもしろさを読後感と比較してまとめ、紹介する。

（５）授業の実際

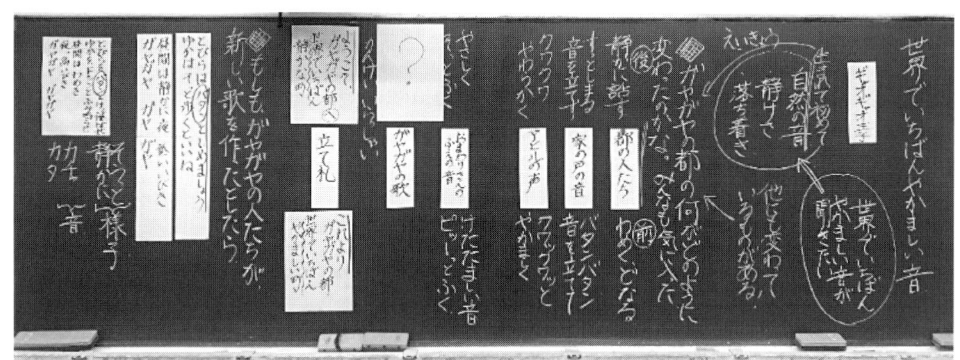

今回、読後感を交流したときの「町の人たちにとって、変わったことは本当によかったのかな」という発言は、学びを追究していく過程でも子どもたちがこだわりをもって考えていたところでした。そこで、冒頭と結末を対比的に表しました。板書で構造的に示すことによって、冒頭にしかない「ガヤガヤの町の歌」に子どもたちは目を向けました。それによって「自分たちも町の人たちになって新しい歌をつくりたい」と表現に向かう姿が引き出されました。子どもたちは、音数を揃えたり作中の言葉や中心人物の名前を使ったりしながら歌をつくりました。

ここで、「町の人たちにとって歌の意味は何なのだろう」と問いかけました。読後感を「美しい」、「すばらしい」という言葉でまとめた子どもたちの考えは、「自分たちの生活の一部」、「“自慢”から“大切にしたいもの”になった」というものでした。読後感を「皮肉」とした子どもは、「自然の音がある町だから、歌が必要なくなったってことも言えるのではないか」と別の視点からの意見を出しました。多様な読後感を取り上げたからこそ、自分の読後感にこだわり続けることができたと考えられます。

「最初の読後感は“おもしろい”だったけど、この話の奥の深さに気づきました。本当に大切なものは何かということを、この話は教えてくれます」。ある子どもは、このように学びをまとめました。

（６）考察

読後感は、本来、学びのサイクルモデルにおいて問いAから問いBにつながる役目をもっていると考えます。しかし、読後感の交流では問いCも生まれ、読後感を基軸として主題に迫る学習を展開できることがわかりました。今後、読後感の汎用性や、より効果的な展開方法について考えていきたいと思います。

（文責　弥延浩史）

「対話」で問いの深化を促す授業実践（６年）

（１）単元名　作品の主題を考えよう

中心学習材「海の命」（光村図書６年）

（２）本実践における美

「海の命」は、中心人物である太一が生き方を変える物語です。これまでに様々な学習経験を積み重ねてきた６年生の子どもたちが、自分の選んだ目のつけどころをもとに、主題を捉える単元を構想しました。それは例えば、中心人物の変容であったり、題名の意味であったりします。そして、各自の目のつけどころに基づいた解釈を、グループやクラス全体での対話を通してより深めていきます。

IOR学びのサイクルモデルに当てはめると、主題を捉えるために子どもは問いB（論理的な問い）をもちます。その問いは、対話を通して交流する中で問いC（共感的な問い）へと深化します。子どもは、問いBと問いCを行き来させながら、問いE（追究的な問い）を見出しました。その問いの解決のために、「海の命」の原作である「一人の海」（立松和平『海鳴星』に収録）を読んだのです。その結果として、問いD（納得的な問い）に辿り着きました。「海の命」は、自ら問いをもち、対話を通して読み深めていく中で、その問いを深化させていくという、本研究を進めるのにふさわしい学習材であったと言えます。

（３）問いの深化を促すリフレクション

これまで学習経験から、物語文の学習のゴールは作品の主題を自分の言葉で表現することであると子どもたちは認識しています。本単元では、作品の主題を捉えるために、子どもたちは次のような目のつけどころをもちました。

・場面の流れを整理して、作品中の対比を捉える。
・クライマックスを見つける。
・表現技法を意味づける。
・題名の意味を考える。

この中から、自分で選択した目のつけどころに基づいて作品を読むことにしました。そして、「命のつながり」といった大きなテーマにたどりついていきました。

ところが、学習を進める中で追究的な問い（問いE）が生まれてきたのです。それは、「海の命」の解釈が深まったために生まれてきた、より深い問いでした。それが以下のようなものです。

◆母親の存在意義・役割は何だったのか？
◆クエの目の色が違うのはなぜか？（緑の目と青い宝石の目）
◆最初と最後の一文にはどのようなつながりがあるのか？
◆最後の「もちろん」の意味は？

これらの問いに対して、子どもたちは「海の命」だけでは解決できないと考えました。そこで、この作品の原作である「一人の海」を読みたいということになりました。

一人ひとりの子どもが学習を進めながら、自分の学びをリフレクションすることで、仲間と共に読むことの楽しさや、その意味を実感していきました。さらに、子ども自身の問いも深まり、一つの作品にとどまらず、その作品の原作も読もうという新たな学習活動につながっていったのです。

（4）単元計画（全8時間）

第一次「海の命」を読む（4時間）

・作品の主題に迫るために、自分の目のつけどころで読む。
・同じ目のつけどころで読んだ子どもたち同士でグループをつくり、交流する。
・グループで読んだ解釈を、クラス全体で交流する。

第二次「一人の海」を読む（4時間）

・「海の命」を読む中で出てきた新たな問いを解決するために、自分の取り組みたい問いを選択し、グループをつくる。
・グループで考えた問いの答えを交流する。
・クラス全体で交流し、作品全体を見渡す。
・自分なりの主題を考える。

（5）授業の実際

子どもたちは、自分たちが設定した目のつけどころごとにグループをつくり、グループ対話を進めていきました。話し合った内容は、全員が発表する仕組みをつくりました。ある子どもは次のようにリフレクションとしてまとめました（傍線部筆者）。

◆今日、自分も「もちろん」の意味について発表しました。感想としては、自分で説明しているうちに自分でもわかったこともあってよかった、ということです。

グループ対話の内容を、他のグループの子どもに自分の言葉で説明しながら自分自身の理解も深めていっていることがわかります。アウトプットの活動が、読みを深化させたのです。

学習の最後のリフレクションでは、次のように書いた子どももいました。

◆「海の命」「一人の海」を読んで太一の変容を中心に考えた。太一は、父を殺したクエに対しての態度の変化が、最後の「もちろん」につながっていて、父と違った人生を送ったという物語だった。僕は、はじめ「海の命」を読んだだけだと、「自然に対する感謝が大切」というような主題を考えていたが、「一人の海」を読んで、太一の人生と父の人生についてより深く考えられた。

この子どもの主題は「自分の生き方は自分が決める」になりました。「海の命」とその原作である「一人の海」を重ねて読みながら、作品の主題が変容していった子どもが何人もいました。

子どもが自ら問いをもち、その解決に向かって読み進める学習活動は、これからの言語生活、読書生活にもつながっていくと考えています。

（6）考察

自ら問いを設定し、グループ対話やクラス全体での対話を通してその問いを深化させていく学習活動によって、サイクルモデルの問いBと問いCを往還しながら問いDに辿り着き、同時にまた問いEを生み出しました。教科書学習材と原作を重ねて読みながら、複数の観点から主題を捉える力を身につけていくことができた授業実践であると考えます。

（文責　青木伸生）

4．国語科で「美意識」を育てるカリキュラム

2017年版要領における「思考力・判断力・表現力等」の「読むこと」の指導事項だけでは、授業がやはり曖昧になります。筑波大学附属小学校国語科研究部（2016）[※1]をふまえて、例えば、「読むこと」（文学的文章）では、次のように知識及び技能を適切に位置づけることが必要だと考えました。

1　構造と内容の把握→（「作品構造」「人物」系列）
2　精査・解釈→（「視点」「文学の表現技法」系列）
3　考えの形成→（「主題」系列）

また、「問い」の深化を活かして、次のように学びのプロセスを改善することも大切だと考えています。

1　問題意識の醸成←感覚的な問い
2　構造と内容の把握←論理的な問い
3　精査・解釈←論理的な問い
4　考えの形成←納得的な問い
5　互恵的な共有←共感的な問い
6　読書生活←追究的な問い

次頁の表1は、文学的文章の「読むこと」に関するカリキュラムです。網掛けは2017年版要領と異なる内容です。子どもの「問い」の深化を活かしつつ、「知識及び技能」が確実に身につく「学習者主体の授業」をつくっていきたいと考えています。

なお、ここに載せることができなかったカリキュラム（「話すこと・聞くこと」「書くこと」「読むこと」の説明的文章）は、別の機会に発表します。

（文責　桂　聖）

［注］
※1　筑波大学附属小学校国語科研究部（2016）『筑波発 読みの系統指導で読む力を育てる』東洋館出版社

表1　「読むこと」（文学的文章）のカリキュラム（2023）

◆思考力・判断力・表現力等

		第1学年及び第2学年	第3学年及び第4学年	第5学年及び第6学年
問題意識の醸成		文章を読んで、心に残ったところを見つけること。	文章を読んで、いいところを見つけること。	文章を読んで、作者の伝えたいことを考えること。
構造と内容の把握	文学的な文章	イ 場面の様子や登場人物の行動など、内容の大体を捉えること。	イ 登場人物の行動や心情などについて、叙述を基に捉えること。	イ 登場人物の相互関係や心情などについて、描写を基に捉えること。
精査・解釈	文学的な文章	エ 場面の様子に着目して、登場人物の行動や気持ちを具体的に想像すること。	エ 登場人物の心情の変化や性格、情景について、場面の移り変わりと結び付けて具体的に想像すること。	エ 人物像や物語などの全体像を具体的に想像したり、表現の効果を考えたりすること。
考えの形成	文学的な文章	オ 文章の内容と自分の体験とを結び付けて、感想をもつこと。	オ 文章を読んで理解したことに基づいて、感想や考えをもつこと。	オ 文章を読んで理解したことに基づいて、自分の考えをまとめること。
互恵的な共有		カ 文章を読んで感じたことや分かったことを他者と共有すること。	カ 文章を読んで感じたことや考えたことを他者と共有し、一人一人の感じ方などに違いがあることに気付くこと。	カ 文章を読んでまとめた意見や感想を他者と共有し、自分の考えを広げること。
読書生活		関連する文章を見つけること。	目的を意識して、関連する文章を調べること。	目的に応じて、関連する文章を調べてまとめること。

◆知識及び技能

第1学年	第2学年
題名と作者をとらえて読む 【題名、作者】 場面の様子をとらえて読む 【場面】 作品の設定をとらえて読む 【時、場所、登場人物、出来事】 中心人物をとらえて読む 【中心人物、対人物】 登場人物の言動をとらえて読む 【登場人物の言動 （言ったこと・したこと）】 物語文や詩の特徴をとらえて読む 【物語文、詩】 連のまとまりをとらえて読む 【連】	あらすじをとらえて読む 【あらすじ】 登場人物の気持ちの変化をとらえて読む 【気持ちの変化】
語り手の言葉をとらえて読む 【語り手】 会話文と地の文を区別しながら読む 【会話文、地の文】 登場人物の気持ちを想像しながら読む 【登場人物の気持ち】 登場人物の行動を想像しながら読む 【登場人物の行動（行動描写）】 音数やリズムを感じ取りながら読む 【音数、リズム】 繰り返しの効果を感じ取りながら読む 【繰り返し（リフレイン）】	比喩表現の効果を考えながら読む 【比喩表現】 短文や体言止めの効果を考えながら読む 【短文、体言止め（名詞止め）】
好きなところとその理由を考えながら読む 【好きなところ】	文章と自分の経験を関連づけながら読む 【自分の経験】 感想を考えながら読む 【感想】 大切なことを考えながら読む 【大切なこと】

※言語活動例
●読み聞かせ　●話し合い活動
●音読発表会　●ペープサート劇づくり
●感想交流　●紙芝居づくり
●劇づくり　●物語づくり
●絵本づくり

第3学年	第4学年	第5学年	第6学年
中心人物の心情の変化をとらえて読む 【中心人物の心情変化】	物語の構造をとらえて読む 【起承転結（導入部・展開部・山場・終結部）】 物語と時代背景を関連づけて読む 【時代背景】 場面と場面を比べて読む 【対比】	額縁構造をとらえて読む 【額縁構造】 伏線の効果を考えながら読む 【伏線】 登場人物の相互関係の変化に着目して読む 【相互関係】	登場人物の役割や意味を考えながら読む 【登場人物の役割】
人物像をとらえて読む 【性格、人物像】 立場による感じ方の違いをとらえて読む 【立場による違い】 会話文と心内語を区別して読む 【心内語】 オノマトペの効果を考えながら読む 【オノマトペ（擬声語・擬態語）】 擬人法の効果を考えながら読む 【擬人法】	視点をとらえて読む 【視点】 視点の転換の効果を考えながら読む 【視点の転換】 五感を働かせて読む 【五感】 情景描写の効果を考えながら読む 【情景描写】 倒置法の効果を考えながら読む 【倒置法】 呼称表現の違いの効果を考えながら読む 【呼称表現】	表現の違いの効果を考えながら読む 【表現の違い】【方言と共通語】	一人称視点と三人称視点の効果を考えながら読む 【一人称視点、三人称視点（限定視点、客観視点、全知視点）】
自分の行動や考え方を重ねて読む 【自分だったら】 登場人物の行動の意味を考えながら読む 【行動の意味】	読後感とその理由を考えながら読む 【読後感】	中心人物の変化から主題をとらえる 【主題】 山場や結末の意味から主題をとらえる 【山場や結末の意味】	複数の観点から主題をとらえる 【複数の観点（中心人物の変化、山場、結末、題名、同一作者の作品群や原作など）の意味】
※言語活動例 ●読み聞かせ ●音読発表会 ●感想交流 ●本の帯づくり ●物語づくり ●話し合い活動 ●ポップづくり		※言語活動例 ●感想交流 ●朗読発表会 ●話し合い活動 ●シンポジウム ●「○○」研究 ●パネルディスカッション ●プレゼンテーション	

社会科　「よりよい社会」を形成するために問い続ける

社会科教育研究部　由井薗 健／粕谷昌良／山下真一／梅澤真一

1．社会科で育てたい「美意識」とは

新型コロナウイルスの世界的流行という激動の幕開けとなった2020年、小学校では新学習指導要領が全面実施となりました。今回の学習指導要領は、「何を知っているか」（コンテンツ・ベイス）ではなく、「何をできるようになるか」という「資質・能力」の重視（コンピテンシー・ベイス）、さらに「資質・能力」を育成するために「どのように学ぶか」（「主体的・対話的で深い学び」）ということも示されました。

私たちは、日々、この「主体的・対話的で深い学び」の実現を目指し、子どもたち一人ひとりに知識及び技能や思考力、判断力、表現力等といった「資質・能力」を育成しようと授業に取り組んでいます。ただ、このような学びを通して、資質・能力の育成を目指す授業が、子どもたち一人ひとりに、社会科の目標である「グローバル化する国際社会に主体的に生きる平和で民主的な国家及び社会の形成者として必要な公民としての資質・能力の基礎（以下「公民としての資質・能力」）」を育んでいるとはたして言い切れるでしょうか。

もちろん、子どもたち一人ひとりに「豊かな知識」や「高い思考力」等の資質・能力を育成することには意義があります。しかし、それを「どのような問題に対して働かせるか」、「どのような方向に発揮させるか」ということが大切なのではないでしょうか。

子どもたち一人ひとりに育成された資質・能力は、「複雑性」「不確実性」「多様性」に象徴されるようなこれからの社会の中で、「よりよい社会」を築き、幸福な人生を送るために発揮されなければならない。そうでなければ、「公民としての資質・能力」の育成という社会科の目標を、何より「民主主義を担う、民主的で平和的な社会を建設できる人間を育成する」という社会科の目的を本当の意味で達成することはできないと思うのです。

そこで、私たちは、資質・能力をよりよい方向に発揮させる判断の源を「美意識」と呼び、子どもたちに育むべきものとして本研究を始めたのです。

これまでの研究を経て、社会科で育てたい「美意識」を、次のように定義しました。

社会科で育てたい「美意識」とは、その子の「みえ方」や「こだわり」をもとに、「社会の問題」を把握し、多様な他者との「対話」を通した問題追究により、「よりよい社会」の形成を目指すための「心の働き」である。

それは、「共に幸せに生きるために発揮される資質・能力」の源であり、育まれるものである。

ここで述べる「よりよい社会」とは、「SDGs」で提唱されているような「誰もが置き去りにされない世界」、つまり、現代の世代のニーズを満たしながら、将来の世代のニーズも満たそうとする「自分も幸せ、みんなも幸せになる社会」と言えます。

本研究における「みえ方」とは、社会的事象と出合う「その子ならではの主観的な感じ方」で、授業中における「つぶやき」として現れるような感覚的で表面的な感じ方です。「つぶやき」は、その子の「心が動いた」ときに発せられることを、私たちはこれまでの経験から知っています。

「こだわり」とは、社会的事象に対する「その子の個性的な解釈や表現」で、授業中の発言やリフレクションを通して、自ら「問い」をもちながら追究していく姿として現れます。このような「こだわり」は、これからの社会の中で多様性を生み出す「もと」となり、「様々に異質な他者を尊重し、新しい発想や挑戦を受け入れ称賛するような柔軟性を発揮させる可能性をもつ」（本田由紀『教育は何を評価してきたのか』岩波新書2020）と言われています。私たちは、このような子どもたち一人ひとりの「こだわり」が、「よりよい社会」は「どうあればよいのか」問い続けていくような「心の働き」に変容していくことを願っています。

2. 社会科で「美意識」を育てる授業の条件

「美意識」を育む社会科授業とは、**その子の「みえ方」や「こだわり」を、「教科の本質」に迫らせることを通して、「よりよい社会」の形成を目指す「心の働き」に深化させる授業**であると考えます。ここで述べる「教科の本質」について、私たちは、次のように捉えています。

社会科の「教科の本質」とは、「民主主義の担い手」として「よりよい社会」とは「どうあればよいのか」、「自他の人格を尊重」し、「多角的な思考や理解」を通して、その実現のために「どうすればよいのか」、「公正な判断」をもとにねばり強く問い続けていこうとする心の働きを育むこと。

「よりよい社会」とは、先にも述べたように「自分も幸せ、みんなも幸せになる社会」であると捉えています。ただ、これは時代や社会に属する集団の変化に伴い変わるものであるとも捉えています。だからこそ、社会の変化に応じて、「よりよい社会」

とは「どうあればよいのか」問い続けていこうとする子どもを育んでいかなくてはならないのです。

多様な価値観をもつ人々が存在する現代社会において、「自分も幸せ、みんなも幸せになる社会」を具現化するためには、その過程において「自他の人格を尊重」すること、「多角的な思考や理解」、そして、「公正な判断」が必要不可欠です。

「多角的な思考や理解」とは、「社会的事象を複眼的にいろいろな角度から見たり、自分と他者との視点や立場を逆転させて見たりすることを通した思考や理解」であり、「公正な判断」とは、「誰から見てもその言い分が認められることを大切にした判断」です。いずれも、民主主義を担う基盤となるものであると捉えています。

「美意識」を育む社会科授業を具現化するためには、子どもたち一人ひとりが、「教科の本質」に迫るような教材に対する**「内容の美」**や授業展開に対する**「方法の美」**を感じ取ることが必要不可欠です。

「内容の美」を感じ取らせる教材とは、**「社会的な価値」や「社会の問題」等が内包された「教科の本質」に迫る教材**であると考えます。

「方法の美」を感じ取らせる授業展開とは、多様な他者との「対話」であり、自分の「価値」と他者の「価値」を「比較検討」したり、自分とは違う他者の視点で「多角的に検討」したりすることを通して、**自分の「価値」はこれでよいのか「問い続ける」ような思考の方法を具現化する授業展開**であると考えます。

子どもたちがこのような「美」を感じとることで、自分ならではの「みえ方」や「こだわり」を表出し、互いに受けとめ合うこと（「自他の人格を尊重」）が促進されます。その過程で、「多角的な思考や理解」、「公正な判断」などの「教科の本質」に迫っていくための「審美眼」が磨かれ、「よりよい社会」とは「どうあればよいのか」、その実現のために「どうすればよいのか」問い続けていこうとする「心の働き」、つまり、「教科の本質」を捉え深めようとする心の働きである「美意識」が育まれていくのです。

3．社会科で「美意識」を育てる授業の実際

６年「災害から暮らしを守る政治～釜石が語りかけるもの～」（４時間扱い）をもとに、「美意識」を育む社会科授業の一例について述べます。本実践で取り上げる教材は、岩手県釜石市にある釜石港湾口防波堤の再建にかかわる「社会の問題」についてです。

（1）「内容の美」を感じとる教材を通して

●「社会の問題」が内包された教材を「人のいる風景」として見つめさせる

東日本大震災による「想定外」の大津波は、ギネスに認定され、「安心の砦」と呼ばれた釜石港湾口防波堤をも破壊するほどの威力でした。

第１時では、釜石市の場所や世界一の防波堤があること、釜石港に世界一の防波堤

ができた理由や過去に大津波の被害にあったことについて、子どもたちとのやりとりを通して確認しました。そして、『**この“世界一”の防波堤ができたとき、釜石の人たちはどう思ったのかな？**』と発問し、子どもたちを釜石の人たちに見立てて「インタビュー」（役割演技）を行いました。子どもたちは「これで大津波が来ても安心だ！」「自分たちの釜石には“世界一”の防波堤がある」「防波堤は釜石の誇りだし、これで安心して暮らせる！」と釜石の人たちになりきって自分ならではの「こだわり」を表出していきました。

『ところが、2011年３月11日…』「東日本大震災だ」「“安心の砦”は大丈夫だったのかな？」「世界一の防波堤、“安心の砦”だよ！」「でも、釜石も被害を受けたって教科書に載っているよ」。そこで、黙って大津波で破壊された防波堤や釜石市街の様子がわかる写真資料や映像資料を提示しました。子どもたちは食い入るように、その写真や映像を見ています。

168haが水浸しになり、釜石市内では1040人の死者・行方不明者が出たことを伝えた後、１枚の写真資料を提示しました。震災直後の３月13日に釜石の市街地で撮影された写真（「手を取り合って、倒れた信号機の横を歩き避難する親子」『報道写真全記録2011.3.11－4.11東日本大震災』朝日新聞出版）です。そして、『**今、ここに立っている家族は、どんな気持ちだと思いますか？**』と発問しました。

「知り合いが亡くなった。悲しい」「亡くなった人を返してほしい！」「たくさんの人の命を奪った津波が憎い！」「なぜこのようなことになったんだ」「“安心の砦”に裏切られた。怒っていると思う」「“世界一”の防波堤でも壊されてしまった。もはや自然災害にはかなわない」「大津波が怖い…」「“安心の砦”があったから油断してしまった」「防波堤に頼りすぎてしまった。もっと自分たちで避難していればよかったと後悔している」「もはや何も考えられない状態…」「いや、一日も早く元の生活に戻りたいと思っている」「また大津波がいつ来るかわからない。早く防波堤を再建してほしい」…。

このような釜石の人たちになりきった子どもたちの多様な「こだわり」が表出され、第１時が終了しました。以下、A児の第１時のリフレクションです。

僕は「自然の力には絶対にかなわない」と、釜石の人たちは思っていると思う。

2009年、長さ合計1530m、幅20m費用1200億円をかけ、ギネス世界記録にも登録されるほどの高さ、69mの防波堤が30年かけて完成した。「安心の砦」とも呼ばれていた防波堤。僕だって世界が認めるくらいだからそのぐらい言ってしまう。

そんな釜石の防波堤が2011年 3月11日、東日本大震災の津波によって壊されてしまった。誰も想像していなかったと思う。それと同時に、釜石に住む人たちは家族や友達がたくさん亡くなった。怒り、悲しみ、恐れ、いろいろな気持ちが入り混じりあったと思う。

原発事故が起きた福島の原子力発電所を管理する東京電力の人たちは「想定外だった」と言っている。東京電力だけじゃない、災害時を予想して、ハザードマップをつくっている地方自治体がみんな「想定外だった」と言っていた。やはり、「自然の力ははかり知れない。かなわない」と釜石の人たちは思っていたと僕は思う。

このリフレクションは、「まなびポケット」というデジタルプラットフォームにアップされた板書写真をもとに書かれたものです。授業後、各家庭でリフレクションを書くことによって、自分が「気になったこと」を教科書やネットで調べながら、1時間の授業をじっくりと振り返ることができます。さらに、書かれたリフレクションは、クラスの子どもたちに共有され、「いいね」という反応やコメントが返信されてきます。このような授業と授業の間（「業間」）を活かすことで、問題解決的な学習を充実させるだけでなく、子どもたち一人ひとりの「こだわり」も共有されていくのです。

●「インパクトのある出会い」から「自分たちの問題」を成立させる

第2時は、第1時の多様なリフレクションで心に残っているものをあげることから授業を始めました。

「釜石の人たちは、悲しみや怒り、恐怖や後悔などいろいろな気持ちがあったと思うけど、生き残っている人たちは、一日でも早く元の生活に戻りたいと願って、復興に向けて動き出したと思う」。『そう。だから、釜石では防波堤の再建工事が翌年の2月26日から早速開始され、2018年3月に完成しました。どのような防波堤が完成したのかな…。**みなさんが“釜石の人たち”だったらどんな防波堤をつくってほしいと思いますか？**』と問いました。「釜石湾口防波堤の再建」という教材との「インパクトのある出合い」を演出するためです。

「前よりも絶対に高い防波堤をつくってほしい！」「だって、大津波が防波堤を越えなければ釜石のまちはこんなに被害を受けなかったから…」などと矢継ぎ早につぶやく子どもたち。そこで、以下のような資料を提示しました。

> 490億円投じ釜石港の湾口防波堤を復旧へ※
> 東日本大震災の津波で甚大な被害を受けた岩手県釜石港の湾口防波堤の災害復旧工事が、2012年2月26日に始まった。被災前と同じ高さの防波堤を、2018年3月までに再建する。復旧費用は約490億円に上る。
> （日本経済新聞2012年3月2日）※実際は600億円にまで上った。

『釜石の人たちの声を受け、釜石の市役所だけでなく、国や岩手県、港湾空港技術研究所などさまざまな立場の人々が話し合いを重ねて、このような防波堤に決まったそうです』。

「再建される防波堤は、以前の防波堤と“同じ高さ”？」「“復旧”って書いてある？」「おかしい！」「納得できない！」「釜石の人たちは納得したの？」「前と“同じ高さ”だったら大津波を防ぎようがないよ！」と教室中で異議を唱える「つぶやき」（子どもの社会的事象に対する素直な「みえ方」）が広がっていきます。このような流れの中で、子どもたちは、

復旧された“安心の砦”釜石の人たちは納得したのか？

という問いを「自分たちの問題」（学習問題）として追究していくことをきめ、小黒板上にそれぞれの立場を表出する「名札マグネット」を貼っていきました。ここでは、「釜石の人たちは納得しなかった」と考えた子がほとんどでした。

「でも、同じ高さに決まったからには、何か理由があるに違いない…」「被害を受けた防波堤は釜石だけではないし、まちの復興にも費用がかかるから、我慢したのではないか？」というような意見も出てきて、第2時を終えました。以下、A児の第2時のリフレクションです。

僕はなぜ前と同じ防波堤にしたか、正直、よくわかりません。なぜなら「前回の防波堤で壊れてしまったのなら、もっと強化すればいい」。普通に考えればこうなると思います。皆さんもそう思いませんか？　でも、実際、前と同じ防波堤にしたのなら、何かしら、理由があると思うので、考えてみました。

①「費用」もっとすごい防波堤だったら、費用がかさむし、防波堤が必要なのは釜石だけではないから。

②「時間」大津波はいつどこで起きてもおかしくないから、30年、40年かける時間がないから。

③「人」前よりすごい防波堤ができたからって、釜石の人たちが自助を怠ってしまうから。

④「希望」釜石の人たちが同じことをくり返さないと強く思い、自助を徹底しようと思ったから。

このような理由で前と同じ防波堤になったのではないかと思う。

「自分たちの問題」成立後、A児を始め子どもたち一人ひとりが、「業間」を活かしたリフレクションを通して、教科書やネットで調べたり、クラスの子どもたちと考えを共有したりしながら、意欲的に問題を追究していく様子がうかがえました。

(2)「方法の美」を感じとる授業展開を通して

●「複眼的」にいろいろな角度から見つめ、「さまざまな人の立場」に立って考える

前時に成立した「自分たちの問題」を追究し、「業間」のリフレクションを通して、さまざまな知識を獲得した子どもたち。第3時では、第1時と同様、子どもたちを釜石の人たちに見立てて「インタビュー」(役割演技)を行うことを通して、一人ひとりの「こだわり」を受けとめ合う機会を設けました。

『たくさん調べてきたようだけど、もう一度、みなさんが“釜石の人たち”だったら、どんな防波堤をつくってほしいと思いますか?』

「やはり、これまでよりももっと高い防波堤をつくってほしいよ!」「いや、避難する時間を確保できる防波堤がいい。これまでの防波堤も津波の到着を6分遅らせたらしい。だから、これまでの防波堤でもよい」「えっ—!」「いつまた大津波が来るかわからないから、早く防波堤を再建してほしい。だから前と同じでよい」「そうだ!」「釜石で商港を使う者としては、一日でも早く貿易をしたいです」。

「釜石のまちをとにかく早く復興してほしいからあまり費用をかけられない。これまで通りの防波堤でもよい」「釜石は水産業も盛んなのだけど、漁師の立場からすると海が見える方がよいし、もっと防波堤が巨大になると環境にも影響があるからこれまで通りでよい」「これまで以上の“安心の砦”になると“慢心の砦”になって高台に避難するのが遅れてしまうから今まで通りでよい」。

「私は釜石市役所に勤めている立場からすると、復興庁から26兆円の資金が投入されるけど、全国の皆さんの税金だし、釜石だけにそんなに費用をかけてもらうのは悪いから…」。

前時とはうってかわって、獲得した知識をもとに「前と同じ防波堤でもよいのではないか」「釜石の人たちは納得したのではないか」という意見が続きました。また、同じ釜石の人たちでも、貿易を営む人や漁業を営む人、市役所に勤めている人など、さまざま立場に立った意見も出てきました。そこで、「前と同じ防波堤を再建」という社会的事象を、より「複眼的」に見ることができるよう、B児を意図的に指名しました。なぜなら、復興庁の立場から問題を追究している様子がそのリフレクションからうかがわれたからです。

「えーとですね。復興庁の立場から言わせてもらうと、正直、また大津波が来たら、“世界一”の防波堤でも壊されちゃうかもしれない。もはや風水害や噴火も含めて自然災害にはかなわないんですよ。だから、どうせなら費用を抑えて前と同じ防波堤にしましょう。でも、心配ないですよ。ちゃんと“自助や共助”を大切にして、すぐに高台に避難すればいいんですよ」。

すると、B児の意見に対して「でも、なんかちょっとなぁ…」「いや、それが現実かな…」「確かにそういう理由だったのかもしれないけど…」と、前述のA児を含め数人の子どもたちからは、「それでも釜石の人たちは納得していなかったのではないか」という意見が表出されました。

『どうしてそう思うの？』とA児たちに問い返すと、「なんとなく、よくわからないけど、どうしても自分自身が釜石の人だったら納得いかない」「そう。やっぱり人の命が…」という「つぶやき」が返ってきました。先ほどのB児の意見の中に「納得できない何か」があったのでしょう。その「何か」を「釜石の人たちの中には、迅速に高台に避難できない人もいたのではないかという“気づきの芽”」と捉えた教師は、『まだ納得できなかったのではないかという意見もあるし、復旧された“安心の砦”は、釜石の人たちにとってベストな選択だったのか、もう少しみんなで考えてみようよ』と投げかけました。そして、次時も引き続き「自分たちの問題」について追究していくことになったのです。以下、A児の第3児のリフクレクションです。

僕は前と同じ防波堤をつくったのは、一つのことをみるのではなく、たくさんのことをみた上で、決まったことだと思う。なぜなら、一つだけをみる、つまり防波堤だけをみると、壊れてしまったのだからもちろん、「前よりも高く、分厚く、頑丈にして、最強にすればいい！」と思うだろう。でもそれは一つだけをみた時の話。たくさんのことをみれば、「お金がかかる」「時間がかかる」「油断し、自助を怠ってしまう」「景色が悪くなってしまう」「環境を破壊してしまう」などさまざまな問題が出てくる。今日の授業で、方言を入れたインタビューでもあったように…。

でも一番の問題として、やはり多額の費用がかかってしまうことだ。予算には限りがあるし、助けが必要なのは釜石だけではないし、内心、今日の復興庁のB課長（B児）みたいに「どうせまた壊れるからなぁ～」と思っていたかもしれない。そう言うことも考えると、みんなもコメントで言っているように、前と同じ防波堤に復旧させたのは、ベストな選択だったのかもしれない。

でも一つだけ絶対に正しいのは、「防波堤をもっと強くするか」、「前と同じ防波堤にするか」の選択が、ものすごく難しいことだ。

「自分たちの問題」について、「複眼的」にいろいろな角度から見つめ、「さまざまな人の立場」に立って考えながらも、最後には、「“防波堤をもっと強くするか”、“前と同じ防波堤にするか”の選択が、ものすごく難しいことだ」と主張し、釜石港湾口防波堤の再建にかかわる「社会の問題」をきちんと把握し、「こだわり」をもって追究を深めていることが見てとれます。

●「こだわり」を生かした「しなやかな指導計画」を設定する

本来ならば、次時は「多重防災」の必要性について、こちらから資料を提示し、それをもとに考える指導計画でした。しかし、A児たちの「こだわり」を生かして、納得のいかない「自分たちの問題」について再度追究するという授業展開に変更したのは、子どもたちを「教科の本質」に迫らせ、「よりよい社会」の形成を目指す「心の働き」に深化させる契機になると判断したからです。

第4時は、前時に引き続き「自分たちの問題」についてより深く追究していきました。子どもたちの発言からは、前時に出てきたそれぞれの立場からの「こだわり」を裏付けるような具体的な事実が加えられていきました。

「これまでの防波堤でも、大津波の市街地への流出を6分遅らせ、その結果1300人が避難することができた」「釜石は津波防災教育に力を入れており、ある小学校と中学校はすぐに避難して全員無事で“釜石の奇跡”と呼ばれたんだって」「前よりも高い防波堤になったら油断して避難も遅くなってしまう可能性が」「もはや自然災害にはかなわないけど、こういう自助・共助を大切にしていけば大丈夫ということで前と同じ高さの防波堤にすることに釜石の人たちは納得したのだと思う」。

「漁師は海が仕事場だし、海が見えないと不安」「また、巨大な防波堤は環境にも影響を及ぼすし、景観の悪化によって観光客にも影響が出る」「釜石の防波堤だけに費用はかけられない。高台移転やかさあげ工事もたくさんの費用がかかる」「総合的に判断して、釜石の人たちは納得したのだと思う」。

「減災」という考え方に基づき、世界一の防波堤という「公助」に頼るのではなく、「自助」や「共助」など自分たちで避難することを組み合わせた「多重防災」という考え方や「費用」や「環境」、「迅速さ」等の理由で「釜石の人たちは納得した」という意見でまとまりかけていました。

しかし、教師はここで意図的にC児を指名し、発言を促しました。C児の「こだわり」を生かし、「前と同じ防波堤」を再建することの問題について、もう一度、立ち止まって考えさせたかったからです。果たして再建される防波堤は、すべての釜石の人たちにとって納得できたものだったのでしょうか。

「自助って、自分の家族や命は自分で守ると言うけど、釜石の人たちのすべての命は果たして安全なのかな？」というC児の発言がきっかけで、迅速に高台へ避難することが難しい人たちの姿が見えてきました。『“釜石の奇跡”のように迅速に避難することができない人たちがいるってことか。例えば？』「お年寄り」「障がいをもった人」「保育園などの小さな子どもたち、先生が全員をおんぶすることはできない」「外国の人。言葉が通じなかったり、どう行動していいかわからなかったりすると思う」。

このような流れの中で、教師は「老老介護」の写真を提示しました。

A児が言います。「この写真のようにおじいさんがひいおばあさんを抱いて避難しなくてはならないということだってあり得るかもしれない…。だから自助・共助の避難をきちんとできるようにしないと。でも難しいよなぁ…」。

D児が続く。「“自助・共助任せ”っていうのも…。民主主義って多数決だから、ひょっとしたらこういう避難するのが難しい人たちの意見は少数派として取り上げられなかったのかも。となると、釜石の人たち全員が納得したとは言えないかもしれない」。

するとC児が言う。「でも…、じゃあ、どうすればよかったんですか…」。

『どうすればよかったんだろうね…。この釜石の“安心の砦”は…』。

この「自分たちの問題」については、これからの社会の授業を通して考えていくことを告げ、オープンエンドの形で授業、そして本単元を終了しました。以下、A児の第4時のリフレクションです。

僕もE君と同じで、C君が言っていた、「お金の問題より、命の方が大事」という言葉に少し突き動かされました。「費用が高くなるから、今までと同じにしよう」。これは絶対に間違っていると思います。お金は無くなってもまた働けば戻ってくる。でも命は一度なくなったらどんなに働いて頑張っても二度と戻ってこないから、C君の納得いかない気持ち、すごくわかります。僕も正直、納得できないと思う気持ちがあります。

でも、納得いく気持ちも少しあります。なぜなら、今日の授業でB君が言っていたように、「自然にはかなわない」し、C君やFさんが言っている、「海が見えなくなると、漁業や観光が…」、さらに、G君も言っていたように、「命の方が大事と言っても、お金が無限にあるわけではない」し、そういう釜石の人たちのような気持ちの人は、たくさんいたと思います。だから、公助も大切だけど、結局は、「釜石の奇跡」とも呼ばれている自助、共助の避難も大切になってくると思います（しかし避難をすることが難しい人たちもいるし…。難しい）。

改めて考えてみると、正解（ベスト）が「防波堤をもっと強くするか」、「前と同じ防波堤にするか」のどっちなのか、「本当にすごく難しい選択」だと思います（どうすればよかったのか…）。

A児のリフレクションを時系列に考察していくと、第1時では「自然にはかなわない」と「感性的」であったリフレクションが、単元終了時の第4時までには、多様な他者との「対話」を通した問題追究を通して、防波堤再建にかかわる「社会の問題」の重みを実感し、「釜石の人たちすべてが“共に幸せに生きる”道」を模索するような**「互恵的」**なリフレクションに変容していることが見てとれます。それは、**「よりよい社会」とは「どうあればよいのか」問い続けていこうとする「心の働き」が現れた姿**と捉えることができるのではないでしょうか。

このようなA児の姿を支えたのは、教材に対して「内容の美」を、授業展開に対して「方法の美」を感じとることができたからだと考えます。A児に限らず、以上のような「内容の美」や「方法の美」を感じた子どもたちは、自らの「こだわり」を表出し、受けとめ合う（「自他の人格を尊重」）ことがより「促進」されていきます。そして、その過程で、「多角的な思考や理解」、「公正な判断」などの「教科の本質」に迫るような「審美眼」が、子どもたち同士の「対話」を通して磨かれていく様子がA児のリフレクションからも見てとれます。

その結果、A児の第4時のリフレクションで示される「よりよい社会」とは「どうあればよいのか」問い続けていこうとする「心の働き」、つまり社会科で育てたい「美意識」が育まれるのです。

4. 社会科で「美意識」を育てるカリキュラム

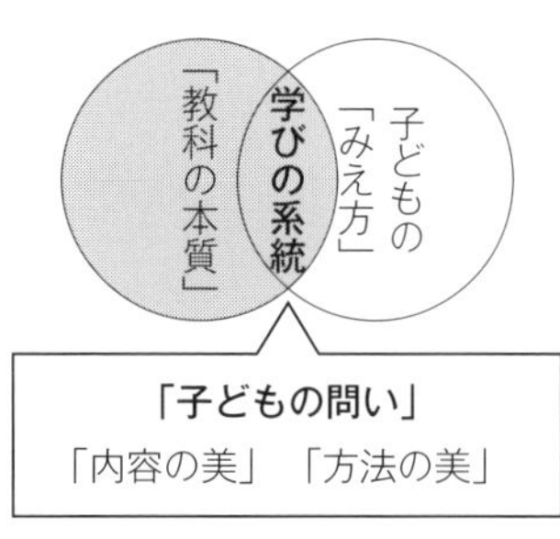

「美意識」を育てる授業やその条件について検討していく中で、「美意識」が育まれる子どもの姿から既存のカリキュラムを改善していくことが必要となってきました。「美意識」で捉え深める「教科の本質」とは、いわゆる「親学問」から下りてきたそのものではなく、子どもたち一人ひとりの社会的事象に対する「みえ方」や「こだわり」をもとに、「教科の本質」を改めて捉え直したものです。そこで、私たちは、社会科における「美意識」を育てるカリキュラムを立ち上げるために、子どもの「みえ方」や「こだわり」と「教科の本質」との結節点である「子どもの問い」に着目しました。そして、この「教科の本質」に迫る「子どもの問い」の成立や追究を支える「内容の美」と「方法の美」を明らかにすることによって、学びの系統を立ち上げようと考えたのです。以下、これまでの研究を経て明らかになった社会科の「教科の本質」に迫る「内容の美」と「方法の美」を示します。

【「教科の本質」に迫る「内容の美」)】

①「一人ひとり大切」(人間の尊重)

人権、健康、平和、福祉の向上、コミュニティー等

②「みんな大事」(経済的社会的公正)

開発、企業責任、経済格差等

③「みんなちがってみんないい」(文化の多様性)

社会的寛容、多文化理解等

④「未来も大丈夫」(将来世代への責任)

世代間の公平、資源の保全、自然環境、生態系等

【「教科の本質」に迫る「方法の美」)】

a「さまざまな立場からいろいろな理由をもとに」(批判的思考)

見かけや表面的な言説に惑わされず、社会的事象を「多角的・多面的」に捉えて、本質を見抜くこと。

b「つながりをもとに」(システム思考)

社会で生じる複雑な「因果関係」について思考し、説明すること。

c「どうあればよいのか」(未来志向思考)

現在の自分自身の生活と過去と未来の人々の生活を「時間的・空間的」に考え、あり得るべきのぞましい未来を描くこと。

d「どうすればよいのか」(問題対処の思考)

問題を追究・解決するために何をどうするべきかについて「調整」し、自分ならではの結論を出すこと。

e「今精一杯の結論」(対話の思考)

情報、意思、価値観などを互いに伝え合い、比較しながら「最適解」を導き出すこと。

そして、「みえ方」や「こだわり」と「教科の本質」との結節点である「子どもの問い」を軸にし、その成立や追究を支える「内容の美」と「方法の美」を両輪に置いた「年間指導計画」（第３学年）を作成しました（【図①】参照）。

さらに、この第３学年から第６学年までのカリキュラムを授業における「美意識」が育まれた子どもの姿をもとに作成し、それをもとに「内容の美」を軸に据えた「子どもの問い」をもとにした「系統表」を明らかにしました（次頁【図②】参照）。

今後も「教科の本質」と子どもたちの「こだわり」との「せめぎ合い」を通して、美意識を育てる「年間指導計画」や「系統表」を精緻に検討し、編み直していきたいと考えます。

（文責　由井薗 健）

図①　社会科（第３学年）「美意識」を育てる「年間指導計画」

【社会科で育てる美意識】

その子の「みえ方」や「こだわり」をもとに、「社会の問題」を把握し、多様な他者との「対話」を通した問題追究により、「よりよい社会」の形成を目指すための心の働きである。
それは、共に幸せに生きるために発揮される資質・能力の源であり、育まれるものである。

【教科の本質】

「民主主義の担い手」として「よりよい社会」とは「どうあればよいのか」、「自他の人格を尊重」し、「多角的な思考や理解」を通して、その実現のために「どうすればよいのか」、「公正な判断」をもとにねばり強く問い続けていこうとする心の働きを育むこと。

【内容の美】	【方法の美】
①「一人ひとり大切」（人間の尊重） 人権、健康、平和、福祉の向上、コミュニティー等 ②「みんな大事」（経済的社会的公正） 開発、企業責任、経済格差等 ③「みんなちがってみんないい」（文化の多様性） 社会的寛容、多文化理解等 ④「未来も大丈夫」（将来世代への責任） 世代間の公平、資源の保全、自然環境、生態系など	a「さまざまな立場からいろいろな理由をもとに」（批判的思考） 見かけや表面的な言説に惑わされず、社会的事象を「多角的・多面的」に捉えて、本質を見抜くこと。 b「つながりをもとに」（システム思考） 社会で生じる複雑な「因果関係」について思考し、説明すること。 c「どうあればよいのか」（未来志向思考） 現在の自分自身の生活と過去と未来の人々の生活を「時間的・空間的」に考え、あり得るべきのぞましい未来を描くこと。 d「どうすればよいのか」（問題対処の思考） 問題を追究・解決するために何をどうするべきかについて「調整」し、自分ならではの結論を出すこと。 e「今精一杯の結論」（対話の思考） 情報、意思、価値観などを互いに伝え合い、比較しながら「最適解」を導き出すこと。

「学習内容～単元名～」（時数：年間60時間※GSは70時間）【個別の知識】	◎単元の問い ○本時の問い ☆「教科の本質」に迫る問い	「教材の美」	
		「内容の美」	「方法の美」
第１単元 「身近な地域や市区町村の様子～ふぞく小のあるまち文京区～」(14) 【方位、公共施設、土地の様子、交通の様子、地形、国際化、観光】	○ふぞく小のあるまちのすきなところは？ ◎ふぞく小のあるまちはどのようなところだろう？ ○屋上から見てよくわからない学校の北がわ（千川通り）はどうなっているのだろう？ ○駅のある学校の南がわ（春日通り）はどうなっているのだろう？ ○北がわ（千川通り）と南がわ（春日通り）の様子でちがうところは？ ○〈なぞの地図〉の正体は？ ○千川通りや春日通りはどこにつながっているのだろう？ ○文京区全体でも千川通りと春日通りの様子はちがうのか？ ○なぜ文京区をつらぬく千川通りにぞいはいんさつ・せい本工場が多いのか？ ☆外国から来た観光客におすすめのスポットは？⇒③ad-3	③「みんなちがってみんないい」（文化の多様性）	a「さまざまな立場からいろいろな理由をもとに」（批判的思考） d「どうすればよいのか」（問題対処の思考）

「学習内容〜単元名〜」（時数：年間60時間※GSは70時間）【個別の知識】	◎単元の問い ○本時の問い ☆「教科の本質」に迫る問い	「教材の美」	
		「内容の美」	「方法の美」
第２単元 「地域に見られる販売の仕事〜スーパーサン ト クのひみつ〜」 (12) 【売り上げ、値段、品揃え、新鮮さ、便利さ、サービス、品質、食品ロス】	○自分たちはどんなお店で買いものをしているのか？ ○買いものしらべをして気づいたことは？ ◎なぜスーパーで買いものをすることが多いのか？ ○もし自分がスーパーの店員さんだったら、どのおかしをどのたなにならべるか？ ○500しゅるいのやさいはどこから来るのか？ ○どんな仕事をする店員さんが必要か？ ○買いもので気をつけていることは？ ☆なぜ店員さんは〈賞味期限〉の短い牛乳を手前にならべなおすのか？⇒④abd ○お客さんの気持ちを考えたスーパーの工夫をもとに、チラシをつくろう！	④「未来も大丈夫」（将来世代への責任）	a「さまざまな立場からいろいろな理由をもとに」（批判的思考） b「つながりをもとに」（システム思考） d「どうすればよいのか」（問題対処の思考）
第３単元 「地域に見られる生産の仕事〜小泉牧場物語〜」 (10) 【原料、衛生、出荷、地産地消、開発、社会の問題、観光】	○東京23区に牧場はあるのか？ ○３代目小泉まさるさんの一日を見て気づいたことは？ ○なぜまさるさんは一日に７回もえさを分けてあげるのか？ ◎まさるさんの一番大変なしごとは？ ○まさるさんたちがまちで牧場を続けることができたのはなぜか？ ☆まさるさんたちがまちで牧場をつづけることができた〈きめて〉は何か？⇒①②ae ○まさるさんのねがいは？	①「一人ひとり大切」（人間の尊重） ②「みんな大事」（経済的社会的公正）	a「さまざまな立場からいろいろな理由をもとに」（批判的思考） e「今精一杯の結論」（対話の思考）
第４単元 「地域の安全を守る働き〜火事からまちを守る〜」(10) ★警察（５）はカット 【点検・訓練、消防設備、消防団、法やきまり、自助・共助・公助】	◎もし教室に近い理科室から出火したらどうすればよいのか？ ○学校にはどのような消防せつびがあるのか？ ○なぜ学校の消防せつびがその場所にあるのか？ ○もし学校の理科室が火事になってしまったら、消防車はどれくらいの時間でとう着できるのか？ ○なぜ文京区のどこでも５分以内で消防車がとう着できるのか？ ○まちの消防せつびはどのようなものがあるのか？ ☆消防団は本当に必要なのか？⇒①ad ☆火事からまちを守るために一番大切だと思うことは何か？⇒①cd	①「一人ひとり大切」（人間の尊重）	a「さまざまな立場からいろいろな理由をもとに」（批判的思考） c「どうあればよいのか」（未来志向思考） d「どうすればよいのか」（問題対処の思考）
第５単元 「市の様子の移り変わり〜大森海苔のふるさと館〜」(14) 【元号、年表、人口、税金、少子高齢化、国際化、、伝統、開発、社会の問題、観光】	○60年前の東京湾をうめつくす四角いものは何か？ ○中村さんが海苔づくりで一番大変だったことは何か？ ○自分が大森の海苔漁師だったら埋め立てになっとくできるか？ ☆大森ののり漁師全員が判子を押したのはなぜか？⇒①②④ae ◎本当に中村さんたちの願い通り、大田区は〈よりよく〉なったのか？ ☆なぜ大田区は〈大森海苔のふるさと館〉を建てたのか？⇒①③bd ☆〈大森海苔のふるさと館〉の課題（少子高齢化・国際化）の解決策を考え、手紙を送ろう！⇒①④cd	①「一人ひとり大切」（人間の尊重） ②「みんな大事」（経済的社会的公正） ③「みんなちがってみんないい」（文化の多様性） ④「未来も大丈夫」（将来世代への責任）	a「さまざまな立場からいろいろな理由をもとに」（批判的思考） e「今精一杯の結論」（対話の思考） b「つながりをもとに」（システム思考） d「どうすればよいのか」（問題対処の思考） c「どうあればよいのか」（未来志向思考）

図２　社会科「美意識」を育てる「子どもの問い」をもとにした「系統表」　　※○内容の美　※△）当該学年第△単元　※【　　】単元の内容

【社会科で育てる美意識】その子の「こだわり」をもとに、「社会の問題」を把握し、多様な他者との「対話」を通した問題追究により、「よりよい社会」の形成を目指すための心の働きである。それは、共に幸せに生きるために発揮される資質・能力の源であり、育まれるものである。

	①「一人ひとり大切」（人間の尊重）	**②「みんな大事」（経済的社会的公正）**	**③「みんなちがってみんないい」（文化の多様性）**	**④「未来も大丈夫」（将来世代への責任）**
第３学年	４）火事からまちを守るために一番大切だと思うことは何か？【地域の安全を守る働き】	３）まさるさんたちがまちで牧場をつづけることができた「きめて」は何か？【地域に見られる生産の仕事】	１）外国から来た観光客に文京区の「いいね！」を紹介しよう！【わたしたちのまちと文京区】	２）あなたは牛乳を奥から取りますか？手前から取りますか？【地域に見られる販売の仕事】 ５）なぜ駅から遠い大塚三丁目の交差点に大きな銀行があるのだろう？【市の様子とうつりかわり】
第４学年	３）洪水から暮らしを守るために私たちができること、できないことは？【自然災害からくらしを守る】	２）（有料化とゼロ・ウェイストをもとに）ゴミを減らすにはどうしたらいいの？【すみ良いまちをつくるⅡ】 ６）伝統を守り、生かすまちづくりに大切なものは？【特色ある地域とくらし②】	４）東京らしさとは？東京らしさに当てはまらない場所は？【特色ある地域のくらし①】 ５）後藤新平の意思をつなぐということはどういうことか？【地域の発展につくした先人のはたらき】	１）水源森林隊の皆さんはボランティア！どうしてボランティアをしているのか？【すみ良いまちをつくるⅠ】 ７）地域おこしに大切なものは何か？【特色ある地域とくらし③】
第５学年	４）買い物をするのに、どのように支払うのがよいか？【情報化した社会と産業の発展】 ５）次に世界自然遺産にしたい地域はどこか？【私たちの生活と環境】	３）環境にやさしい水素エンジンの車、自動運転の車、バリアフリーの車、空を飛ぶ車、どの車を重点的に開発すべきか？【わたしたちの生活と工業生産】	１）日本のどこに住みたいか？【わたしたちの国土】	２）土用の丑の日に絶滅危惧種のうなぎを食べるか否か？【わたしたちの生活と食料生産】
第６学年	１）なぜきまりがあるのに、スロープやエレベーターがない学校があるのだろう？【憲法と私たちの暮らし】 ５）藤原道長の長女彰子は父の操り人形だったのだろうか？【貴族の暮らし】 １３）戦時中の小学校高学年の人形に対する憎しみは、本心なのだろうか？【戦争と人々の暮らし】	３）お米は当時の人々にとって救世主となったのだろうか？【国づくりへのあゆみ】 ４）聖武天皇は完成した大仏を誰に見せたかったのだろうか？【大陸に学んだ国づくり】 ８）天下を統一したのに、なぜ秀吉はここまで検地をきびしく行ったのだろうか？【全国統一への動き】 １１）なぜ自分と同じ歳の工女が富岡製糸場に働きに行ったのだろうか？【明治の新しい国づくり】 １２）条約改正のために韓国を併合することは必要だったのだろうか？【近代国家をめざして】 １４）国家予算の3分の1を使った東京オリンピックの開催はよかったのだろうか？【平和で豊かな暮らしを目ざして】	７）室町文化は、本当に今に受け継がれているのだろうか？【室町文化と力をつける人々】 １０）鎖国をしていたのに、なぜロシアの女帝エカチェリーナ二世は、日本地図や浮世絵、浄瑠璃本をもっていたのだろうか？【新しい学問と文化・外国とのつながり】 １５）東日本大震災最大の被災地女川で、なぜ中国人実習生162人全員が無事だったのだろうか？【日本とつながりの深い国中国】	２）前と同じ高さの防波堤再建について、釜石市のすべての人たちは納得できたのだろうか？【私たちの暮らしを支える政治】 ６）北条時宗を悩ませ、病に追いやったものは、なんだったのだろうか？【武士の政治が始まる】 ９）徳川家康の頃はキリスト教を許し、貿易も行っていたのに、徳川家光はなぜ全て禁止したのだろうか？【幕府の政治と人々の暮らし】 １６）なぜ中村哲さんは「丸腰」を貫いたのか？【地球規模の課題の解決と国際協力】

【教科の本質】「民主主義の担い手」として「よりよい社会」とは「どうあればよいのか」、「自他の人格を尊重」し、「多角的な思考や理解」を通して、その実現のために「どうすればよいのか」、「公正な判断」をもとにねばり強く問い続けていこうとする心の働きを育むこと。

算数科　子どもの「美意識」を育てる算数授業

算数科教育研究部　夏坂哲志／盛山隆雄／中田寿幸／大野 桂
森本隆史／青山尚司／田中英海

1．算数科の目標と『「美意識」を育てる』研究の関わり

算数科教育研究部では、「算数科の本質」と題し、算数授業の目的を次のように定めています。

算数科の本質

数量や図形についての概念理解や問題解決するための課題を、仲間と共に見出したり、その課題を解決するために、既習や経験との関連を見つけたり、仲間の見出した方法や考え方に心動かされたりしながら、自らの数量や図形に対する「みえ方」を豊かにし、自覚的に働かせることができる「見方」へと成長させ、算数の世界を拡げていく力を養うこと

この目的を達成するために授業に臨むのですが、実はこの「算数科の本質」の文章の中に、本研究『「美意識」を育てる』と大きく関わる部分があります。

それは、「自覚的に働かせる」です。この「自覚的に働かせる」を、言い換えれば、「算数の問題解決へと向かう自らの行動を方向づける心の働き」と言えます。私たちは、この心の働きのことを、「美意識」と捉えることにしました。そして、ここで述べる「美意識」を、価値を創り出すことを目指して自らの考えや方法を作用させる方向をきめる源であり、問題解決を進める上での、こだわりのようなものを表していると考えました。

「美意識」をこのように捉えたときに、算数科における子どもの「美意識」を、次のように定義することにしました。

算数科における子どもの「美意識」

算数科における子どもの「美意識」とは、算数の事象に直面した際の、内容と方法を捉える自らの「みえ方」が、授業を通して、算数の内容の美・方法の美として捉える「見方」へと変容・成長したものである。

そしてそれは、問題設定や問題解決へと向かう自らの行動を、自覚的に方向づ

ける「心の働き」である。

すなわち本研究の目的は、この「美意識」を子どもに育むことなのです。

2.「美意識」を育む授業を具現化するための視点と授業イメージ

本研究を進めるに際し、これまでに行ってきた算数の研究授業のいくつかを、「美意識」を子どもに育む視点で考察し直すことを行いました。

すると、「美意識」を子どもに育むには、子どもの算数の事象に対する「みえ方」の変容・成長という点で、教師の授業に臨む心構えと指導方法について、いくつか意識しておく必要があることが見出されました。

それらを簡潔に整理すると、以下のように表すことができます。

・問題解決を促進させるには、算数の事象に対する自らの「みえ方」の自覚化が必要不可欠であり、「みえ方」の自覚化は、振り返りによってなされる。
(※ここで用いている「振り返り」とは、問題解決が停滞したときなどに、ここまで用いていた事象の「みえ方」が何かをまずは明確にし、なぜその「みえ方」が効果的に作用しなくなったのかを考え、問題解決を進めるための新たな課題を設定する行為のことを指しています)
・振り返りにより「みえ方」の変容・成長が促進され、それが問題解決に効果的に作用する。
・振り返りは、必要感や課題意識をもたせ主体的に行わせることが重要である。
・課題意識のある振り返りにより、既習の学習内容や考えが想起され、それを直面した問題と関連づけるという行為がなされることで、子どもの問題解決へと向かう算数の「みえ方」は「見方」へと成長していく。
・子どもの「みえ方」を「見方」へと効率的に成長させるには、成長の仕方を、あらかじめ分析・整理し授業に臨む必要がある。
・子どもの発達段階を念頭に置き、各学年における「みえ方」の様相と、どのように「みえ方」が「見方」へと成長するか、分析・整理をしておく必要がある。

これらの視点を実際の授業で具体化するため、子どもの「みえ方」が「見方」へと変容・成長していく授業過程をイメージしてみました。

「みえ方」が「見方」へと変容・成長していく過程のイメージ

問題に直面すると、まずは自らの「みえ方」にしたがい問題解決に取りかかる。

ところが、問題解決を進めていると、その「みえ方」では、思うように解決が進まなかったり、困難を感じたりする。

そこで、自らの「みえ方」を振り返り、その「みえ方」が、この先も効果的に働き続けることができるかを自らに問い直し、吟味する。

すると、「みえ方」を修正する方向（新たな課題）が浮かび上がる。「みえ方」を修正する方向が決まると、問題解決は再び動き出す。

その動きを促進するのは、

・「修正するために必要な既習の学習内容や経験とのつながり」（内容・方法の美）
・「新たな課題が設定されたことによって見える心が動かされる発見」（内容の美）
・「自分では思いつかないような他者の方法や考えとの出会い」　　（方法の美）

などである。

これらが重なり繋がることで、事象に対する「みえ方」が変容・成長していく。

そして、その「みえ方」の変容を深く突き詰めていくと、算数の内容の美・方法の美として捉える「見方」へと成長していく。

算数の内容の美・方法の美と捉えるに至った「見方」は、自分の問題解決行動を自覚的に方向づける心の働きとなり、次の問題に直面した際に、意識的に発動させるようになる。これが、「美意識」として備わった状態と言える。

子どもの「美意識」は、この繰り返しによって成長し続ける。

3.「美意識」を育む授業の実際―5年「三角形の内角の和」―

『「みえ方」が「見方」へと成長していく過程のイメージ』の具現化を目指し臨んだ授業の具体を、5年「三角形の内角の和」の授業の実際で示します。

（1）「みえ方」を表出させる課題提示

T　どんな三角形なら3つの角の和が簡単に求められそうですか？

という問いかけで授業をはじめました。

このような漠然とした課題を与えた理由は、事象に対する子どもの「みえ方」を素直に表出させるためです。そして、ここで現れる「みえ方」が、内容の美・方法の美と捉える「見方」へと成長する出発点となります。

問いかけにより、

C　正三角形は求められる

と、多くの子どもが発しました。理由は、「1つの角の大きさが60°だから」と述べていました。つまり、この時点での事象に対する子どもの「みえ方」は、「すでに角の大きさを知っている」という既知の事柄ということがわかります。

ここで、「正三角形は角の大きさを知っているから確かにわかりますね。他にも3つの角の大きさを既に知っている三角形はありますか？　ないのなら、3つの角の和は分度器で求めないとわかりませんね」と問いかけてみました。

すると、「直角三角形は角の大きさは知っている」と返答がきました。それは、3

つの角の大きさが既知である三角定規の三角形でした。

このことから、この時点での子どもの「みえ方」は、まだ図形の性質を見ようとはしていないことがわかります。

(2) 切り返す発問で「みえ方」の変容を促す

子どもの事象への「みえ方」の変容を促すために、

T 直角三角形ってそれだけじゃなくて、いろいろな形がありますよね…

と、切り返す発問をしてみました。すると、

C 他の直角三角形も、3つの角の和は180°になると思う

という意見が表出しました。そして、次の図1の板書に示すように、「合同な直角三角形を組み合わせると長方形になる」を理由に、そのことを明らかにしました。

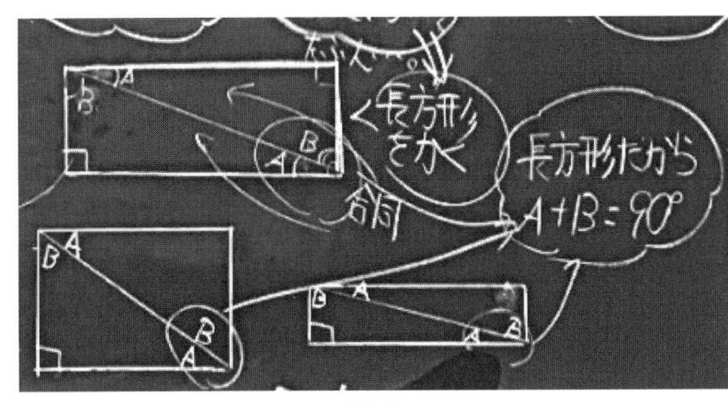

図1

これが、事象に対しての「みえ方」が、「直角三角形の性質」、すなわち、**図形の性質**に変容した瞬間でした。

そしてこれは、

C どのような三角形でも、内角の和は180°になるかもしれない…

という、**内容の美**を意識しはじめた瞬間でもありました。

(3) 内容の美を意識させ、追究する心に灯をともす問いかけ

子どもたちが、「三角形の内角の和は180°になるかもしれない」という内容の美を意識しはじめたので、

T 正三角形と直角三角形は3つの角の和がわかりましたね。
ただ、他にも三角形はいろいろありますが…

と、つぶやくように問いかけてみました。すると、

C 二等辺三角形も角の和が180°と言えそう

と発言がなされました。

この発言の意図は、「どのような三角形でも、内角の和は180°になるかもしれない」という、内容の美を意識し、それを追究したいという心の働きがもたらした子どもの姿であると言えます。

このことから、「子どもはいったん内容の美を意識すると、その意識は、内容の美

を明らかにしたいという学びに向かう原動力となる」ということ、つまり、子どもが内容の美を意識することは、「情意の高まり」「本質を捉える」という意味で重要になることがわかりました。

子どもたちは、次の図２・３の板書に示すように、その原動力によって二等辺三角形の内角の和が180°であることを明らかにしました。

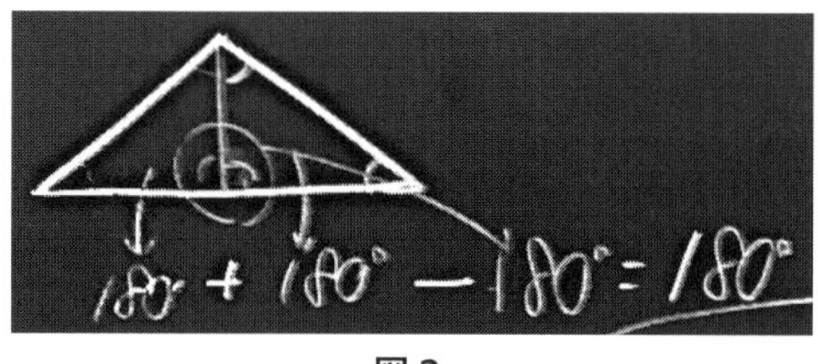

図２

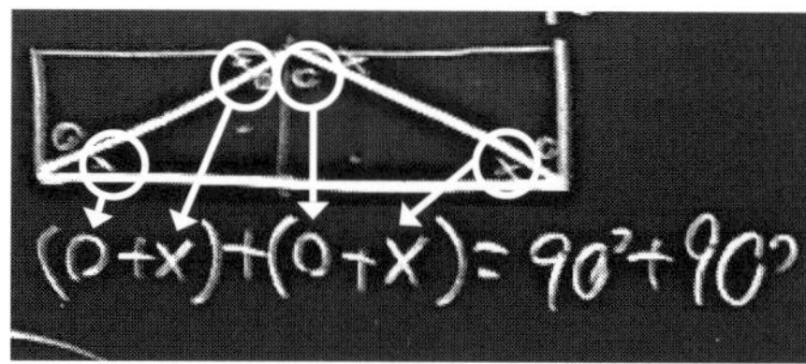

図３

図２の板書は「二等辺三角形は、直角三角形２つを組み合わせたもの」、図３は「合同な直角三角形を敷き詰めると長方形になる」という、直角三角形の図形の性質をもとに見出した方法と解釈することができます。

これは、先の「直角三角形の内角の和」の場面で見出した、図１の方法を活用したと解釈できます。

（4）　方法の美を意識させ、「その方法を他の場面で用いたい」という心の働きを生む

図３に示した、角の大きさに記号○・×を用いて演繹的に説明しようとする方法は、普通の授業ではあまり子どもから表出しません。それではなぜ本実践では積極的に子どもたちは記号を用いたのでしょう。その要因は、図１で示しましたが、角の大きさに記号アやイを用いて説明した方法を経験し、それと同じ方法を使おうとしたことからだと考えられます。

つまり、記号を用いた演繹的な説明に、明解さといった方法の美を感じた心の働きがもたらしたと考えられます。これは、方法の美を意識すると、その意識は、「その方法を他の場面でも用いたい」という心の働きを生むことを意味しています。

（5）　「方法の美」を意識すると、一般性を追究する「見方」への変容がうながされる

図３の説明が終わるときです。

C　だったら、底辺に平行な１本の平行な線を、頂点を通るように引けばいいよ

と、話を聞いていた一人の子どもから発言がなされました。

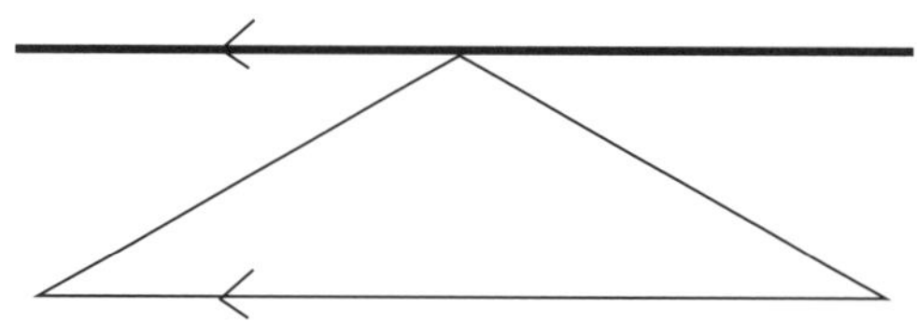

その子の「みえ方」が、「直角三角形の性質」から「平行線の性質」へと変容した瞬間です。

その子の「みえ方」が、「平行線の性質」へと変容した要因は、図３の角に書き入れた記号○×を眺めていたら、錯角が浮かび上がって見えたからだと推察されます。

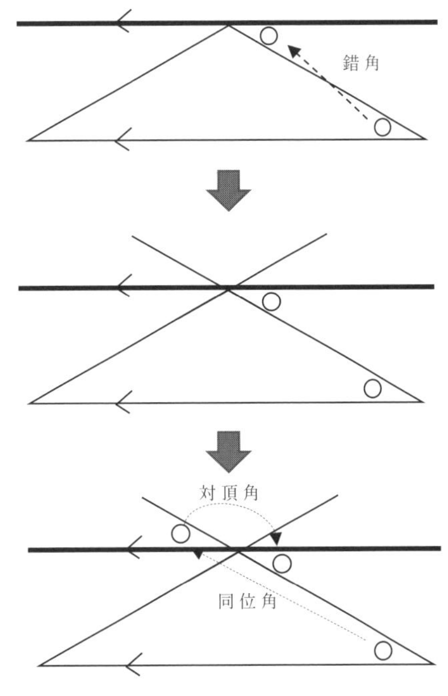

そのように推察したのは、その子は、平行線を引いた後、「平行な２本の直線に１本の直線が交わるとき、その錯角は等しい」に基づき、記号○を用いて錯角が等しいことを記入したからです。図３と酷似しているのがわかると思います。

すると、○を描き入れた図を見ていた他の子どもが、今まで見えなかったものが見えたかのような感嘆した声で、「辺を延長した方がいい！」と声を発しました。

さらに他の子どもが、「対頂角は等しい」に基づいて、延長した線によってできた角に○を記入しました。

またその図から、同位角が等しいことでも説明できることを明らかにしました。

図４が示すように、同位角・錯角・対頂角を用いて等しい大きさの角を記入していく作業を続けていくと、先程と同様、今まで見えなかったものが見えたかのような感嘆した声で、

C　すごい180°になるよ。角が一直線に集まるから180°だ！

という声が、多くの子どもから発せられました。

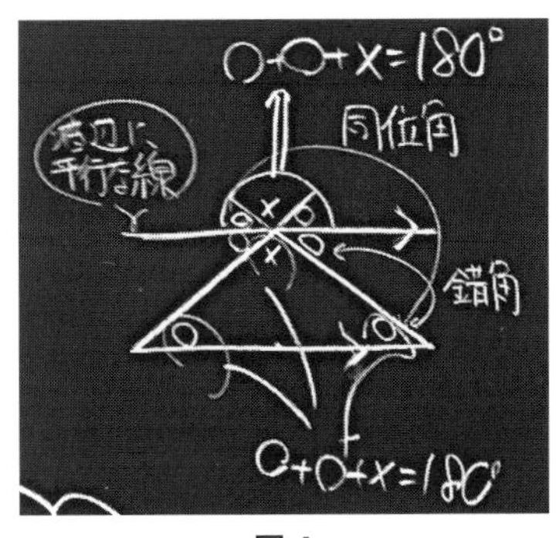

図４

そうすると、多くの子どもが前のめりで

C　ただの三角形も、この方法で説明できる

との反応を示し、図５が示すように、平行線の性質を用いて、同位角・錯角・対頂角が等しいことを示しながら、角を一直線に移動させました。

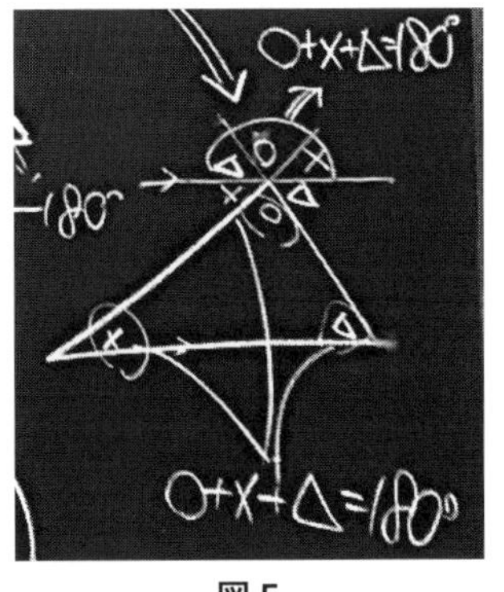

図５

このようにして、三角形の内角の和が180°となることを演繹的に明らかにしました。

次頁の図６に示した「直角三角形に切り分ける」という方法も子どもから表出しました。

しかし、子どもの意欲は、明らかに「平行線の性

質」で説明する図５に向けられていました。

これは、「平行線の性質」に美を感じ、それを方法へと高めたとき、明解であり、論理的に説明できると感じたからだと解釈することができます。

すなわち、方法の美を感じたので、「その方法を他の場面でも用いたい」という心の働きが生まれ、そちらに問題解決の舵がきられたということです。

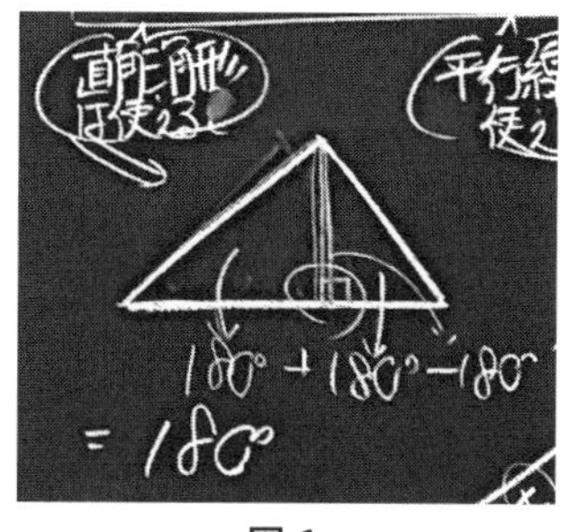

図６

（６） 内容の美･方法の美が美意識として備わると、自覚的に心を働かせる

図形の角の和への「みえ方」が、「平行線の性質」に変容し、そこに方法の美を感じた子どもたちは、「三角形の外角の和は360°」を明らかにする学習場面でも、「平行線の性質」を意識的に活用しました。

一人の子どもが、「三角形の外角の和が360°」を説明するために、図７に示すように、「１つ頂点を通り、向かい合う辺と平行な線」を引いたのです。

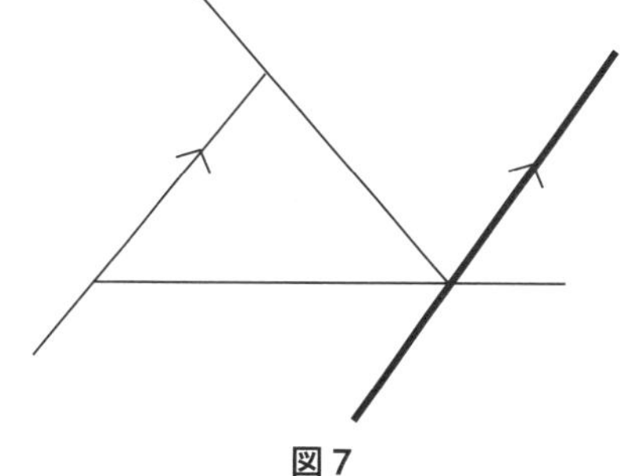
図７

「どうして平行線を引こうと思ったの？」と問いかけると、

C　外角の和でも、平行が使えるかなと思って

と返事がありました。

すると次に、図８が示すように、平行線の関係から、同位角が等しいことを用いて外角を次々と移動していきました。そして その結果、外角が１点へと集まることを見出し、三角形の外角の和が360°となることを明らかにしました。

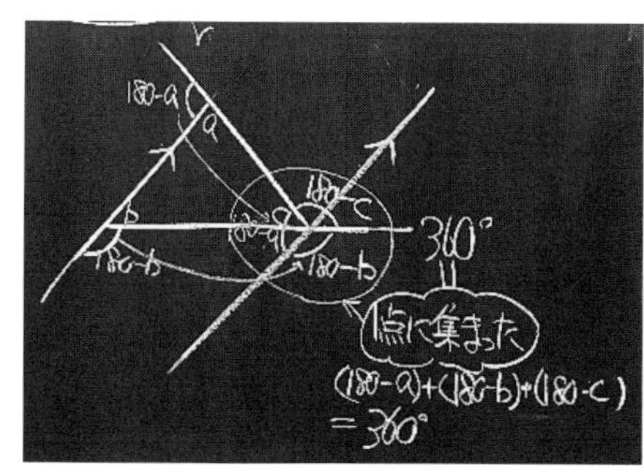

図８

こうなることがわかっていたのかを子どもに聞いてみると、「平行線の性質を用いれば、三角形の外角の和が360°となることを説明できることの確信がはじめからあったわけではなかった」と述べていました。

それでも、三角形の内角の和の学習で、「三角形の内角の和はいつでも180°になる」という内容の美、そして、「平行線の性質を用いると角を移動できる」に方法の美を感じたので、「三角形の外角の和でも使えるかもしれない」と考え、試してみたということでした。

つまりこの子どもは、三角形の内角の和の学習で、180°が「３つの角を足し合わせ」ではなく、「一直線へ集まる」と「みえ方」が変容し、解決に至ることができたので、三角形の外角の和が360°でも、「外角を足しあわせる」ではなく、「360°」という数値から「円の中心」を想起し、「一点に集めることができるのではないか」と自ら課題を設定することができたのだと解釈できます。

これは、内容の美を意識したからこそなされた課題設定であり、方法の美を感じたからこそなされた問題解決であると言えます。

次の日のことです。ある子どもがノートを見せにきました。

そこには、「平行線の性質」を用いて、五角形の外角の和についても360°になることを説明する記述がありました。

この子どもは、普段から真面目に授業に参加し、意欲的に発言をします。でも、家庭学習として、授業での学びをさらに追究する姿を見せることはこれまではありませんでした。それが、このような追究活動をしたのです。

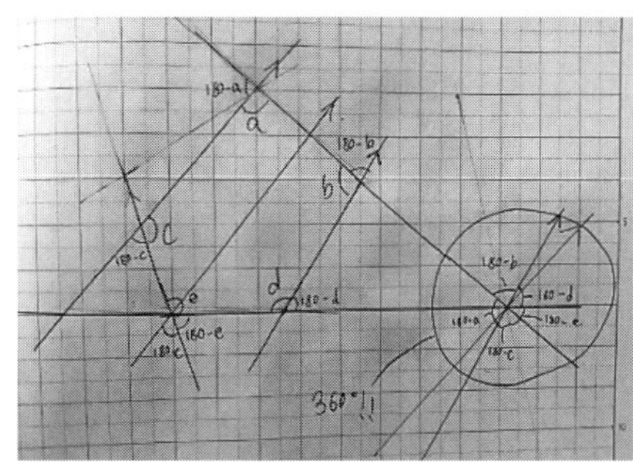

図8

これは、内容の美・方法の美に出会い、感動し、自らの「みえ方」が変容したことがうれしくなり、それを味わいたいという心の働きがもたらした姿だと解釈できます。

4．子どもの「美意識」を育む授業づくりの条件

（1）「みえ方」が「見方」へと変容・成長する課題提示と活用の場の設定

①「特殊なみえ方」が表出する課題提示

「どんな三角形なら3つの角の和が簡単に求められそうですか？」という漠然とした課題提示をしました。これは、事象に対する子どもの「みえ方」を素直に表出させるためでした。そして、多くの子どもが「正三角形」と述べました。つまり、子どもの事象に対する「みえ方」は、「角の大きさをすでに知っている」という極めて特殊な場合だったことがわかりました。

この「特殊なみえ方」が思考のスタート地点となり、ここから徐々に「いつでも内角の和は180°になるのかもしれない…」という、内容の美を意識しはじめ、それが学びの原動力となりました。

さらに、その原動力に支えられながら、方法の美を捉える心の働きが引き出され、一般性のある「見方」へと成長しました。

つまり、**「見方」へと変容・成長をさせるには、考えるスタートとなる「特殊なみえ方」を表出させることが有効であり、それには、「特殊なみえ方」が引き出される課題提示が重要となる**ことがわかります。

②方法の美を味わう活用する場の設定

方法の美を捉える心の働きは、「他の場面でも、この方法が使えるといいな」という、解決へと向かう方向をきめる舵になることがわかりました。

「三角形の外角の和は360°」がその場面に当たります。三角形の内角の和の場面で、「平行線の性質」を用いて角を移動することに方法の美を感じたので、うまくいく確信はないにも関わらず、三角形の外角の和を求める場面でも、自覚的に「平行線の性質」を用いようとしました。

このことから、**前に見出した方法の美を、自覚的に活用できる他の場面をあらかじめ設定しておくことが重要である**ことがわかります。

(2) 内容の美・方法の美の感得に重点を置いた授業構成

①内容の美を感じさせることで、学びを促進する原動力を生み出す

本実践の内容の美は、「三角形の内角の和は180°」でした。ただし、内容の美を感じるとは、「三角形の内角の和は180°になります。その理由を考えましょう」と自明の事実を論証させることで明らかにさせることではありません。

実践で大切にしたことは、事象に直面した際に、子どもが「もしかすると三角形の内角の和はいつでも180°になるかもしれない」と感じる心を引き出すことでした。なぜなら、それが、追究したいと思う心に火を灯すと想定していたからです。つまり、内容の美を感じる心は、学びを促進する原動力になると想定していたのです。

実践では、取り掛かりのきっかけとして、「どんな三角形なら内角の和が求められるか」という課題をはじめに提示しましたが、その後は、「こうしましょう」と教師から指示をしてはいません。子どもたちが、「直角三角形は180°と言える」「二等辺三角形も３つの角の和も180°と言えそう」「ただの三角形も、この方法（平行線の性質）で説明できる」と自ら追究していきました。

このように、内容の美を感じる心は、「これなら説明できる」という考え始めのきっかけになったり、「どんな三角形でも内角の和が180°だとすれば、～が成り立つはずだから…」という、自明だと仮定して考えることで解決を進めることに繋がったりすることがわかります。これが、内容の美を感じ、それを追究したいという心の働きがもたらした子どもの姿であると言えます。

この事実から、**「美意識」を育む授業では、子どもが内容の美を感じる授業構成とし、追究したい心に火をつける場面を意図的に仕組むことが欠かせない**ことがわかります。

②方法の美を感じさせ、進むべき方向をきめる舵を生み出す

内容の美を感じることが、学びを促進する原動力だとすると、方法の美を感じる心の働きは、進むべき方向をきめる舵になると言えます。

角の大きさが自明の三角形から、合同な直角三角形を組み合わせて長方形とする方法へと「みえ方」が変容した場面で、子どもたちは「その方法で二等辺三角形も説明できる」と判断し、解決に向かいました。これは、「直角三角形の性質」に美を感じ、それを方法へと高めたからだと言えます。これが、問題解決の方向をきめる舵となる方法の美を感じる心の働きと言えます。

また、「平行線の性質」が見えたとき、これまでは見えなかったものが見えたかの

ような感動した姿で解決を進め、意欲的に「ただの三角形も、この方法（平行線の性質）で説明できる」と述べました。これも、「平行線の性質」を用いることに方法の美を感じたので、「その方法を他の場面でも用いたい」という心の働きが生まれ、そちらに解決の舵がきられたということです。

そのことは、「三角形の外角の和が360°」を見出そうとする場面でもうまくいく確信はないにも関わらず、自覚的に「平行線の性質」を用いようとしました。これも、方法の美を感じた心がもたらした行動だと言えます。

これらのことから、**方法の美を感じさせ、「他の場面でも、この方法が使えるといいな」という自覚的な心の働きが引き出される場面を意図的に仕組むことが、「美意識」を育む授業には欠かせない**ことがわかります。

5．子どもの「みえ方」基点でつくる、「美意識」を育む図形カリキュラム

算数科は指導内容の系統が明確です。しかし、その系統が本研究の肝である「みえ方の変容と見方への成長」というプロセスに合致しているのかについては考える必要があります。

本研究では、指導内容の系統性についても、子どもの算数に対する「みえ方」が変容・成長していくという視点で適切になるように吟味し、新たに、算数科における「美意識」を育むカリキュラムを立ち上げることにしました。

（1）「平行」を軸としたカリキュラムづくり

「図形の角の和」の実践に示した通り、子どもの三角形の内角の和に対する「みえ方」は、いくつかの段階を経て、「平行線の性質」へと変容していきました。このように子どもの「みえ方」が「平行線の性質」へと変容していった大きな要因は、１年から継続して学んできた、「平行の概念と性質」についての確かな既習にあります。そのカリキュラムは上に示したとおりです。「平行の概念と性質」が問題解決に有効に働く単元を集めてみました。そして、平行の概念と性質の「感覚づくり」「獲得」「活用」という３つの段階に分類し、平行の概念と性質を問題解決に有効に働かせるように、系統立てて指導していくことにしました。

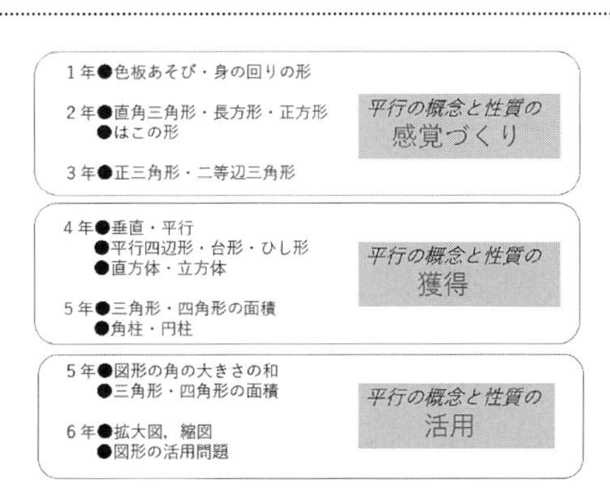

「平行」を軸とした「美意識」を育むカリキュラム

①平行の概念と性質の「感覚づくり」

「平行の概念と性質の感覚づくり」の活動を、１授業単位の活動内容で表してみました。それが次の図になります。

この活動を行っていくことで、平行の概念と性質を問題解決に有効に働かせるようになっていきます。

さらに一つひとつの活動を詳しく見ていきます。例えば、１年「色板あそび・身の回りの形」では、「平行の概念と性質に対する感覚づくり」を目的として、１つの活動が「内容の美→みえ方→方法の美・見方」と自然と流れてくことを意識して４つの活動（授業）を仕組みました。

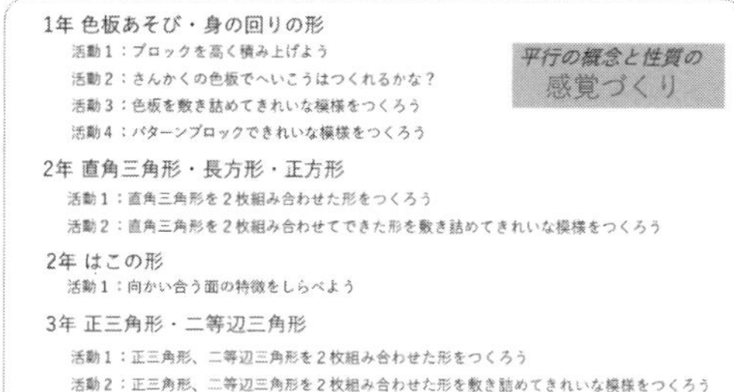

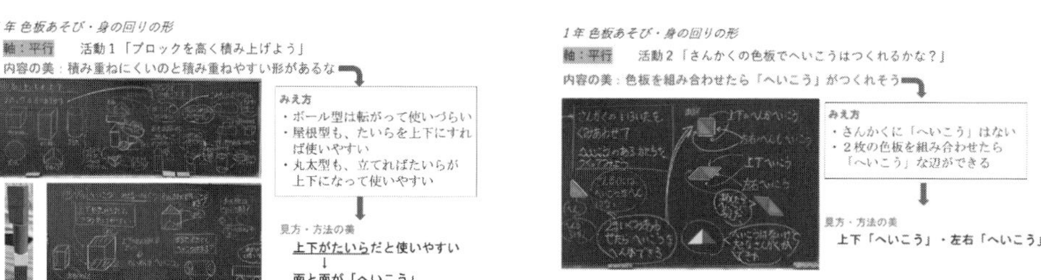

活動１・活動２では、平行の概念を詳しくは指導していませんが、「たいらを上下にする」といった子どもの「みえ方」を取り上げて、「へん」「めん」という図形の構成要素と、面と面、辺と辺の関係のことを「面と面がへいこう」「辺と辺がへいこう」と言うことを指導しました。

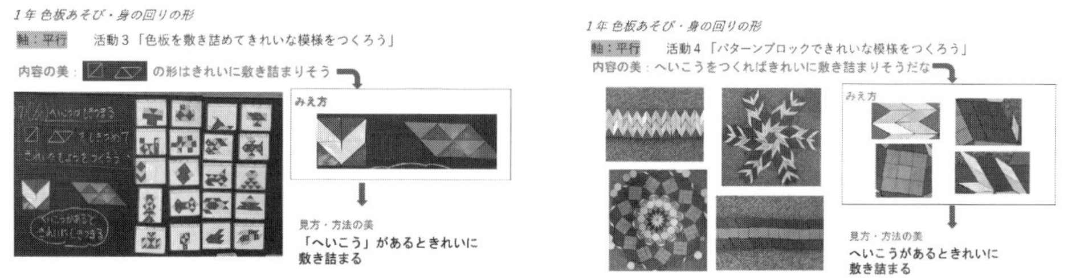

活動３・活動４では、「へいこう」という言葉を知ることで、主体的に平行づくりの活動を行い、平行に対する感覚を身につけてきました。

これを例として、２年では「直角三角形・長方形・正方形」などで、３年では「正三角形・二等辺三角形」で「平行の概念と性質の感覚づくり」を身につけることを目的とした活動を仕組んでいます。

②平行の概念と性質の「獲得」

「平行の概念と性質の獲得」の活動も、１授業単位の活動内容で表してみました。それが右の図になります。

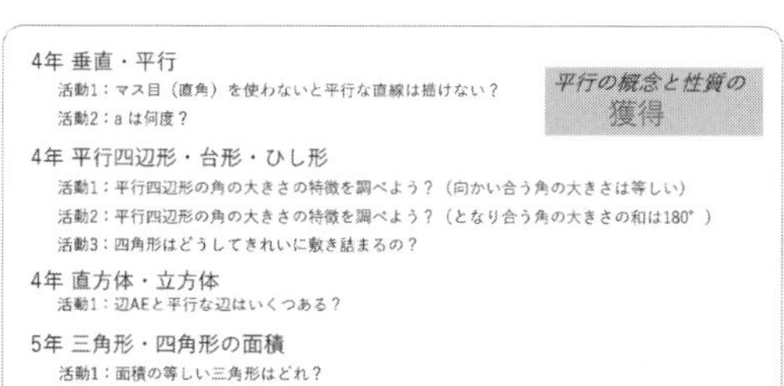

さらに詳しく一つひとつの活動を

見ていくと、例えば、4年「垂直・平行」では、2つの活動（授業）を仕組みました。

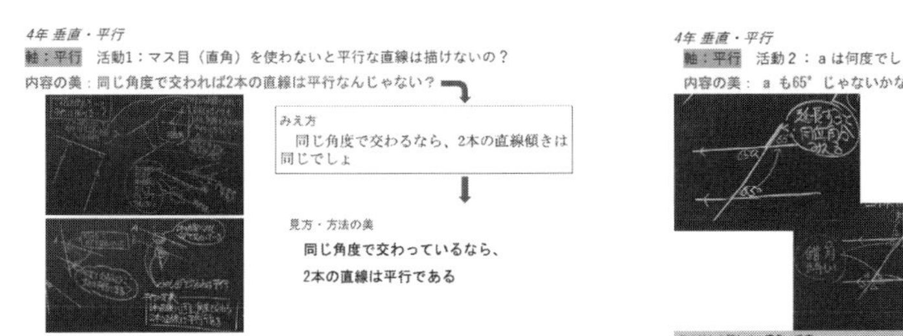

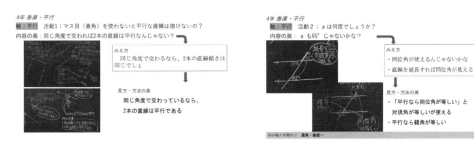

活動1では、普通は「1本の直線に対して直角に交わる2本の直線は平行である」と平行の定義をしますが、子どもたちが「1本の直線に対して同じ角で交わる2本の直線は平行である」として平行を定義づけできるよう問題解決的に活動しました。

この定義を見出したことによって、活動2において、子どもたちは平行の定義をもとにしながら、角の大きさを求める活動を通して、「平行ならば同位角が等しい」ということを見出していきました。

この2つの活動は、次に示す4年「平行四辺形・台形・ひし形」における2つの活動で、子どもの「みえ方」を引き出すことに繋がりました。

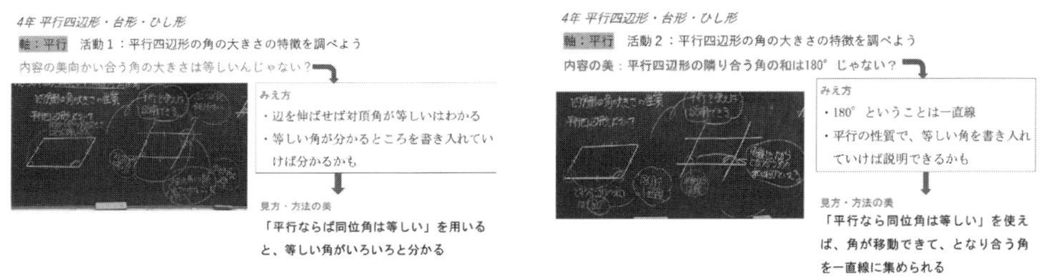

活動1では、「平行四辺形の向かい合う角が等しい」ことを、平行四辺形の辺を延長し、同位角が等しいことを用いて説明しました。活動2では、「平行四辺形の隣り合う角の和が180°」になることを、やはり平行四辺形の辺を延長し、同位角が等しいことで、角を移動できることを用いて説明しました。

③平行の概念と性質の「活用」

ここまでの活動が、右に示す「平行線の概念と性質の活用」の場面において、確かな「見方」として、生きて働いていきます。

それが、本実線で示した、5年「三角形・四角形の角の大きさ」における、2つの活動です。

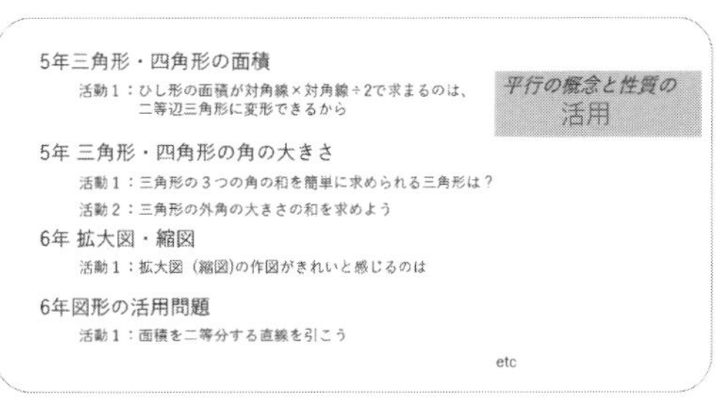

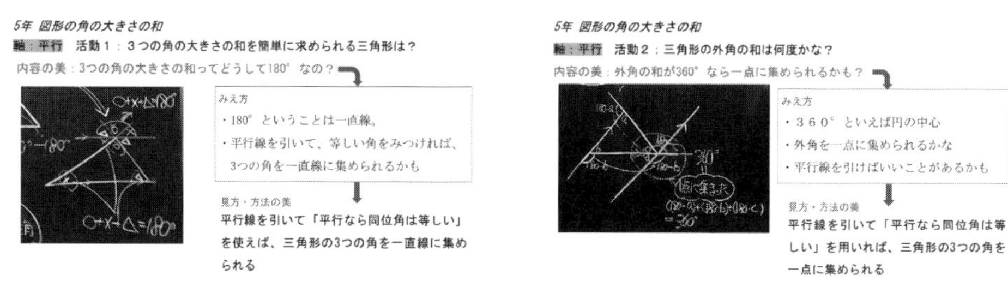

ここまで述べたように、図形の問題解決には、「平行」という視点が大きな役割を果たすことがわかります。そこで、「平行」を軸として、子どもの「みえ方」が変容・成長していくカリキュラムを立ち上げたというわけです。

「平行」を軸としたカリキュラムで行われる活動は上述したものだけでなく、他にも多数あります。例えば、次の２つの活動がその例です。

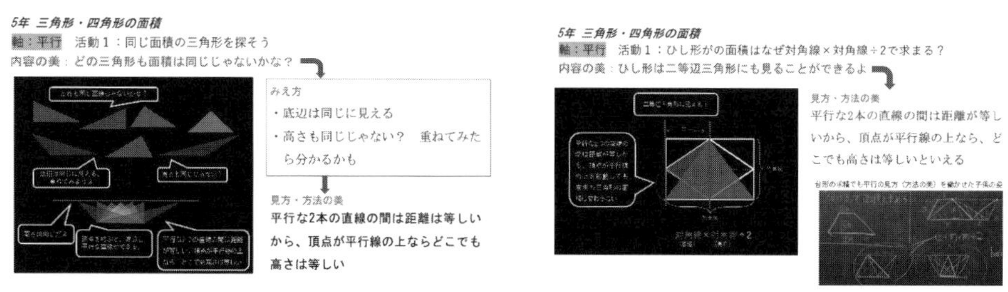

どちらも５年「三角形・四角形の面積」での活動ですが、左の活動は「平行の概念と性質の獲得」を目的として、「平行線間にある底辺が等しい三角形は、平行線間の距離は等しいから高さが一定になるので、面積が等しくなる」を見出す活動です。

ここで獲得した「見方」が、右の「平行の概念と性質の活用」を目的とする「ひし形の面積はなぜ対角線×対角線÷２で求まる？」を考える活動場面で、「ひし形は二等辺三角形に変形できる」「平行線を引いてひし形の頂点を下にずらしても面積は変わらないので…」と、主体的に「見方」として働かせて問題解決に至ります。

（２）　５つの軸で編む図形カリキュラム

ここまで「平行」を軸とした図形カリキュラムについて詳しく述べてきましたが、問題解決に有効に働く軸は「平行」だけとは考えていません。「平行」に加え、「直角・垂直」「合同」「対称」「円」の５つが、問題解決に有効に働く軸となりうることが研究を通してわかってきました。

それを、「**５つの軸で編む図形カリキュラム**」と題し、次の表にまとめました。

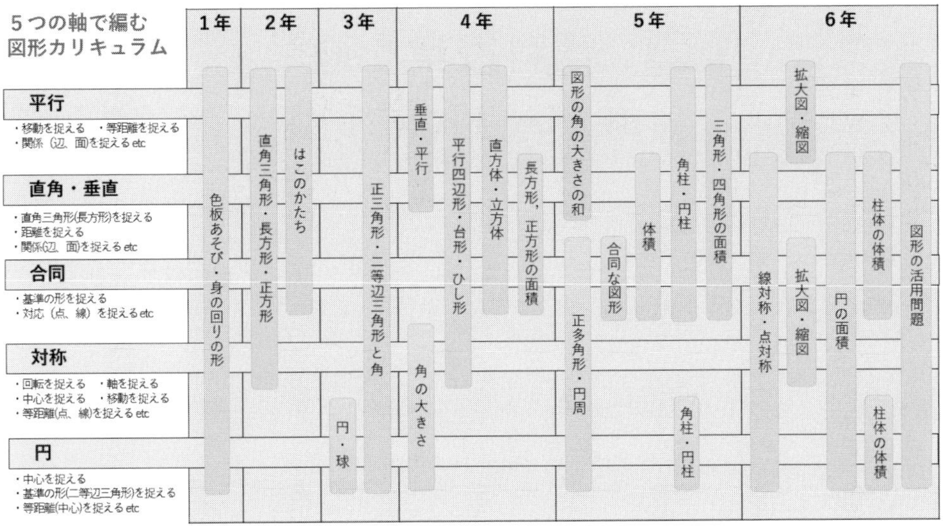

５つの軸で編む図形カリキュラム

1年　2年　3年　4年　5年　6年

平行
・移動を捉える　・等距離を捉える
・関係（辺、面）を捉える etc

直角・垂直
・直角三角形(長方形)を捉える
・距離を捉える
・関係(辺、面)を捉える etc

合同
・基準の形を捉える
・対応（点、線）を捉える etc

対称
・回転を捉える　・軸を捉える
・中心を捉える　・移動を捉える
・等距離(点、線)を捉える etc

円
・中心を捉える
・基準の形(二等辺三角形)を捉える
・等距離(中心)を捉える etc

1年：色板あそび・身の回りの形
2年：直角三角形・長方形・正方形、はこのかたち
3年：正三角形・二等辺三角形と角、円・球
4年：垂直・平行、角の大きさ、平行四辺形・台形・ひし形、直方体・立方体、長方形，正方形の面積
5年：図形の角の大きさの和、正多角形・円周、合同な図形、体積、角柱・円柱、三角形・四角形の面積、角柱・円柱
6年：線対称・点対称、拡大図・縮図、拡大図・縮図、円の面積、柱体の体積、柱体の体積、図形の活用問題

本稿で述べた「平行」のカリキュラムは、表の一番上の軸に当たります。本来であれば他の４つの軸についても、また、軸と軸がまたがる関わりについても詳しく述べたいのですが、本稿ではここまでとさせていただきます。

このカリキュラムの詳細については、本校HPに掲載する予定です。また、ちがうかたちでまとめさせていただく予定でもあります。楽しみにお待ちいただければ幸いです。

（文責　大野 桂）

理科　理科授業を通して「美意識」を育てる

理科教育研究部　佐々木昭弘／鷲見辰美／志田正訓／富田瑞枝／辻 健

1．理科で育てたい「美意識」とは

理科で育てたい「美意識」とは何かを考えるにあたり、以下の教科の本質をもとに考えることにしました。

> 理科では、観察や実験を通して自然の事物現象に迫り、問題解決の過程を通して自然事象に対する意味理解、原因と結果を結びつけ論理的に考えることのよさを感得できるようにする。また、これらを協働で繰り返し行うことを通して、子どもたちに「美意識」を育む。

理科の本質を理科部では以下の２点に絞り込みました。
①問題解決の過程を通して、意味理解志向を促す。（内容知・理解の深さ・繋がり）
②原因と結果で考えることのよさを感得できるようにする。（方法知・手段の獲得）

（1）　問題解決の過程を通して、意味理解志向を促す

獲得した知識が既習事項とどのように関連しているか、生活でどのように活かされているのかなど、子ども自身が繋がりを感じられる知識・理解の習得を行います。例えば、４年生「物の温まり方」の実験で水は温められた部分が上がり、水面で広がるように動くことを観察します。そのとき、物の温度と体積で得た知識を組み合わせ「水が上がるのは温められたことによって体積が大きくなり周りの水より軽くなったからなのかもしれない」と温まり方について関連づけながら意味理解をしようとします。一つの知識を得て満足するのではなく、そこにどんな意味が隠れているか、知っていることとの関係は何か、と子どもの心が動く、これが理科を学ぶ意味につながります。

（2）　原因と結果で考えることのよさを感得できるようにする

これは、因果関係で捉えることのよさや面白さを子ども自身が感じることをさします。目の前で起こっている変化、観察している動植物の成長を何かと関係づけながら

捉えます。因果で捉えることは、次に起こることを考える際に有益であると子どもが感じられるようにすること、これが理科を学ぶ意義であり、この因果関係を説明する際に学習指導要領でも述べられている「科学的」（実証性・再現性・客観性）という言葉が重要になります。だれかの思い込みではなく、より納得するような結論を導きだす際に、科学的かどうかで合意形成が図られ、新たに知の更新が起こります。独りよがりではなく、共によりよい知にするために因果の関係で科学的に物事を捉えるよさを感得します。

（3） 協働で繰り返し行うことを通して子どもたちに「美意識」を育む

上述のように意味理解に至ろうとしたり、因果の関係で捉えようとしたりして、問題解決の過程を協働的に繰り返し「美意識」は育まれると考えています。

図１　美意識を三輪車に喩えて説明

「美意識」は「その子の『みえ方』や『こだわり』をもとに、本質を捉え深めようとする心の働きである。それは、『共に幸せに生きるために発揮される資質・能力』の源である」と定義されています。図１は、自転車や三輪車に乗る子どもに喩えながら「美意識」と資質・能力との関係を示したものです。知識及び技能や思考力、判断力、表現力等は乗り物の車輪。学びに向かう力、人間性等はペダルであり、それを駆使しながら向かうべき方向を決めていくもの、つまりハンドルにあたるものが「美意識」です。これまでつけてきた資質・能力を使いこなしながら、共に幸せに生きていくためにハンドルをきります。そのハンドルの操作は、始めはぎこちなくても次第にうまく方向を定めることができるようになります。それが「美意識」の育ちであり、言い換えれば、共に幸せに生きるために何をすればよいのかが見えてくることとなります。

個別に学習しているときに「美意識」が育まれることもありますが、多くは共に学んでいる学習者同士が「より納得のできる結論になるよう」に協働で繰り返し自然事象に働きかけるとき「美意識」は成長します。学級全体で、グループで、ペアで行う実験や観察を通し結論を導き出そうとする際に「美意識」は発揮されます。問題解決の過程（図２）で子どもから結果の整理のために予め方法を学級で揃えたいといった声があがることがあります。これが正に「美意識」が育つ瞬間です。より納得のいく結論にするため、多くの結果を集めて客観性を高めたいと考えることは、共に納得のいくものを目指そうという心の働きだと考えます。

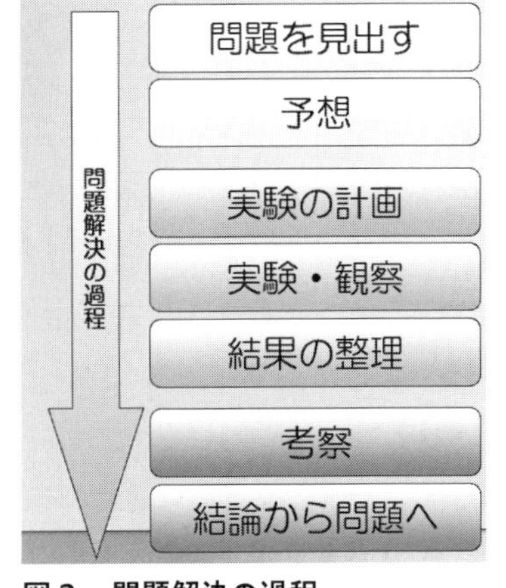

図２　問題解決の過程

2．理科で「美意識」を育てる授業の条件

「美意識」を育てる授業では、子どもの素直な「みえ方」が問題解決の過程を通して深化し因果を大切にしながら意味理解に至ることを大切にしています。図3のように「みえ方」は「きまり」に深化し子どもたちが獲得した「きまり」は、新たな「みえ方」のベースになります。「みえ方」が「きまり」になる際に必要となるのが、共に学ぶ学習者からの共感であり共通了解です。理科ではこの共通了解で「科学的」であるか否かが条件の一つになります。実験や観察において、客観性や実証性、再現性が保障されてこそ、共通了解が得られていき因果関係や意味理解に至ります。表1に「美意識」の育ちを評価するための観点を示しました。好き嫌い、好みや自分のこだわりという直感的であったり、感性的であったりする判断から、合目的的な判断になる際に共に学ぶ学習者との共通了解が必要になります。これが「みえ方」から「きまり」への深化と重なります。合目的的な共通了解が繰り返された際に普遍的な第4のフェーズに至ると考えています。第4のフェーズについては他教科連携により更に互恵的な共通了解に至る実践事例も後述します。

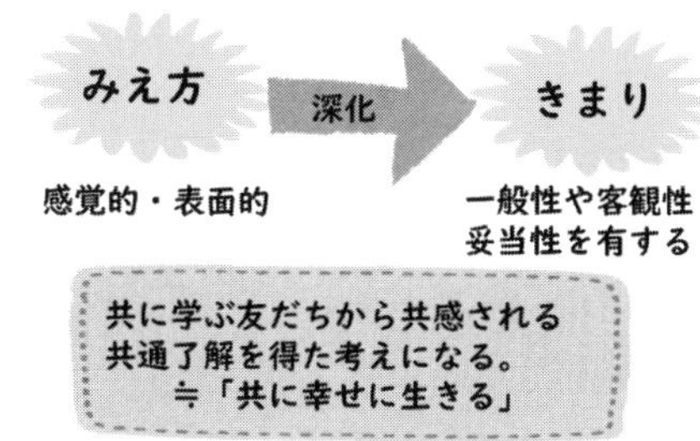

図3　「みえ方」から「きまり」へ

表1　「美意識」を評価する観点

	「美意識」の観点	特徴	
1	好き嫌い、好み	直感的 嗜好的	自己了解
2	自分のこだわり	感性的 個性的	
3	役に立つこと	合目的的 個別条件的	共通了解
4	共に幸せになること	普遍的 互恵的	

「美意識」を育てる授業を行うためには、単元レベルではなく3年生から6年生の単元すべてを系統的に繋げ、意図的、継続的に授業を行う必要があります。単元や内容を系統で繋ぐためにそれぞれの単元で子どもが学ぶ際の「美」について分析をしました。「美」には学習する内容に含まれ授業を通して子どもが感得する「内容の美」と、学び方そのものに美しさがある「方法の美」があります。6年生「燃焼の仕組み」の単元（図4）では、閉じ込めた空気中でろうそくの火が消えたのは集気びんの中の気体が変化（変質）したからであり、空気全体の量が減少したからではありません。つま

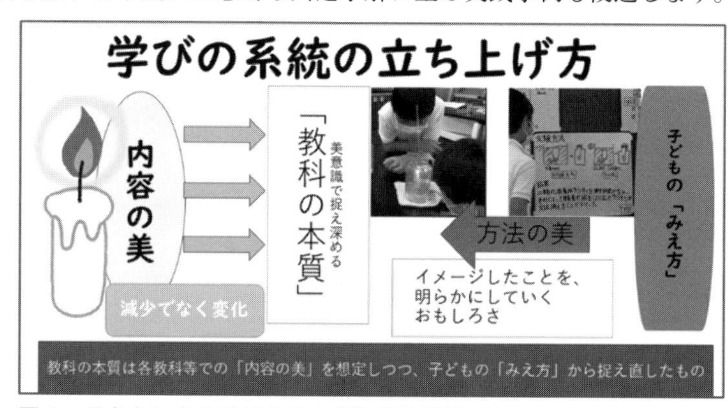

図4　見えないものを見えるようにする系統

り、質的な変化が及ぼす影響と消火とを因果関係で結ぶことが「内容の美」です。それに対し「方法の美」は、目では捉えにくい空気の変質についてイメージしながら予想や考察を行うといった、学ぶときに子どもが使う方法です。この単元では、目では捉えることが難しい空気の変質についてイメージ図などをもとに、酸素と二酸化炭素の割合の変化について予想し、その予想のズレから実験で何を検証をするかを話し合います。

このように「みえ方」が顕在化し実験や観察を通してこの単元で大切にしたい「教科の本質」に向かうよう授業づくりを行いました。その過程において「内容の美」や「方法の美」を視点に授業そのものを見直すなかで「みえ方」がいかに成長していくかという視点で内容の系統を再び見直しました。授業での子どもの姿や教師による声かけから学習内容を見直すと理科の学びの系統が見えてきました。以下に示す６つが、理科部で考案した「美意識」を育てる学びの系統です。

①くらべ、そろえ、はっきりさせる系統
②見えないものを見えるようにする系統
③時間をかけて変化を捉える系統
④なかま分け、類別する系統
⑤つくりと仕組みを結びつける系統
⑥大きな枠組みで考える系統

子どもがどのように自然事象と向き合うか、どのように迫っていくか、その違いによって系統が分かれています。子どもの「みえ方」から形づくった「学び方」の系統です。授業の事実から系統を見直すことでどのように授業のなかで軽重をつけていくかが見えじっくりと思考し「美意識」が育つ場面に焦点を絞りやすくなりました。

3．理科で「美意識」を育てる授業の実際

「美意識」を育てる学びの系統をもとに３つの実践を「実践１」として示します。また理科を含めた教科の連携で「美意識」を育てる授業を「実践２」として示します。

実践１－１：見えないものを見えるようにする系統の実践（富田実践をもとに）

（1）　見えないものを見えるようにするとは

理科では目で見て捉えることが難しいものを扱うことがあります。その際に本来見えないものを見えるように、イメージ図で表す方法が用いられることがあります。このイメージ図は子どもの捉えを教師が知るための手立てとする以外に、子ども自身が事象について説明したり、納得したりするために用います。子どもたちがイメージ図に表しながら視覚化して捉えることで、自然事象についてなぜそのようなことが起きるかという意味理解につなげていくことができます。

イメージ図は、はじめから学級で多くの子どもが用いる方法とは言えません。教師が繰り返し取り上げながら説明する際に役立てるなどして、イメージ図で理解することのよさやイメージ図を用いることのよさを実感できるようになっていきます。「美意識」研究で大切にしたいことは、子どもの「みえ方」ですので、正確さを急がず広い構えをもちながら、子どもたち自身で見直したり修正したりする機会を設けます。そして、イメージ図が学級全体にとって「納得のいくものになる」ことも大切です。

（2） 授業の実際

①「空気と水の性質」

空気でっぽうは、棒をおすことで玉が飛び出します。子どもたち一人に1本用意すると飛ぶ距離で競争を始めるなど、よく遊ぶ道具の一つです。自由試行の後、みんなで考えたいことについて検討したところ「なぜ玉が飛ぶのか」について考えることになりました。子どもたちは次のように予想を立てました。

A「中の空気がぎゅうぎゅうになって、耐えきれなくなって玉をおす」
B「おされた空気が縮まって、耐えきれずに爆発する」
C「縮んだ空気が元に戻ろうとして玉をおす」
D「棒をおすと空気がもれて、もれる量が増えて勢いがついて玉をおす。」

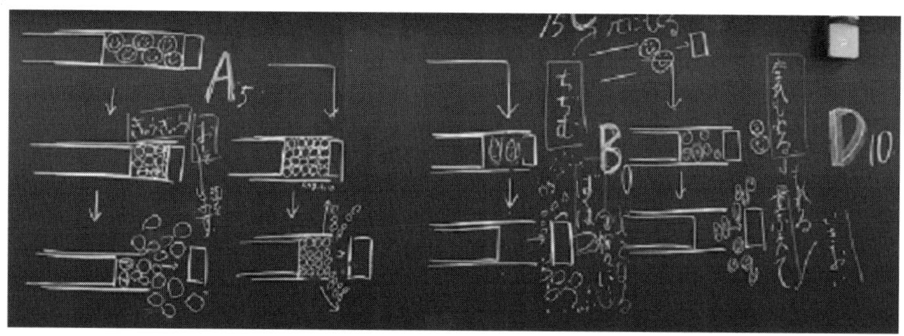

図5　子どもたちの考えた4つのパターン

言葉が中心の予想となっていたため図で表すこと（“見える空気さん”）を教師より提案しました。例えばこんな風になっていたらと、はじめの状態について共通理解し棒をおしたときにどうなるか図にします。子どもたちは“見える空気さん”を使いながら玉が飛ぶときの仕組みをかいていきます。お互いが図を紹介していくことで以下のような話し合いがありました。

「爆発だとすると、粉々になくなっちゃうイメージだから、ちがうと思う」
「空気がもれるのなら、筒の先で空気の流れを感じるはずだけど、それがない」
「ぎゅうぎゅう説か縮まる説、どちらも似ているけど、それだと説明できそうだ」

この後、これらの子どもの「みえ方」が深化していきました。

②「温度と体積変化」と「ものの温まり方」

温めた空気の体積が大きくなることを確かめた後、温められて体積が大きくなっても重さが変わらないことを調べました。この実験から「ということは、温かい空気は軽いっていうことだから、温められると体積は大きくなるし、上にも行くのでは」と気がつく子どもがいます。そこで温められた空気が上に行くかどうか、実験しました。

図６　３つの事象を組み合わせた図

このように、「空気の温度と体積変化」、「空気の温度と重さ」、「空気の温まり方」を連続で扱い、空気に焦点を当てて系統的に学ぶようにします。これら３つの実験結果を受け、子どもたちがつくったイメージ図が図６です。３つの事象を組み合わせた図にすることで、事象同士のつながりを考え意味理解に近づこうとしています。

空気について学習した後は、水（液体）や金属（固体）ではどうかと、空気を学習した順にならって、実験により確かめました。図７を見ると、金属を温めた際の体積変化の図だけ、温める前後で同じ表情をしていますが、空気や水のときには表情を変えています。この図をかいた子どもに表情を変えた理由を聞くと、金属は温めても体積変化が小さいけれど水や空気は温めたときの体積変化が大きいからだということでした。この意見を聞いて子どもたちは「なるほど」と納得していました。

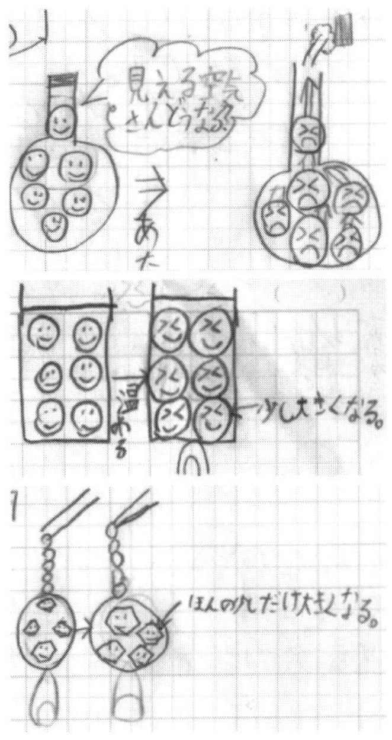

図７　温度による体積変化の図

（３）　この系統でイメージ図を使う

繰り返し用いることで子どもは自らイメージ図を活用して説明し、まとめるようになります。一見異なる事象でも、図を用いることで関連を見出せると、それぞれの事象がつながり、意味理解できます。それぞれの事象がどのようにつながるかを説明するために、子どもがイメージ図を見直すことを通して事象の捉え直しが始まるなど、活用の場が広がるでしょう。はじめはそれぞれの「みえ方」を基にして様々に表現されていたイメージ図は、共に行う観察や実験を通して精選され、共通理解できるものになっていきます。この過程で「美意識」の育ちが期待できるのです。

実践１－２：大きな枠組みで考える系統の実践（志田実践をもとに）

（1） 大きな枠組みで考えるとは

①この系統について

土地のつくりと働きのように、時間や空間を大きな枠組みで捉えて考えることによって、土地が絶えず雨水や流水の働きによって削られていきながらも、地震や火山によって隆起したり、沈降したりして凸凹がつくられるその繰り返しであるなど、時間や空間を引き延ばすなどして俯瞰することで、新たなことが見えてくるといった内容をつなげ系統とします。

②この系統で留意すべき２つの点

はじめに、この系統の学習は、子どもたちが大きな枠組みで考えられるようになることを目指すのではなく、大きな枠組みで考える場面と、比較的小さな枠組みで考える場面とを子どもたちが選択できるようになることを目指します。５年生「天気の変化」で学習した後に、大きな枠組みで「日本周辺では、西から東へ雲が動いていく」ということを学習して終わるのではなく、そのように考えた結果、自分の周りという比較的小さな枠組みで、明日の天気を予想するなどを考えられるようになることが重要です。そこで、学習後に、子どもたちが枠組みの大小を使い分けるような場面を設定することが有効です。

次に、大きな枠組みで考えると、自分とは関係のないと感じてしまう点に配慮が必要です。６年生「土地のつくりと変化」では、教材として鹿児島県の桜島を教材とすることがありますが、これは、桜島近辺の子どもたちには、自分ごとの教材となりますが、東京都の子どもたちにとってはどうでしょうか。土地の変化というのは、大きな枠組みで捉えるべきであり、大きな変化で私たちの生活にも影響が及ぶものです。学習においても自分ごととして捉えられるような教材で学習を進める必要があります。

上記を考慮し、第６学年「土地のつくりと変化」の学習について、それまでの学習にふれつつ述べていきます。

（2） 授業の実際

６年生「土地のつくりと変化」の学習

本実践に至るまでの子どもたちは、４年生「雨水の行方と地面の様子」で主に学校での雨水の行方を対象として授業を進め、５年生「天気の変化」では、自分たちの住む地方の天気や、日本全体での雲の流れを衛星画像で追っていくなどの学習を進めました。また、「流れる水の働きと土地の変化」では、自分たち地域の川や、日本の川の特徴について学習をし、流れる水の働きが生活にどう影響するのかを調べ、自分たちの生活という比較的小さな枠組みでも考える場面を取り扱ってきました。

上述の２点に配慮して、この単元では、土地のつくりや変化を大きな枠組みで捉え、地層とそのでき方について学習したり、火山の噴火が起きることで、地図が変わるほどに土地が大きく変わることを学習したりするだけでなく、学習の後に大きな枠組みで捉えたことがどう関係していくのかを、身近な生活という小さな枠組みで考える場面を創出しました。具体的には、本校の位置する東京都の学校の西方に位置する富士山を題材として次のような課題について調べる場面を取り上げました。

富士山が噴火しそうだとします。２ヶ月後に噴火するとしたら、あなたにどのような被害がおきますか。データに基づいて具体的にまとめましょう。

富士山の噴火については既に様々な研究がなされ、その被害についても想定されているデータが存在します。そのような大きな枠組みに基づいたデータをもとに、自分たちの生活という小さな枠組みで考えるということを問題としました。このような問題に対し、子どもたちは、次のようなまとめを行いました。下図に示したように、子どもたちは調べた情報から、富士山が噴火したときの被害について具体的なデータを提示し、大きな枠組みで明らかにしました。その上で、自分たちの生活という、小さな枠組みでどのような被害が起きるのかを考えました。富士山が噴火した場合に、自分たちに引き起こされる被害の具体として、次のようなものが挙げられました。

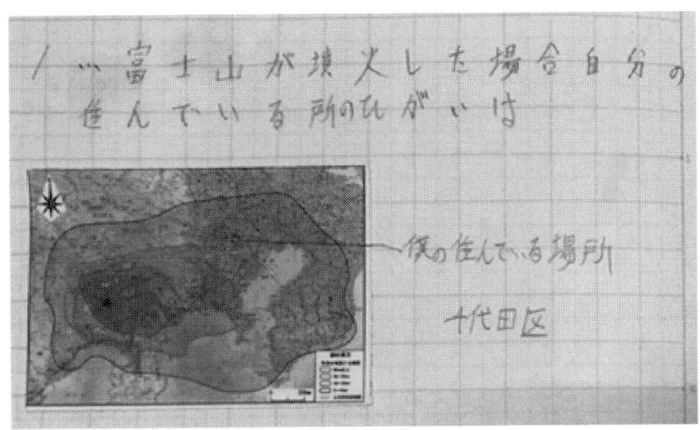

図８　大きな枠組みで捉えたデータの引用をした子どもの例

- ●交通機関が使えなくなり、どこへも行けなくなる。
- ●学校に行けなくなる。
- ●避難所での生活となり、コロナが心配。
- ●交通機関が使えないので、食料などが不足しないか心配。

（３）「大きな枠組みで考える系統」で目指すこと

本実践のように「大きな枠組みで考える系統」の学習においては、単に大きな枠組みで自然事象を捉えることができるようになることだけを目指してはいけません。そのような大きな枠組みで捉えたことが、自分の生活にどのような影響を及ぼすのかをはじめとした、小さな枠組みとの関連を常に意識すべきだと考えます。

実践１－３：くらべる、そろえる、はっきりさせる系統の実践（鷲見実践をもとに）

（１）　この系統について

子どもがはっきりとした違いを見出し、数値による結果の違いなどから結論を見出していこうとする内容を系統としました。そこには、子どもが比べたいという思いがもとになり、揃えることによってはっきりとした結論が出てくるという単元構成が重要になります。はっきりさせるためには、「条件制御」を行うことが決め手となりますが、「条件制御」を行って行き着く結論には、数値的に整理できる法則に向かうものと、原因や要因を特定する要因抽出に向かうものとがあります。

（２） 授業の実際

６年生「てこの規則性」において、小さな力で大きな力を生み出せるおもしろさを実感することをめざし、本系統で学習を進めました。ここでは、次のような子どもたちの思いを核にして授業を進めていきます。

・どれくらい違うの？　・そろえて比べたい
・どれが原因なのだろう・数字で説明できるかも
・きまりがみつかるかも

■第１次　重い物をより軽く持ち上げる方法を考える（２時間）

支点を固定した鉄の棒に水を入れたペットボトルをつるします。それを持ち上げる活動（図９）をして、簡単に持ち上げるにはどのような方法があるか問いかけました。

図９　授業の様子

各グループで予想をして実験を行い、結果をまとめた後、次のような結論をどのグループも出していました。

『支点から作用点を短く、支点から力点を長くするほど軽く持ち上がる』

それに留まらずそうなる理由を不思議に思い考えたグループ、支点からの距離を倍にすれば、力も倍になるという規則を見つけようとしたグループもありました。

■第２次　てこの原理を理解する（２時間）

鉄棒を使った実験で、支点からの距離によって感じる重さが変化することを実感し、何かそこに規則があるのではないかと子どもたちは感じ始めていました。そこで、どのような規則があるのか追究していくことにしました。

まず、てこ実験器を使い、左側のうでで、支点からの距離が１の位置に６個のおもりをつるした様子を提示します。そして、つり合うように右側のうでにおもりをつるすとき、支点からの距離を変えると、おもりの重さはどのように変化するのか予想しました。予想した結果を板書すると、比例関係だと考える子どもと反比例関係だと考える子どもに分かれました。ここでグループごとに実験を行います。

この実験結果から、子どもたちは次の関係になることを結論づけました。

『支点から力点までの長さ×おもりの重さが一定になる。つまり反比例の関係になる』

■第３次　身近な道具であるハサミについて追究する（２時間）

ハサミで紙を切ったりハサミ同士を比べたりしながら、てこの原理を学習してきたからこそ見つけられることをグループでまとめる活動を行います。

授業を行うにあたり共通のハサミを２種類用意し、子どもにも自分で使っているハサミを用意するように伝えて、少なくても３個以上のハサミを比較できるようにしました。各グループはホワイトボードにまとめたことを前に掲示し、他のグループの発見も見られるようにしました。多くのグループが同じ紙を切ってもハサミの刃の位置によって、感じる力の大きさが変化することに気づいていました。３個のハサミについてサイズを測定し、同じようなサイズになっていることをまとめているグループもありましたので、どのハサミも刃の支点から持つ点（力点）までは、同じようなサイズであることを確かめるように伝えました。測定すると確かにどのハサミも６cm〜７cmになっていて、「どうして６cmなのだろう」という問題意識が高まりました。

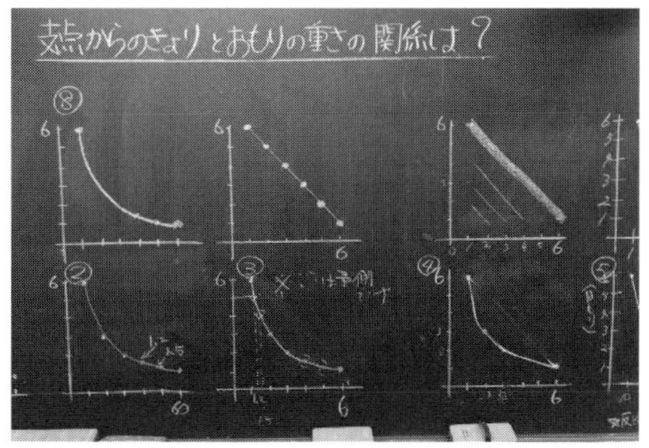

支点からのきょりとおもりの重さの関係は？

図10　子どもたちの予想を提示

グループでの話し合いを経て全体での話し合いを行いました。ハサミがこれ以上短いと困る点は、紙を切るのに、すごく力がいることになるという、みんなが納得できる意見が出されました。これ以上長いと困る点については、幅が広がってしまい片手で使いづらいという意見がでました。

この授業の後、支点から力点（刃の支点から持つ位置）：支点から作用点（刃の支点から最も支点から近い刃の位置）＝６：１になっていることに対する理由を探るべく問題提示をしました。比を明確にして問題提示することで、グラフを利用したり、これまでの実験結果を生かしたりしながら、より科学的な分析を行いハサミの構造の巧みさに迫ることができていました。

（３）　この系統で「美意識」が育つとは

第１次では、子どもが支点からの距離に応じて感じた手応えの違いからきまりを見つけようとするなど、協働的な問題解決が始まりました。さらに第２次では、支点からの距離と重さがどのような関係か、自分たちの予想をもとに数値を使って調べていきました。まさに「わかった」で済ませずに、より納得のいくものや説明が可能なものにしようと探究を行ってきました。手応えで感覚的につかんだ「みえ方」は科学的に納得のいく「きまり」となり、その「きまり」をもとにつくられた新たな「みえ方」が数値化によってより納得のできる「きまり」となり、ハサミなどの身近な道具にも適用可能なものとなりました。この系統では、はっきりさせたいという子どもたちの思いが共通了解となり、「美意識」を育てることに繋がりました。

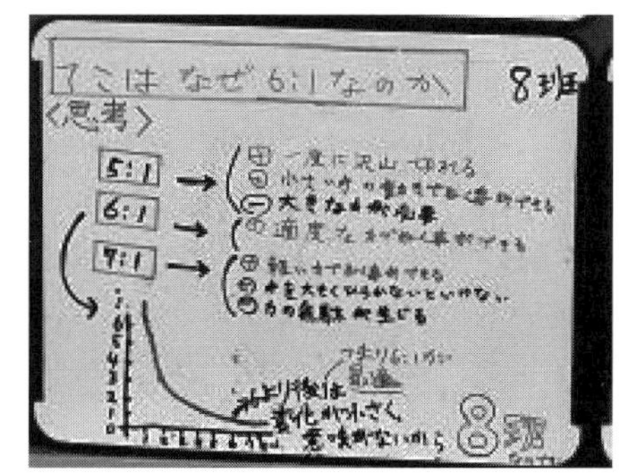

図11　グループでのまとめ

実践２：教科の連携で「美意識」を育てる実践（佐々木実践）

（1）「感性」と「美意識」

「美意識」を育てるには、1）～3）の「感性」が深く関係していると思われます。

1）「美意識」を引き出す初歩的感性

諸感覚の刺激に伴った情動であり、人間が先天的に獲得しているもの。

2）「美意識」を引き出す基礎的感性

得られた情報同士の意味づけ・関係づけによる実感を伴った情動。

3）「美意識」を引き出す多元的感性

学年・単元・教科の枠を越えた学習内容の意味づけ・関係づけを経て到達できる理科の見方が伴った情動。

例えば、子どもが花を観察したとき、「きれいだなぁ」と素直に感じ取るのが初歩的感性の働きです。次に他の植物と比較したとき「植物の体のつくりは似ているところや違いがある」といった共通性や多様性に気づくのが基礎的感性の働きです。そして、動植物の体のつくりや仕組みにも共通性や多様性があることを多面的かつ俯瞰的に理解し、「そうだったんだ！」と感動に似た次元で感じ取るのが多元的感性の働きです。

（2） 理科教育の限界と可能性

３つの感性だけで「美意識」を語ることには無理があります。また、理科だけで「美意識」を語ることに限界も感じていました。しかし、表２から、これまでの感性の考え方を超えた新しい領域へと研究対象を広げてくれる可能性を感じました。

	「美意識」の観点	特徴	
1	好き嫌い、好み	直感的 嗜好的	自己了解
2	自分のこだわり	感性的 個性的	
3	役に立つこと	合目的的 個別条件的	共通了解
4	共に幸せになること	普遍的 互恵的	

表２ 「美意識」を評価する観点

１～３の「美意識」の観点は、前述した３つの感性（初歩的・基礎的・多元的）に置き換えることが可能です。一方、４「共に幸せになること」については、「美」についての意識や本質的な理解は、「安易な相対主義に陥らせることなく、互いに普遍性（共通了解可能性）を見出し合おうとする精神を育んでくれる」（苫野一徳：「教育に必要な『美意識』とは」『教育研究』2020年７月号）可能性があると感じました。そして、理科の学習内容と関連した社会問題との連携を図り、「共通了解可能性」を見出そうとする葛藤場面の設定が、「美意識」を育てる方法に成り得るのではないかと考えました。そこで取り上げたのが、理科・総合活動・道徳科との教科横断的な指導による「脳死・臓器移植」の授業です。物事の本質は多面的であり、相反する概念との比較によってこそ浮き彫りになっていきます。６年生で学ぶ生命を維持する働きもまた、「生」と「死」との比較によって多面的な理解へと深化すると考えました。

（3） 教科横断的な指導カリキュラム

単元「脳死は人の死か？」の指導計画

第１次　理科「人の体のしくみと働き」〔７時間〕
第２次　理科「人の死の判断の条件」〔３時間〕
　①「生命を維持する働き」と脳の関係（脳幹の働き）
　②「三徴候」による死の判断〔本時〕
　③「脳死」による死の判断
第４次　保健教育（総合）「臓器移植の現状と課題」〔６時間〕
　①レシピエントとドナーの視点で「臓器移植」について考える
　②臓器移植ネットワーク（JOT）の見学学習
第５次　道徳科「『脳死』は人の死か？」〔２時間〕
　① 生きる意味、命の尊厳を考え「臓器移植」に対する自分の考えをもつ
　　・自分が脳死になったとしたら、臓器を提供するか（それはなぜか）
　　・家族が脳死になったとしたら、臓器を提供するか（それはなぜか）
　②「生きる」ことの意味について考え、話し合う。

「第２次②」の概要を記します。

学習活動・子どもの意識	指導及び留意点
1　人と他の動物の似ているところとは生物が生命を維持する働きそのものであることを確認する。 ・目、口、鼻、耳がある。 ・水、食べ物、適温が必要である。 ・子孫を残す、心臓が動いている血液がある、肺がある、呼吸している。 ・成長する。必ず死ぬ。 **2　人が「死んだ」ら生命を維持する働きの何が失われるかを話し合う。** ・食べられないし、子孫も残せない。 ・呼吸しなくなるし、心臓も止まる。 ・全部なくなるんじゃない？	○動物の幼生が似ている事実から、私たち動物が共通の祖先から進化した生物であることを知らせる。 ○児童が発表した「似ているところ」を分類しながらマップにまとめていく。  ○マップの情報の中で人が死んだら失われていくものを削除させていく。 ○「生命を維持する働き」の中で、「人が死んだと判定されるのどれか？」と問いかけ、判断基準を考えさせる。
問題：どうなれば、人は「死んだ」と判断されるのか？	
3　人の死の判定基準となる「三徴候」について知る。 ・目に光を当ててるのはどうして？ ・心臓が止まった。 ・呼吸も止まっているはず ※瞳孔の大きさが光によって変化することを、夜に目覚めてトイレに行ったときの眩しさを例に解説した。 **4　死の判定基準の一つとなる「脳死」と「臓器移植」との関係について知り、自分の考えを持つ。** ・「脳死」の判定はどうするの？ ・「脳死」は、本当に人の死なの？	○ドラマのワンシーンを視聴させ、医師が死を判定するための基準を予想させる。 ○「三徴候」（呼吸停止心拍停止・瞳孔散大）について、元学校医に指導者がインタビューする形式で解説していただく。 ○「脳死」とはどういう状態のことか、「臓器移植」との関係も含めて 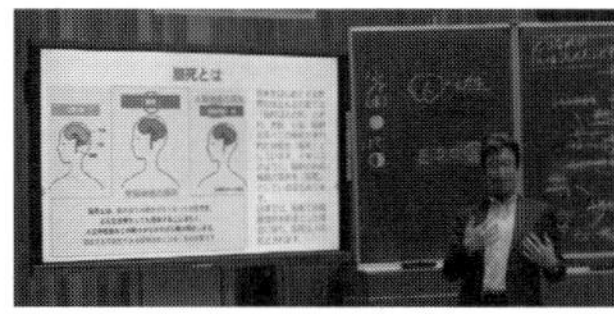 元学校医に解説していただく。（特に、「植物状態」との違いを明確にする）
答え：三徴候（呼吸停止、心拍停止、瞳孔散大）があれば、人は「死んだ」と判定される。しかし、心拍や呼吸があっても、脳死になれば人は「死んだ」と判定されることがある。	

その後、保健教育との連携によりレシピエントとドナー双方の視点で考えることで「臓器移植」に対する自分なりの立場を決めさせました。さらに道徳科との連携によりこれからの自分の生き方（生きることの意味）について考えさせていきました。

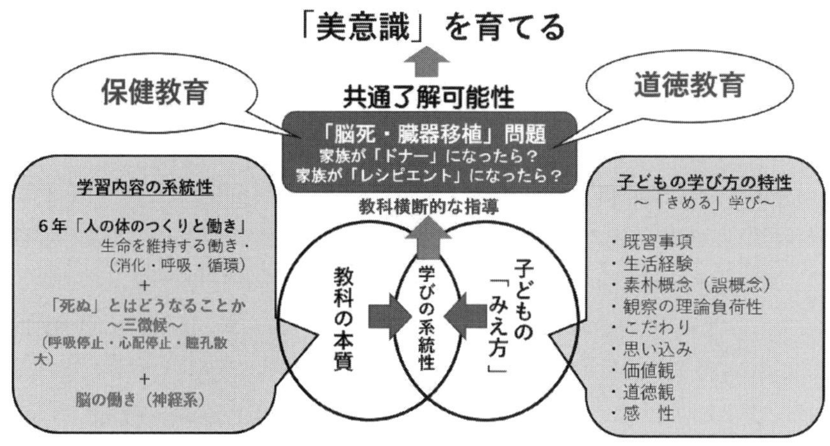

図12　「美意識」を育てる教科の連携

（5）　単元終了後の児童の感想

最後に、授業を受けた児童の感想（抜粋）を紹介します。

「母や祖父母の話を聞いて、僕も歳をとったら考えが変わるかもしれないと思いました。人の役に立ちたい気持ちは変わらないけれど、そのときに一番大切なものを優先して意思表示したいと思います。」

「命は、親からもらった大切な宝物であり、何にも替えられない特別なものだと思います。私は、その大切な命について軽く考えてしまったことがあります。その後、母と話し合い、命の大切さを教わりました。これからも自分の命を大切にして、私を産んでくれた両親に感謝していこうと思います。」

限りある命だからこそ、すべての命が大切にされるべき尊厳を有しています。ゆえに、人の「死」を学ぶこと、脳死・臓器移植の現実を学ぶことは、生きることの価値を学ぶことそのものなのです。

4つの授業実践を示しましたが、これらの授業はどれも、子どもたちに選択の機会を与えたり、広げたりしています。子どもが、実験や観察の結果をもとに自らの考えで判断する機会に、友達と協働して結論を導き出す過程で「美意識」が育つと考えています。

4. 理科で「美意識」を育てるカリキュラム

理科で「美意識」を育てる学びの６つの系統を示しましたが、そのうちの一つである「くらべる、そろえる、はっきりさせる」系統のカリキュラムを以下に示します。

学年	単元名または内容	「美意識」の育ちが期待できる場面の概要
3	物と重さ	形が変わっても体積が変わっていないのであれば、同じ重さになること、また、同じ体積でも物が違えば重さは変わるなどの結論を得る際、必ず体積を揃えることが必要になります。同じ体積に揃えることを前提としながら結論を得ていきます。
3	風とゴムの力の働き	風の強さによって車の動きはどのくらい変わるのかについて調べる際に、子どもたちはスタートの位置や走らせる方向を決めます。その際にはっきりと結果を出すためには、どのようにしたら良いかをクラスやグループで伝え合いながら方法を決め実験を通して結論を導き出すような学びが繰り返されます。
3	光と音の性質	鏡で反射させた光を集めて明るさや温かさの違いを調べたり、音の強弱による震えの大きさを調べたりする際にどうしたらはっきりとわかるかを考えます。特に温かさや音の大きさは目でとらえることが難しいため、温度等の数字にして比べる良さを感じます。
4	電流の働き	電池の数や電池のつなぎ方でモーターの回る速さが変化することを学びます。その変化は電流の大きさに関係していることに気づき因果関係が明らかになっていきます。条件を揃え検流計で数値化することではっきりとわかることに気がついていきます。
5	植物の発芽、成長、結実	植物の発芽や成長に必要なものは何か、必要でないものは何かを条件を整えながら調べていきます。一つでも芽が出ればよいのか、全部芽が出ないといけないのかなど、結論の出し方をクラスやグループで考えるといった機会を通して結論を出す難しさを感じます。
5	振り子の運動	振れ幅、おもりの重さ、振り子の長さという３つの条件のうち、何が振り子の一往復する時間に関係するのかを調べるとき、２つや３つをいっぺんに実験することは難しく、１つずつ条件を制御して調べることで結論を得られることをつかんでいきます。
5	電流がつくる磁力	電磁石がたくさんのクリップをつけるようになるには何を変えたらよいのかについて考える際に予想をもとに条件を制御しながら実験を行い、結論に迫っていきます。電流の大きさ、コイルの巻数、電池の数などを合わせていきながらクラスで結論を出していきます。
6	てこの規則性	てこを使うと重い物を楽に持ち上げることができることを手ごたえで実感的にわかりながらも、支点からの距離と重さはどんな関係になっているのかを調べていくと、数値にしたり表やグラフを使って明らかにしていったりする必要があり、複数の実験結果から結論にたどり着いていきます。

表に示したなかにも内容としては他の系統に入り、複数の系統がある単元もありますし、表にはない単元のなかにも部分的に「くらべる、そろえる、はっきりさせる」系統にあたるものもあります。

（文責　辻 健）

音楽科 音や音楽を子どもに委ねることで子どもの「美意識」は育つ

音楽科教育研究部　髙倉弘光／笠原壮史／平野次郎

1．音楽科で育てたい「美意識」とは

（1）「子どもの心が働く瞬間」を捉えることを研究の出発点に

音楽科で育てたい「美意識」を述べる前に、本研究の出発点の話をします。音楽部では、授業での子どもの姿から「美意識」の様相を明らかにしようと試みましたが、一般的に「美意識は心の働き」[※1]と表されることから、その姿を捉えることは難しいと考えました。そこで、まずは音楽科の授業において「子どもの心が働く瞬間」を捉えることを本研究の出発点にしました。

その瞬間は、髙倉教諭が行った校内研究会（2019年11月）の授業（全音音階を教材として扱う）において捉えることができました。髙倉教諭は、授業冒頭に子どもが全音音階に触れる場面を設定しました。ここでは、教師が全音音階についての情報を一方向的に伝えるのではなく、子どもの感覚を頼りにして全音音階の響きに触れさせた結果、「何だ、これは」というような子どもの心が働く瞬間（違和感）を、子どもの言葉ではなく、表情から捉えることができました（図1）。「美意識」という見えにくい存在が、子どもの姿から微かに見えた瞬間でした。

少し整理をすると、音や音楽を子どもに出合わせる[※2]とき、教師が情報や表現の方法などを一方向的に伝えたり、説明したりするのではなく、音や音楽を直球勝負で子どもたちに伝えて、子どもの心が働くような授業づくりを試みたのです。音楽部の「美意識」研究の出発点の姿、少しはおわかりいただけたでしょうか。

図1　校内研究会の様子

(2) 音楽科で育てたい「美意識」とその具体

さて、最新の音楽科で育てたい「美意識」は次の通りです。

音楽活動の楽しさを体験することを前提として、子どもの「みえ方」を起点[※3]に音楽の「美」(内容の美)に気づき、それらを感覚的・論理的に一体として捉える過程で、人と人との双方向において実現する表現や鑑賞の力を高め、子ども自らがこだわりをもって音楽の世界を広げられるような力。

これは、4年に渡る「美意識」研究を経てたどり着いた一つの提案であり、我々が考える「教科の本質」とも言えます。さて、その具体を少しだけ説明することにしましょう。

①音楽活動の楽しさを体験すること

この理念は、今次の小学校学習指導要領(以下、指導要領)の「音楽科の目標」(3)に通じると考えています。教科の目標に「楽しさ」「楽しく」という言葉は、算数科、図画工作科、体育科などにも用いられていますが、音楽科の特徴は「音楽活動の楽しさ」というように、楽しさが「音楽活動」に紐づいている点です。すなわち、音楽活動が表現活動や鑑賞活動に限定されるのではなく、仲間と共に活動することや様々な気づきや自分なりの考えを得る活動、体を動かす活動など、多様な音楽活動(多様な学ばせ方)を行う必要があるということです。

これは極端な言い方ですが、子どもが音楽活動の楽しさを体験することができなければ、音楽科において「美意識」を育てることは難しいという立場を示しています。先に述べた、高倉教諭の授業場面においても、「全音音階を体全体で受け取る」というような音楽活動が充実しているからこそ、子どもの心が働く瞬間を見ることができたと言えます。

②感覚的・論理的に一体として捉える/人と人との双方向において実現する

音楽部では、伊野義博氏(新潟大学名誉教授)に本研究に対する指導をいただく機会をいただきました。その際、「感応」[※4]というキーワードがあがりました。すなわち、子どもが音や音楽に触れる際、「感覚的に」「論理的に」というように、ある一方に偏りながら捉えるのではなく、やはり「一体となって捉えていくことが必要である」という指導でした。同様の指導は、中島寿氏(元筑波大学/音楽部OB)からもいただきました。そこでは、「初等音楽科教育であれば、相手がいるからこそ成立する表現や鑑賞の価値がある」という趣旨の助言をいただきました。「技能教科」と位置づけられることもある音楽科の背景を考えると、表現力を高めていくことも一つの姿ですが、音や音楽を伝える他者がいるからこそ成立することの重要性をご示唆いただきました。

2. 音楽科で「美意識」を育てる授業の条件

(1) 指導法の前提条件

研究企画部（以下、企画部）が示す「美意識」の定義は次の通りです。

「美意識」とは、その子の「みえ方」や「こだわり」をもとに、本質を捉え深めようとする心の働きである。それは、「共に幸せに生きるために発揮される資質・能力」の源である。
（研究企画部/2021年４月）

この定義の中には、「みえ方」という言葉があります。「みえ方」とは、「教材に出合ったときの子どもの初発の感じ方」と企画部は示しています。それを受けて、音楽部では、「美意識」を育てる授業を実現するための指導法の前提条件を次のように設定しました。

音や音楽に対する子どもの「みえ方」を優先し、それを起点にした授業づくりを行う。

ここに示した前提条件は、「教師がどのような姿勢で授業に、そして子どもたちに向かうのか」というような、「教師の構え」にも通じる点です。すなわち、音や音楽に対しての我々教師のみえ方を優先させるのではなく、子どもの「みえ方」を起点に授業づくりを行っていくということです。

(2) 授業の条件

次に、実際の授業づくりにおいて考えるべき条件について、実践例を交えながら３つ紹介します。

①子どもが音や音楽の世界に浸れるような活動を位置づける

これは、実際に楽器を演奏したり、体を動かす活動を取り入れたりするなどして、子どもが「音や音楽の世界に浸れる空間」を保障するということです。例えば、平野教諭の実践（５年：様々な声の表現を楽しもう）では、「商売のうた」として「石焼き芋うた」を教材として扱いました。その際、子ども一人ひとりがハンドマイクをもって「石焼き芋のうた」を歌う活動を位置づけました。また、子どもの「みえ方」を頼りにして、その音楽の背景に迫れるような授業づくりを行いました。

子どもが音や音楽の世界に浸れるような活動を位置づけるためには、時間を要することも事実です。しかし、教育界においてカリキュラム・オーバーロード※5が叫ばれている今、数多くの教材を扱いながら子どもの資質・能力を育てていくことも一つですが、ある程度の時間を確保しながら、子どもがじっくりと音や音楽に向き合い、様々な感覚を働かせながら音や音楽の世界に浸れるような授業づくりも大切であると考えます。カリキュラムについての具体は、また後で述べることにします。

②子どもの「美意識」まで到達するような発問を行う

音楽科の授業においては、「○○しましょう」というような「指示」が中心でも活動が成立するのも事実です。しかし、子どもの「みえ方」を起点にして授業づくりを行うためには、教師がどのような発問（尋ね方）をするのかが重要になります。その上で、次のような発問を意識しています。

発問A	子どもの「みえ方」を促す発問
発問B	子どもの心が動くような発問
発問C	子どもの心が働くような発問

それぞれの詳細はここではお伝えできませんが、第５学年歌唱共通教材、「冬げしき」（文部省唱歌）「スキーの歌」作詞：林柳波／作曲：橋本国彦）を例にあげて、主に「発問A」に関する実践を一つ紹介します。

この実践は、音楽科における新たなカリキュラムづくりを見据えて行ったものであり、２つの教材を「冬のうた」という１つの題材で扱っています。その題材の中で、次のような発問をしました。

> 「冬げしき」と「スキーの歌」で、今自分が歌うならば、どちらの曲から歌ってみたいですか。

仮に「どちらの曲が好みですか」と尋ねたならば、子どもは自分の「好き、嫌い」を優先して選択することでしょう。しかし、ここでの発問は、どちらの曲も歌うことを前提としているために、「好き、嫌い」という判断よりは深い判断が求められます。したがって、曲を選択する過程において、自分なりのこだわりをもって楽曲と関わることやそのこだわりをもつために楽曲の特徴を見出したりするような姿が、この発問によって見られるようになりました。

③音楽科の「内容の美」を中心に据えた学習過程を組む

音楽科が示す「内容の美」（表１）は、大きく３つ（ア　音楽的構造　イ　音・声　ウ　歌詞）に整理しています。これは、指導要領の〔共通事項〕に示されている「音楽を形づくっている要素」を手がかりに整理したもので、近しい関係にある要素はまとめて示し

表１

内容の美						
ア　音楽的構造					イ　音・声	ウ　歌詞
≒音楽を形づくっている要素〔共通事項〕						
拍、拍子、フレーズ、リズム	強弱、盛り上がり、サビ	旋律、音階、調、和音	呼びかけとこたえ、反復、変化	重なり、縦と横との関係	音・声	歌詞

たり、子どもにとって「みえやすい」要素を新設したりしている点が特徴です。あくまでも音楽部の考え方であり、「要素を統合するのがよい」というわけではなく、子どものみえ方を起点にした授業づくりを行うために再整理しました。

ア　音楽的構造

アは、「知識」に関する授業づくりにおいても重要視されています。音楽科では、「技能のつながり」に視点をあてる傾向がありますが、「知識のつながり」については、発展途上と言ってもよいでしょう。その「知識のつながり」を子ども自身が生み出したり、実感したりするための手がかりが、この「音楽的構造」であると考えています。

イ　音・声

イは、高倉教諭（全音音階）の実践での子どもたちの姿から新たに設けたものです。この「音・声」の背景には、「音の余韻や響き」という要素も含めています。「声」に関する実践の詳細は、この後の平野教諭の実践をご覧ください。

ウ　歌詞

ウは、歌唱分野以外の適用が難しくなるために、独立して示すことに迷いはありました。しかし、歌唱教材を扱う際、子どもにとって「みえやすいモノ」の一つが歌詞であったことから、このように示すに至りました。

さて、ここからは、「美意識」を育てる実際の授業について見ていきましょう。

（文責　平野次郎）

※１　国語辞典（大辞林）
※２　企画部では「出会う」表記であるが、音楽部では「出合う」として表記する。
※３　音楽部では、「『美意識』を育てる授業と指導法」（第２年次研究）などのように、授業レベルに対しては、「子どもの『みえ方』を起点に」という言葉、「学びの系統」（第３年次研究）というようにカリキュラムとして表す際には、「子どもの『みえ方』を基点に」という言葉を用いている。
※４　事に触れて心が感じ動くこと（デジタル大辞林）
※５　授業時数に対する学習内容の過積載

3.音楽科で「美意識」を育てる授業の実際

事例１　笠原壮史

タイトル：子どもの「みえ方」を起点とした授業づくり（歌唱）

内容の美：呼びかけとこたえ、歌詞

概要説明：子どもの「みえ方」を共有することを通して、「春がきた」の音楽的構造を明らかにし、歌い方の追究へと進んでいく学習過程を紹介します。

【指導計画】

時	学習活動
第１時	範唱を聴いて歌ったり、階名唱やリズム唱をしたりする。
第２時 第３時	曲想と音楽の構造との関わり、曲想と歌詞の表す情景や気持ちとの関わりについて気づく。
第４時 第５時	曲想と音楽の構造及び歌詞との関わりを手がかりに、どのように歌うかについて思いをもって表現することができる

(1) 曲を聴く前にリズム打ち

まず、「先生のまねをして手をたたいてみましょう」と指示し、「タンタタタンタン　タンタタタンタン」と「春がきた」の冒頭2小節のリズムを打ちます。次に、「タンタンターアタターアーアー（ウン）」と続きの2小節のリズムを打ちます。子どもが慣れてきたら、2つのリズムをつないで4小節のリズム打ちをします。「春がきた」は、この4小節のリズムが2回くり返されてできている、全部で8小節の楽曲です。ですから、子どもは楽曲に出合う前に、「春がきた」のリズムに十分親しんでいる状態になります。また、教師がたたいたリズムを子どもがまねをする形を取っているので、呼びかけとこたえの仕組みに触れていることにもなると考えています。

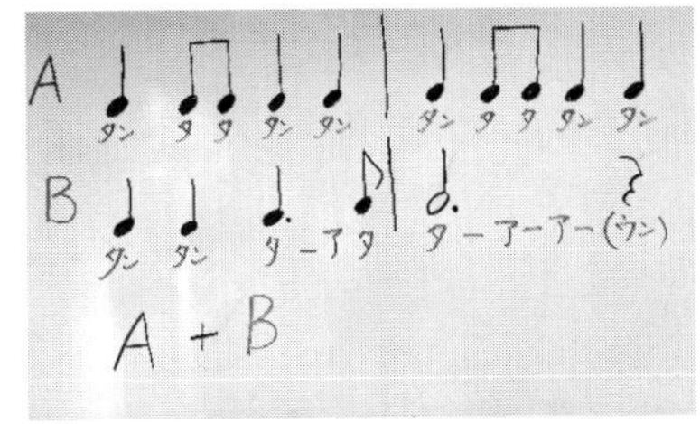

写真1　2種類のリズム

子どもがリズムを打てるようになったところで、「実は、このリズムとまったく同じリズムの歌が教科書にあります」と伝えました。すると子どもは、大急ぎで教科書をめくり始めたり、あらためてリズム打ちをし直したりしました。「春がきた」を知っている子どもは、「『春がきた』じゃない？」とつぶやいていました。

楽曲を知らせずにリズム打ちから入ったことで、「春がきた」との出合いの場面から、子どもは主体的に楽曲に関わることができたのではないかと考えています。

(2) 子どもの「みえ方」を起点に、音楽の構造を明らかにしていく

リズム打ち、音階唱、歌詞での歌唱に取り組み歌い慣れてきた子どもに、次のように発問しました。

「春がきた」を2つに分けるとしたら、あなたはどこで分けますか？

この発問によって、子どもが「春がきた」をどのように見ているのか、つまり子どもの「みえ方」がわかります。私は、「どこで分けたのか」「その根拠は何なのか」をノートに記述させ、一人ひとりの「みえ方」を把握することに努めました。結果は次のようになりました。

私は、この結果をその後の授業づくりの起点としました。

【どこで2つに分けたのか】
- 「どこにきた」で分ける（26人）
- 「春がきた　春がきた」で分ける（4人）
- 「春がきた（1回）」で分ける（1人）
- 「野にもきた」だけ別にする（1人）

右に示したように、4小節目と5小節目で分けると考えた子どもが大勢いました。音楽的にも歌詞の内容としても、ここが妥当であると考えます。そこで、まず少数派の根拠を共有したあと、多数派の根拠を聞いていきました。あらかじめノートの記述を確認していたので、それをもとに「これ

ってどういうことかな？」とたずねる形で進めました。

「まん中だから」という説明がもっとも多かったので、「まん中というのは、何がまん中なの？」とたずねました。すると、その「まん中」にもいろいろあることがわかります。ある子どもは「音符の数を数えたら、そこがちょうど半分だから」と言い、別の子どもは「文字を数えた」と説明しました。「休符があるから」と考える子どももいれば、「リズムのくり返し」を根拠としている子どももいました。中でも、音符を線でつないで、「ここで線の形が変わる」という説明には、ほかの子どもたちも「なるほど」となりました。一人ひとりの「みえ方」を共有することを通して、「春がきた」の音楽的構造を明らかにしていくことにつながったと捉えています。

多数派26人のうち５人のノートに、「質問して答えている感じだから」という説明がありました。私は、「春がきた」を呼びかけとこたえの仕組みで見て、歌い方につなげたいと考えていたので、この５人の根拠を最後に取り上げることにしていました。「５人がこんなふうに書いているのですが、少し詳しく教えてくれますか？」と促しました。５人とも「『どこにきた？』と質問していて、その答えが『山と里と野』だから」と、歌詞に着目してそのように判断していました。

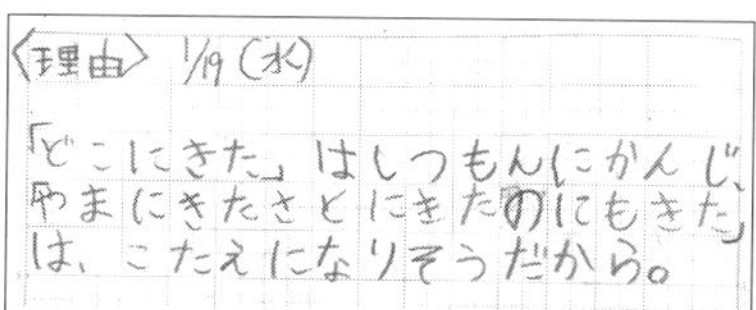

写真２　ノートの記述

（３）「野にもきた」を別にした子どもの根拠から歌い方へ

「野にもきた」だけを別にした子どもの考えを聞いてみると、「そこだけ音がとんでいる」と説明しました。そこだけ音程が大きく跳躍しているということです。そこで、全員に「どうしてそうなっているのでしょうね？」とたずねました。子どもは、「山に（ソラソ）」「里に（ドレド）」の旋律の山に気づき、最後に「野にも（ソミレ）」の山にたどり着くことを発見しました。そして、「春がきたうれしさを表している」と結論づけました。

こうして子どもたちは、「前半はたずねるように、後半は春がきたうれしさが伝わるように歌う」という歌い方を見出すことができました。その後は、「うれしさが伝わるような歌い方とは？」という視点で、歌い方を追求する姿につながりました。

（文責　笠原壮史）

事例２　平野次郎

タイトル：「声」を中心に据えた学ばせ方と子どもの「美意識」の育ち
４年「ソーラン節」（鑑賞・歌唱）

内容の美：声（呼びかけとこたえ、旋律）

概要説明：「ソーラン節」（北海道民謡）を教材として扱い、「内容の美」の一つである「声」を学びの中心に据えた授業づくりの具体をご紹介します。

【指導計画】

時	学習活動
第１時	・「どこの国の音楽か」を予想する。 ・冒頭のかけ声などを聴き取り、そのよさ、面白さなどについて考える。 ・かけ声について体験したり、かけ声に合わせて体を動かしたりする。
第２時	・音頭一同（形式）について知り、それぞれがどのような歌い方、声の出し方をしているのかを聴き取ったり、感じ取ったりする。
第３時 第４時	・音頭の部分を歌うことを体験したり、友達の声の特徴（よさ、面白さ、美しさ）などを見つけたりする。（※楽器体験も含む）

（1）　子どものみえ方を起点にするための発問と「情報量の制御」

第１時の冒頭、「これから聴く音楽はどこの国の音楽でしょう」と発問をします。子どもたちは教科書の各ページを見渡しながら、様々な国名を予想して伝えてくれました。次に、「ソーラン節」の音源（教育出版 音楽のおくりもの４ 鑑賞）を数秒再生して直ちに停止します。この音源は、「ハッ」というかけ声から始まっているので、子どもたちは、そのかけ声だけを手がかりにして、「どこの国の音楽か」をイメージしていきます。これが、子どもたちと「ソーラン節」との出合いの場面となります。その後は、楽器（太鼓、三味線など）が入ってくる場面、そして、「ハードッコイ」というかけ声が入るところで音源を止めながら聴いていきます。さすがに、ここまでくると、「あっ、日本の音楽だよ」という子どもの声が届きます。

さて、第１時の冒頭では、情報量（音源）を制御しています。このような学ばせ方は、音楽を聴くという本質からは外れるかもしれませんが、子どもが自然と「声」に注目することができるというよさもあります。例えば、１曲を通して聴いた後に、「どんな感じがしましたか」と尋ねることも一つですが、子ども一人ひとりの「みえ方」を起点にするためには、このような「情報量の制御」は有効だと考えます。

（2）　かけ声の本質に迫る

（1）に示した活動のねらいは、「かけ声を聴き取ること」だけではありません。やはり、「かけ声」という存在が子どもたちにどのようにみえているのかを尋ねることが、本研究では大切にしたい点です。そこで、次のような発問をしました。

【発問】かけ声が入ることのよさ、面白さ、効果などはありますか。

この発問に対して、次のような子どもの気づきがありました。

【かけ声が入ることのよさ、面白さ、効果など】
・盛り上がる　　・さびしくない
・合図のような役割がある
・気持ちを高める　・一体感が生まれる
・苦手な人でも楽しめる　など

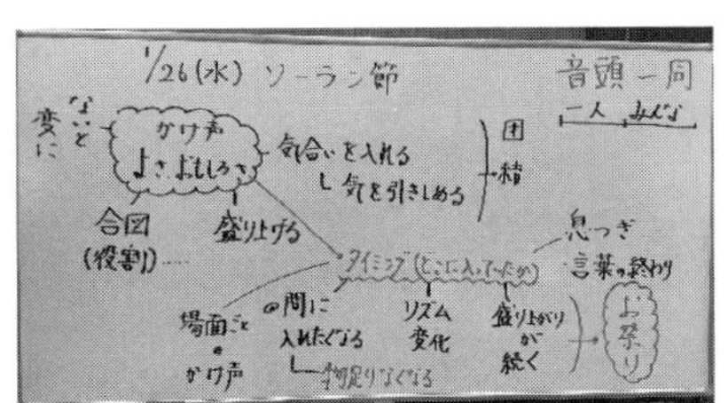

図１　「ソーラン節」板書①

（3）「ソーラン節」の歌い方、声の出し方に迫る

第2時では、「ソーラン節」に用いられている「音頭一同」形式のうち、「音頭」の部分の歌い方、声の出し方に視点をあてて学び進めました。ここでは、「音頭の部分は、どのような歌い方、声の出し方をしているかな」と発問をして、「声がふるえている」「音を伸ばしている」「元気がいい」だけに留まらず、「コツをつかめば歌いやすい」「色々な歌い方がある」という気づきを引き出すことができました。このような姿から、自分が表現すること（歌うこと）に対しても「心が働き始めていること」が読み取れます。教師が一方向的に「ソーラン節に合わせて元気に歌ってみましょう」と伝えるのではなく、（1）～（3）のような学ばせ方を行うことで、「ソーラン節」の音楽に浸りながら、自然と音頭の部分を口ずさみ、そして歌い始める子まであらわれるようになりました。

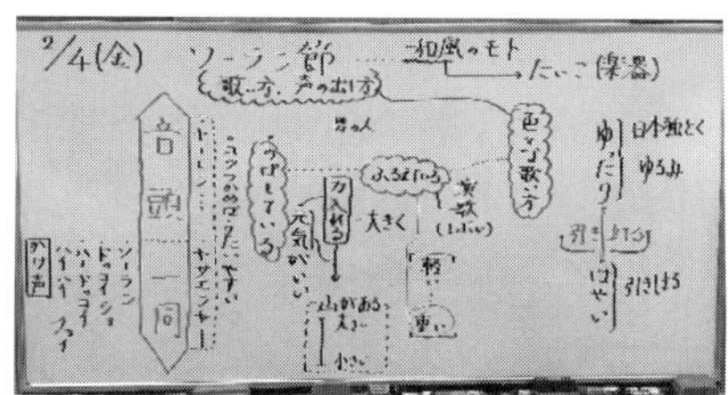

図2　「ソーラン節」板書②

（4）　聴き手からみる「美意識」の育ち

第3時では、歌唱としての活動も取り入れることにしました。ここでは、全員に「一人で歌うこと」は求めずに、希望する子どもが表現するような活動形態をとりました。そのような中で、聴き手の子どもに注目すると、子どもの「美意識」の育ちを確認することができました。例えば聴き手のAさんやCさんは次のような記述をしていました。また、聴き手のEさんは声の特性として次の8観点を自分で設けながら、友達の「ソーラン節」を聴いていました。そして、Fさんの授業後の感想に目を向けると、その子なりの「みえ方」で「ソーラン節」の音楽の本質に迫る姿、すなわち「美意識」の育ちを確認することができたと言えるでしょう。

【Aさんの記述】

Bさん

ある程度、声の高さはあるけど、きちんと声がふるえている。そして、歌詞も伝わってきた。

【Cさんの記述】

Dさん

Dさんの歌を聴いていると心がふるわせられた。

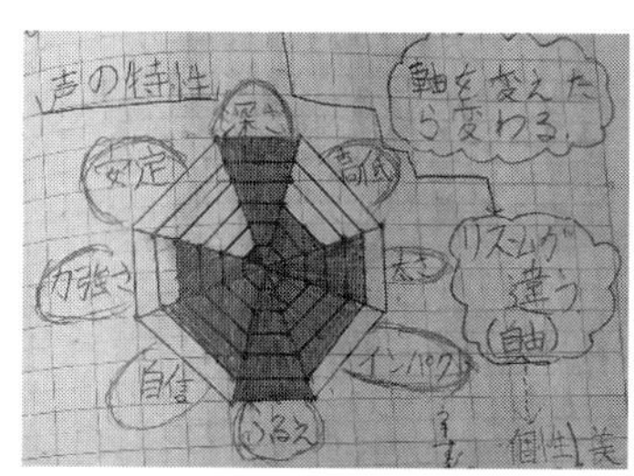

図3　声の特性（Eさん）

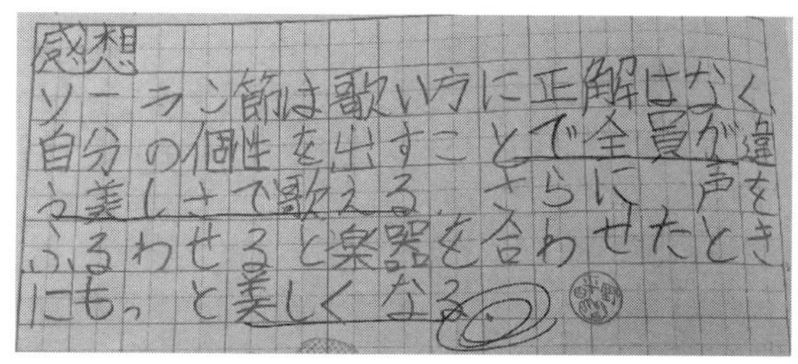

図4　児童の感想（Fさん）

（文責　平野次郎）

事例３　髙倉弘光

タイトル：学年をこえて貫く学びの系統「合いの手」（４～６学年）

内容の美：「合いの手（呼びかけとこたえ）」

概要説明：世界各地の音楽、そして昔の音楽から現在の音楽まで広くみられる「合いの手」に着目した学びの系統を、複数の学年で扱います。

４学年から６学年にかけての実践例です。３つの学年を貫く音楽科の「個別的な知識」は、「合いの手（呼びかけとこたえ）」です。「呼びかけとこたえ」は、学習指導要領に示されている音楽科の〔共通事項〕にもあるもので、世界各地の音楽、また古い音楽から新しい音楽まで、ありとあらゆる音楽にみられる音楽の仕組みです。

「合いの手」とは、「一つのフレーズと次のフレーズの間に調子よく入る音、声」のことです。「東京音頭」をご存じの方はすぐにわかると思います。一人の歌い手が「♪おどりお～どるな～ら～、ちょいと東京音頭」と歌ったすぐあとに「チョイチョイ！」と複数の人が入れているあの声、あれが「合いの手」です。「合いの手」を知ることは、古今東西の音楽を楽しむことに、きっとつながるはずです。そこで「合いの手」という個別的な知識を位置づけたわけです。

ここでは、４学年から５学年、そして６学年へとつながる系統を示します。

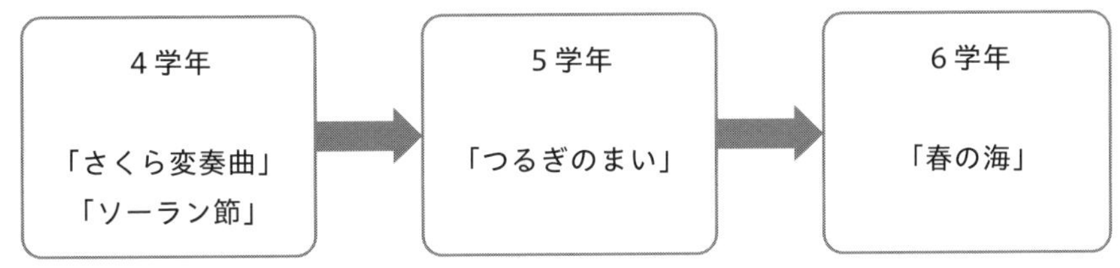

上に挙げた教材曲は、いずれも「鑑賞教材」です。さて、どのように学びがつながっていくのでしょうか。

４学年
「さくら変奏曲」

まず４学年の「さくら変奏曲」（宮城道雄作曲）の鑑賞です。この曲は、歌唱共通教材の「さくらさくら」のあのおなじみの旋律を主題として７つの変奏から成っている曲です。

最初の主題を聴きます。曲の最初から30秒くらいです。すると、箏だけの演奏ですが、「さーくーらー」の旋律のあとに「合いの手」がすぐに入ります。これは、小気味よい感じで耳馴染みもよく、子どもたちはその授業を終えて音楽室から出ていくときに「さーくーらー（テンテンテン）」と、旋律と合いの手を口マネするくらいです。次の時間、既習曲「さくらさくら」を歌ってみます。すると、やはり「さーくーらー」と歌った後に「テンテンテン」と調子に乗って入れてくる子どもがいます。

ここですかさず教師が「今の『テンテンテン』ってなぁに？」と尋ねてみます。すると、「『さくら変奏曲』にそういうのが入っていたんだよ！」と返してくるでしょう。ここが「合いの手」という音楽用語を子どもたちに知らせるチャンスです。「そう、こういうフレーズとフレーズとの間に調子よく入る音のことを『合いの手』と言います」と。印象深い「さくら変奏曲」の鑑賞で、「合いの手」という言葉もしっかり学ぶことができます。

4学年
「ソーラン節」

さて、「さくら変奏曲」を学んだ数か月後。「ソーラン節」（北海道民謡）を鑑賞します。「これから鑑賞する曲に『合いの手』はあるでしょうか？」と発問してから聴かせる方法もありますが、ここは何も指示や発問をせずに聴かせてみましょう。「あれ？　『合いの手』みたいのがあったよ！」という発言が飛び出したら最高です。学びがつながった証拠です。これぞ「美意識」が育った一つの表れとみることができます。「え～？『合いの手』もあったけれど、みんなで長く歌でこたえているようなところもあったよ」という発言もあるかもしれません。すると「ソーラン節」などの民謡にみられる「音頭一同形式」の学びにもつなげることができます。

5学年
「つるぎのまい」

５学年になりました。「つるぎのまい」（ハチャトゥリアン作曲）の鑑賞です。ここまできたら教師は何も言わないで音楽を聴かせても「合いの手」に気づくことと思います。さらに「美意識」が育った子どもたちに出会うことができると思います。この曲が面白いのは、「合いの手」を切り口に聴かせ、「合いの手」を聴き取ったところでリアルタイムにその場に起立するという活動を取り入れることです。頻繁に現われる「合いの手」を面白く体験することができます。さらに、この活動を通してこの曲がABAの三部形式であることにも気づくことでしょう。

6学年
「春の海」

６学年です。「つるぎのまい」の学習から１年が経っています。でも大丈夫。必ず「美意識」は育っています。「春の海」（宮城道雄作曲）を聴きます。この曲は７分もある長い曲で、ABAの三部形式です。さぁ「合いの手」はどこにあるでしょう？　それは聴いてのお楽しみ。子どもたちはすぐに「！」という反応を示してくれるでしょう。「美意識」の表れです。

◆鑑賞から広がる音楽学習

さて、このように「合いの手」という視点で学年をまたいで学習を進めてきましたが、この学びはどのように広がるでしょうか。何年生でも構いませんが、例えば、「合いの手を必ずどこかに入れよう」という条件でリズムの音楽づくりを行うことも考えられます。あるいは、生活や社会の中にある音や音楽、他の芸能などにある「合いの手」にも気づいたりして楽しむことも考えられます。「先生、昨日ね……、『合いの手』のある音楽を聴いたんだよ！」という声がきっと聞こえてきます。

（文責　髙倉弘光）

4. 音楽科で「美意識」を育てるカリキュラム

（1） ゼロベースからカリキュラムを立ち上げることの背景

音楽科におけるカリキュラムと言えば、「学習指導要領、教科用図書（以下、教科書）、各教科書会社発行の指導書、自治体や学校単位で作成している年間指導計画」などが考えられます。昨今の教育界では、カリキュラムの示す範囲や定義が多岐に渡りますので、先に示した指導要領や年間指導計画も一つのカリキュラムと言えます。

さて、音楽部では本研究を進める際、裏のテーマを掲げていました。それが、「カリキュラム・オーバーロードの改善」です。この観点で見ると、指導要領の内容が過多であるという見解は持っていません。また、3つの資質・能力で整理されている点、そして、同指導要領解説の趣旨や大枠については賛同しています。

では、教科書はどうでしょうか。例えば、小学音楽「音楽のおくりもの6」（教育出版）は78頁で紙面が構成されています。第6学年の授業時数が「50」であることを踏まえると、1時間あたり約1.56頁ずつ学び進めないとその内容は網羅できないと言えます。この全ての内容に対して、質の高い、そして深く鋭い学びを実現することは簡単なことではありません。もちろん、教科書会社も「全ての頁を扱うこと」を推奨はしていないものの、先生方がカリキュラム作成の一つの拠り所にしているのが教科書であることを考えると、改善の余地があると言えるでしょう。

音楽部では、カリキュラム作成の際、「題材構成」という考え方を一度外して、各題材や各教材を丁寧に分析すること（内容の美に照らしながら）を試みました。そして、子どもの「美意識」を育むために最適な題材、そして教材は何かを厳選してきました。もちろん、領域や分野のバランス、そして、取り扱う音や音楽のバランス（我が国や郷土の音楽も含む）も考慮しています。そのカリキュラム作成までの道のりを簡単に示すことにします。カリキュラム作成の一助になれば幸いです。

（文責　平野次郎）

（2） カリキュラム作成の前提条件

音楽科　カリキュラム案　概要

【育てたい「美意識」・教科の本質】

音楽活動の楽しさを体験することを前提として、子どもの「みえ方」を起点に音楽の「美」（内容の美）に気付き、それらを感覚的・論理的に一体として捉える過程で、人と人との双方向において実現する表現や鑑賞の力を高め、子ども自らがこだわりをもって音楽の世界を広げられるような力。

内容の美

内容の「美」は、以下の３つの条件によって整理している。
①授業で扱う音や音楽に対して、教師が内容の「美」を見いだすことができること
②子どもにとってみえやすい事柄であること（子どもの「みえ方」を起点にする）
→子どもが音や音楽に出合うとき、子どもの「みえ方」を最大限させるため
③子ども自身が「知識のつながり」（知識の系統）を実感することができること

ア　音楽的構造	音（声）	歌詞
拍、拍子、フレーズ、リズム / 強弱盛サビ / 旋律、音階、調、和音 / 反、変、呼とこ / 重なり、縦横	音・声	歌詞
ここでは〔共通事項〕に示されている「音楽を形づくっている要素」を再整理し、近しい関係にある要素はまとめて示している。また、子どもの「みえ方」を授業の起点にするために適する要素を新設している。 カリキュラムを組む（年間指導計画）際、各題材や教材において、これら５つのカテゴリーのすべてを組み込むのではなく、子どもの「みえ方」を最大限発揮することができる事柄を取り扱うこととする。	音そのもの、声そのもの、そして、それらの余韻や響きなどを含めている事柄である。	主に歌唱や鑑賞の分野に関連して、子どもにとって「みえやすい」歌詞の事柄を設ける。

学び方・判断の視点

多様性・自由さ	相互意識	生活・文化
【他者の「美意識」を受容する】	【他者の「美意識」を認める】	【自分と関連付ける】

自然さ

判断の視点

音楽科　カリキュラム案（第４学年　年間計画　58時間）

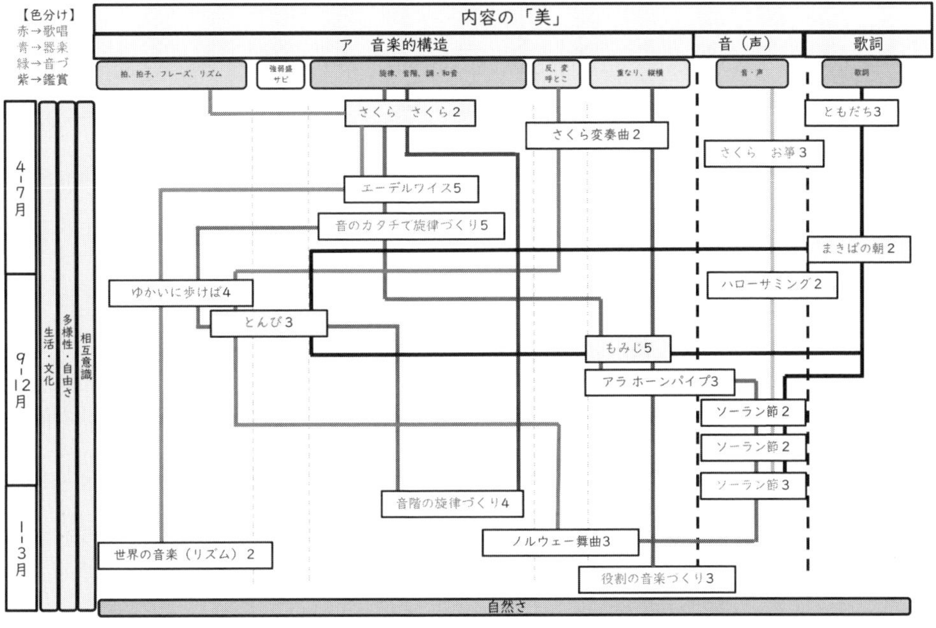

カリキュラム案　内容の美「声」を中心に据えた学びの系統

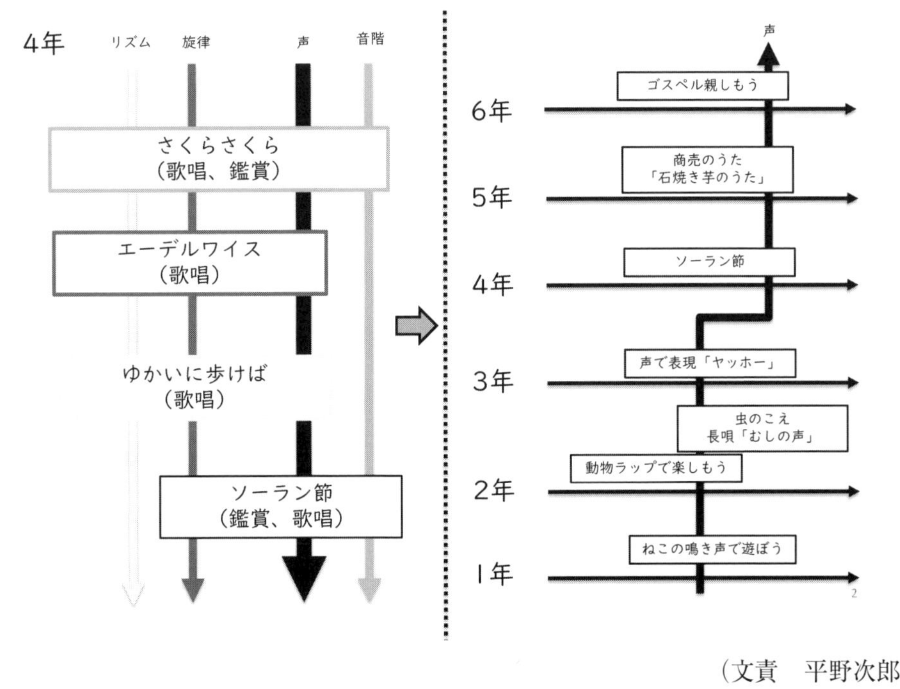

（文責　平野次郎）

図画工作科

その先にある「美」に意識を向けようとする子どもを育てる

図画工作科教育研究部　北川智久／仲嶺盛之／笠 雷太

1. 図画工作科で育てたい「美意識」とは

図画工作科で育てたい美意識

形や色、イメージなどを視点にした対象や事象に対するその子の素直な感じ方やみえ方と、そこから生まれる自分らしい意味や価値としてのこだわりの表出をもとに、「今の私」の「その先」にあるかもしれない「未知の美」に意識を向けようとする心の働き

図画工作科（以下、図工科）では、形や色、イメージの特徴など造形的な視点をもとにして、「その先にある『美』に意識を向けようとする子ども」の姿を目指しています。

今ここ、に確かに手を触れながら、仲間と共に「答えのない」事柄や未来に意識を向けようとする子どもの姿を示しています。この「未知の美」とは、一つには「自分や仲間が、生涯に渡って創り出すよさや美しさの可能性」です。また、未来の美だけでなく、まだ出会ったことのない過去の美術や造形の作品なども含みます。「美」や「未来」というものには答えはありません。常に「答えのないこと」について、その子らしく思いや願いをもち、他者と共に地域や時代を超えた共感と了解へ向かおうとする心の働きを育てることが、図工科の果たす役割だと考えています。

2. 図画工作科で「美意識」を育てる授業の条件

こうした子どもの姿を授業で目指すためには、現行学習指導要領が示す「鑑賞」領域の捉え方と内容の充実がポイントになると考えています。図工科授業の現状を見ますと、やはりどうしても「表現」に偏りがちです。「鑑賞」領域について、何を、どのように指導すればよいのかわかりにくいこともその原因の一つでしょう。「美意識」を育てるためには、「表現」と「鑑賞」という２つの領域をより一体的に捉え、授業をつくることが肝要なのです。「表現」と「鑑賞」の一体化は、学習指導要領にも示されていますが具体的にどうすればいいのか、実際にはとても難しいのです。

そこで私たちは、鑑賞の活動を中心に子どもの「みえ方」や、その姿から内容を捉え直してみました。そして、子どもが目を向けている対象を整理し、**「もの（外発的）」「こと（内発的）」「ひと（相発的）」**という３つの領域を設定しました。

３つの領域

a. 外発的「もの」

「もの」領域は、子どもの外にある物質や空間・環境などへの感受を基点とする学びです。「今の私」を取り巻く世界の形や色、イメージを手がかりに、あらゆる「もの」や「環境」から造形的な可能性や美しさを見出しながら表していく力を育てる学びの領域です。水や土、光や植物などの自然素材。身の回りの様々な人工素材。教室、学校内、近隣地域などの環境や空間などです。ですから、この学びでは「『もの』や『場』のもつ造形的な特徴は何か？」や、「『もの』や『場』の特徴から、どのような造形活動を展開し、自分らしく『美』を見出せるか？」といった問いが立ちます。

b. 内発的「こと」

「こと」領域は、自分の内面に想起する感情やイメージの想像、思いや考えなどを基点とする学びです。「今の私」に起こる感覚や思い、想像を大切にし、時に確かめながら深め、自分らしく美しさを見出し表していく力を育てる学びの領域です。ですから、この学びでは「言葉やモチーフなどから、思いやイメージ、アイデアを想起し、どのようにして自分らしく造形的に表現するか？」や、「問題点や、用途、目的を自分らしく設定し、制作方法や手順を構想して造形的に表現するか？」といった問いが立ちます

c. 相発的「ひと」

「ひと」領域は、友達や、身近な工芸品・美術作品などを基点とする学びです。これまでの人類の美についての営みや、友だちのみえ方、表し方に出会うなどして、答えのない「美」について了解しようとする力を育てる学びの領域です。ですから、この学びでは「友だちや芸術家は、形や色、イメージを使って何を表そうとしているのか？　その美しさは何か？」や、「友達と、お互いの形や色、イメージを共に生かし合いながら、どのような表現ができるか？」といった問いが立ちます。

旧来通りの個別の題材ではなく、この３つの領域を一体的な「ユニット」として構成することで「美意識」を育てる図工授業をつくることができると考えています（P113のカリキュラムを参照してください）。

そして、３つの領域を一体化する授業の中で、以下のような児童の姿を目指します。

○「私」を取り巻く世界のあらゆる形や色、イメージに自分らしく素直に感動できる。

○「私」を取り巻く世界の形や色、イメージをもとに、「美」を見出そうとする。
○様々な時代や地域の「美」に対して、自分らしい見方や考え方をもったり、憧れを抱いたりするなどして自分に取り込こもうとする。
○「私」とは異なる「美意識」に対しても興味をもち、様々な視点から考え、理解し了解していこうとする。

これが図工科の美意識を育てる授業づくりの条件です。では具体的な実践をご紹介していきます。

(文責　笠 雷太)

3.図画工作科で「美意識」を育てる授業の実際

実践1　北川智久

学年：2年生
題材名：「しぜんの形・自然の色」
「もの」：学校にはどんな秋の葉や木の実があるだろう？
「こと」：自然の色や形のよさ、美しさを生かして組み合わせるにはどうしたらいいだろう？
「ひと」：今まで人間は、自然の美しさをどのように表現してきたのだろう？

(1)　本題材(ユニット)について

晩秋になると、紅葉や木の実などと触れ合う機会が増します。本校は、都心にあっても自然が豊かで樹木の数も多い環境にあります。「もの」としての葉や実はそれ自体がたいへん美しいのですが、私のこれまでの実践の中から、2年生の子どもにこの時期ならではの「自然の美しさ」を体感させることはそれほど容易ではないと考えます。葉や実を見て、「きれい」「かわいい」などとは口にするけれども、子どもにとっては他の材料での造形活動とそれほど変わらないのではないかと感じます。

材料としての自然の葉や実自体の「美」を感じとりつつ、その「美」を生かして自分ごととして造形表現に生かそうとする子どもの姿を得るには、鑑賞の方法やタイミングの工夫が必要です。本校図画工作科における「美意識」研究においては、「もの」「こと」「ひと」という視点からの感受や鑑賞を大切にしています（カリキュラム図参照)。その視点から活動を導くことがその答えになると考えました。

葉や実を集めること自体の楽しい体験に加え、押し葉にする加工体験をしたり、繰り返し材料を鑑賞したりしました。材料収集は遠足の先や家族との散歩などの中でも図画工作の活動と並行して蓄積しました。それらの活動の中で、「もの」としての材料への親しみが増しました。

続いて、「ひと」との出会いをしくみます。ゴールズワージーは、自然の葉の並べ方やグラデーションの生かし方などが「組み合わせると材料の美しさにプラスの変化が生じる」ということを教えてくれます。近藤かおり（P.102）は、「白い紙ねんどの目玉をつけるだけで木の実に生命が吹き込まれる」ことを教えてくれます。私はこの２人を子どもたちに出会わせる「ひと」として選びました。子どもたちは、作家たちの示す方法をきっかけにして、「自分なりに工夫すると、自然の材料がもっと美しくなる」ということに気づくと考えました。子どもたちが、自分ごととして葉や実による造形表現をどう工夫しようかということが「こと」としての表れとなります。

葉や実の他に、５年生が取り組んだ東京都の「多摩産材工作」（図書室に展示）や残りの木材の使用も「ひと」や「もの」という視点で２年生に影響を与えました。

（2） 本題材のねらい

○「もの」: 自然の葉や実そのものにある「美」に触れ、そのよさを生かして表現する。

○「ひと」: 作家の表現からヒントを得て、自分ならどう表現するか考える。

○「こと」: つくりながら考えながら、自分にとっての「美」を模索・追求する。

○指導の実際（はっぱクレープ３時間＋木の実の工作６時間の９時間扱い）

図画工作科を核とし、生活科、国語科との横断的な学習として構想しました。

（3） 授業の実際

○11月４日（40分）落ち葉集め

自然との出会いの演出です。生活科と合科的に、校内の落ち葉集めをします。好きな形、好きな色の葉を選び、押し葉にするところまでが本時です。トウカエデ、イチョウ、プラタナス、さくらなどの葉や、つる草の葉などが美しく紅葉している中を、うっとりするように「もの」と親しみました。

ドングリなどの実を集めることは前週から予告しており、少しずつ集まっていく立体材料の鑑賞も並行して進めます。

○11月11日（80分） はっぱクレープづくり

前時に押し葉にした葉を鑑賞します。続いて、「ひと」としてのゴールズワージーの作品を鑑賞して話し合いました。自然の材料だけでこんなに美しい形ができるのかと、驚きながら写真を鑑賞しました。中でも、子どもたちがひときわ声を上げたのがグラデーションを生かした落ち葉の画像です。グラデーションというものを知っていた子どもが説明をします。みんなはうなずきながら聞きます。ふと、自分の集めた葉を振り返ります。

最初の製作は、はっぱクレープ（和紙に落ち葉をはさんで糊で固める）としました。葉の形や色を生かしやすい活動です。

つくり方の手順を知った後、子どもたちは、「また材料集めに行っていい？」「グラデーションにしたいから、そういう色の葉をさがしたい」などと言い出しました。「ひと」としての作家（アンディ・ゴールズワージー）の表現に触れて、自分ならどうしたいかという「自分ごと」として活動を捉え始めたのです。自分なりの美をめざし始めたと言ってもよいでしょう。友達の活動も参考にしながら、早い子は２つのはっぱクレープをつくりました。授業という集団での表現活動の中では、相互鑑賞による学びを学習に取り入れやすくすることが大切だと考えます。そこで、新しい学びを生かして２つ目や３つ目の製作に向かうことも推奨しています。

大きな障子紙に、籐（とう）のつるやつる草の枯れた茎で外周を描いてから葉を並べる子もいます。外周はつくらない子もいます。グラデーションに挑戦する子もいます。思い思いに葉を並べています。余分な糊を布で吸い取ったら、すぐに切りぬいて洗濯ばさみで吊るします。この乾燥中の作品も子どもたちの鑑賞の対象です。「乾燥中」は「鑑賞中」というのが、私の授業の定番です。この日も、ドングリなどの自然材料が増えました。次回の工作に期待が膨らんでいる様子がわかりました。

○11月18日（80分）　木の実の工作

まずは、はっぱクレープの作品のふちをはさみで整え、太陽に透かして鑑賞します。渡り廊下の窓のところに作品を１週間ほど掲示しました。

本時は、みんなで集めてきた木の実を使った工作です。ここまでの収集と、鑑賞のくり返しで「もの」としての木の実への愛着が増しています。そこに、「ひと」として山梨県の『森の日曜日』を経営する近藤かおりさんの作品を紹介しました。特徴は、紙粘土でつくった目を実や枝などにつけて擬人化する手法です。子どもたちにも取り入れやすい方法で、多くの子がつくるきっかけとしていました。つくりながら次を考え、どんどん「自分ごと」として表現を追求していきます。５年生の多摩産材からの影響も、「ひと」としての要素となりました。

○11月25日（80分）　12月２日（80分）

前時までの成果を相互に確かめ合ってからその日の活動を始めました。

参考にしたいところは、互いに取り入れながら進めています。

図書室での展示

５年生のように図書室に作品を飾りたいという希望者の作品は司書の先生にお願いして図書室の棚の上に飾りました。

○事後　国語科と連携した作文による振り返り

学級担任が国語科の先生でしたので、今回の振り返りは作文でも行いました。冬休み中に、「まなびポケット」というオンラインのスクールアプリに①作文の写真、②作品の写真、③作文を自分でタイピングした文字、などが次々とアップされていきました。約１か月の取り組みの中で、くり返し「もの」としての自然素材と触れ合い、「ひと」としての作家の表現に触発されて、自分らしい「こと」に取り組んだ結果の子どもの変容が作文からも見て取れました。

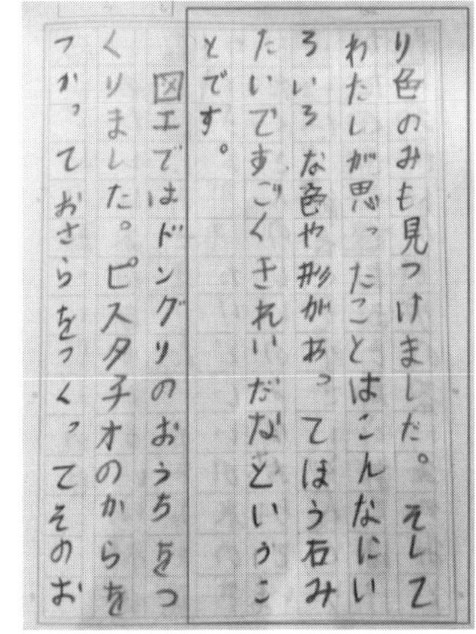
り色のみも見つけました。そして
わたしが思ったことはこんなにい
ろいろな色や形があってほう石み
たいですごくきれいだなというこ
とです。
図工ではドングリのおうちをつ
くりました。ピスタチオのからを
つかっておさらをつくってそのお

児童作文

美意識は、短いスパンで身につきやすいものもあるかもしれませんが、今回のように繰り返すことで本質的なよさに目が向き始めるということもあると考えます。「内容（教材）の美」を理解して、それを生かすための「方法の美」を教師が意識することが、子どもに「美意識」を培うことには重要だと考えます。　（文責　北川智久）

実践２　笠 雷太

学年：３年生

題材名：「学校の土や砂で絵具はできるのかな？」

「もの」：学校にはどんな土や砂があるだろう？

「こと」：どうやったら学校の土や砂から絵具はできるのかな？

「ひと」：今まで人間は、土や砂で絵を描いてきたのかな？

（1）　本題材（ユニット）について

チョークを削る造形遊びの授業後、クラスのある子が言いました。

C「先生、今度、チョークの粉とか土から絵具をつくってみたいんだけど」

私は、少々驚きながらも、これは面白いと思いました。

T：「チョークは何となくわかるけど、土から絵具ってできるの？」

C：「できると思うよ！」

T：「じゃあ図工の時間に試してみようか」

C：「いいね！　やろう！」

こうして、日常の子どもの言葉からこの授業を構想することになりました。この子どもは以前何かで見たり読んだりしたことがあり、それが心に残っていたのでしょう。これも子どもの「みえ方」の一つです。「土などで絵具をつくる」という題材自体は、高学年の内容として掲載している教科書もあります。しかし、「美意識」を育てる授業及びカリキュラムは、「子どものみえ方」を基点にすることを大切にしています。３年生ではありますが、私は子どもの「みえ方」にのることにしたのです。

（2） 本題材（ユニット）の構想とねらい（40分×６コマ）

「美意識」を育てる図工科カリキュラムでは「もの」「こと」「ひと」をユニットにすることがポイントになります。つまり、従来の「題材」という考え方を生かしながらも、小さな「題材」や「活動」を組み合わせるようなイメージです。

そして、各ユニットができるだけ子どものみえ方や考え方、気づいたことを基点にして展開できるよう「問い」の形で構想していきます。「子どものみえ方」を大切にして授業を展開していく場合、授業が即興的に変化していく可能性があることを教師は意識する必要がありますが、この「問い」の設定は、授業構想にとらわれすぎず、かつ学びの目標や本質に子どもたちが迫ることを可能にするのです。

以下は、本ユニットのねらいです。

○「もの」：学校の土や砂を集めて色や手触りなどの特徴を捉える。

○「こと」：自分なりの方法で、どうやったら絵具になるか追求する。

○「ひと」：これまでの人の営みの中で土や砂で描かれたものに出会う。

そして、このねらいに迫るための「問い」は以下のようになります。

◆「もの」：学校にはどんな土や砂があるだろう？

◆「こと」：どうやったら学校の土や砂から絵具はできるのかな？

◆「ひと」：今まで人間は、土や砂で絵を描いてきたのかな？

（3） 授業の実際

①導入「本当に学校の土や砂で絵具はつくることができるのかな？」（20分）

授業の導入では、そもそも「本当に筑波小の土や砂で絵具はできるのかなあ？」と問いかけることから始めました。子どもたちは「柔らかい土じゃないとできないんじゃないか」「べちゃべちゃしてるからできないよ！」などと予想をしました。その中で「砕いたり、すりつぶしたりすればできるのでは？」や「のりを混ぜればできるはずだ！」など、絵具をつくる方法についての考えも出ました。このとき、土や砂という「もの」から、方法や技術という「こと」へ、子どもの「みえ方」が繋がった場面と私は捉えました。これは次の展開に生かすことができるだろうと思いました。

ところがある子どもがこんなことを言ったのです。

C：「絵具つくらなくても持ってるよ！」

思わず吹き出してしまいました。実に素直な「みえ方」です。

T：「では、どうして絵具をつくってみたいと友達は提案したんだろうね？」

この問いは当初の構想にはありません。子どもの「みえ方」を起点にすると、このように予想外に展開します。これが面白い！

「自分で絵をかく材料をつくってみたかったから」、「買うばかりでなく自分でつくってみたかったから」、「面白そうだったから」。そして「昔の人も絵具をつくっていたから」という先人へ思いを馳せる子どもの発言がありました。何と、長い人類の造形的な営み、つまり「ひと」にまで、子どもたちの思いが広がってしまったのです。

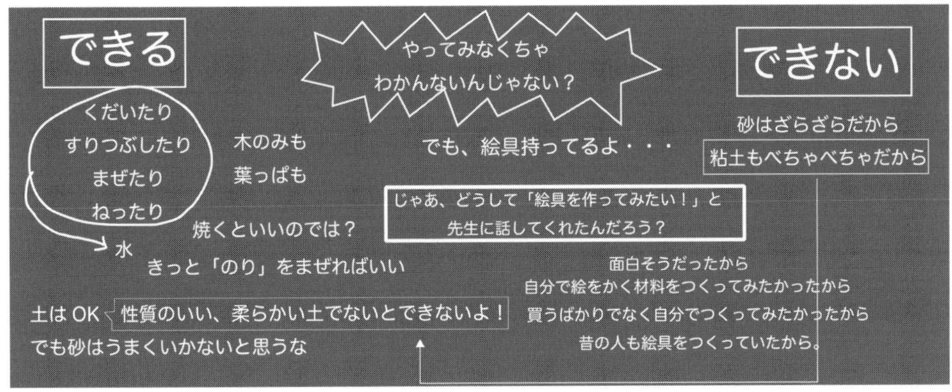

②「もの」：学校にはどんな土や砂があるだろう？（40分）

いよいよ、土や砂を集めに行きます。アルミトレーにプリンカップを数個乗せて出発！　校庭、つき山、木の根元などで集め始めました。

C：「わー、先生みてみて！全然色が違うんだよ！」

C：「すごーい！　校庭の砂ってさらさらしてる～」

土への豊かな気づきのつぶやきが多く聞こえます。まるで宝物を探すようにその出会いを感じ味わっています。こうした経験の積み重ねが「美意識」を育てるためには欠かせません。教室に戻り、ワークシートに気づきや発見を整理しクラスで共有します。このような分析を言葉で表すことは、「もの」領域では大切になります。**（20分）**

場所	色	手ざわり	その他（見つけたこと、気づいたこと）
くるまのよこ	うすいちゃいろ	ざらざら	たねがけっこうおちている
ゆうぐのちかく	赤土	ざらざら	ほるところでいろがちがう
2たいまえ	ちゃいろ	ざらざら	かたいところはかたい
3-3はたけまえ	うすいちゃいろ	ざらざら	おっきいいしがある
プールまえ	ちゃいろ	ざらざら	ちょっとやらかい
2たいよこ	ちゃいろ	ざらざら	いいいろをしている
すなば	うすちゃいろ	ざらざら	ほかの土よりもうすい
1ねんのやま	みどりっぽい	ざらざら	ちょっとずついろがちがう

そして、授業の終わりに宿題を出しました。

T：「くだいたり、すりつぶしたりすれば絵具ができるかも、という意見がありましたね。ではどんな用具を使えば今日集めた土や砂を砕いたりすりつぶしたりできるのか、少しお家の人と話してきてみてください」

③「こと」：どうやったら学校の土や砂から絵具はできるのかな？（60分）

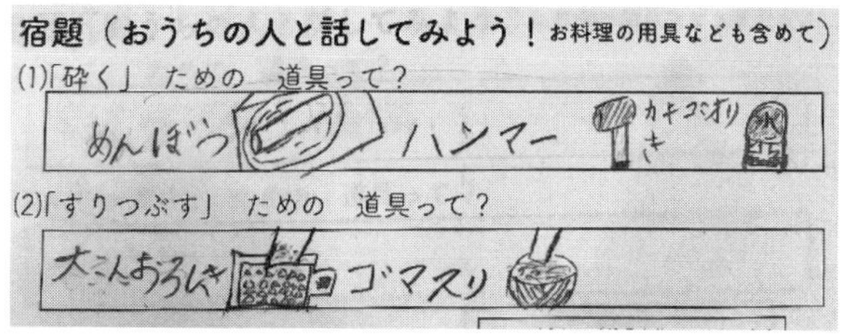

宿題（おうちの人と話してみよう！お料理の用具なども含めて）
(1)「砕く」ための　道具って？
めんぼう
ハンマー
(2)「すりつぶす」ための　道具って？
大こんおろしき
ゴマスリ

「どうすればくだいたり、すりつぶしたりできるかな？」

左図はある子どものワークシートです。

この宿題、問いかけの意図は絵具をつくる「方法・技術」もみんなで考え出してみようということです。従来、図工科の授業、特に方法や技術指導の場面では、「さあ、こうやってやるとうまくいくよ」というように教師が教えることが多いです。しかし、「美意識」を育てる学びでは、造形文化の先人の知恵に子ども自身が迫っていくことが大切になるのです。

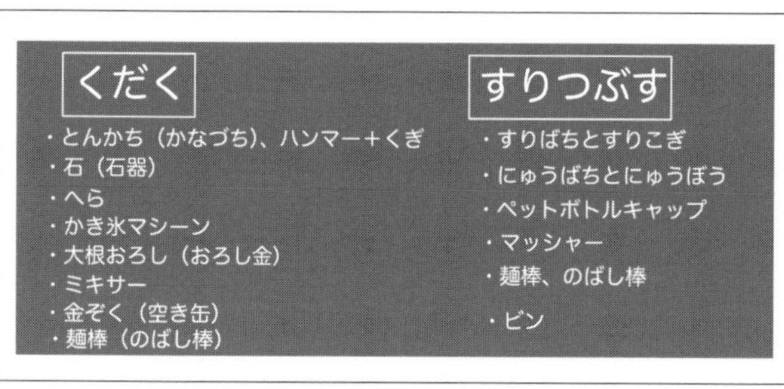

くだく
・とんかち（かなづち）、ハンマー＋くぎ
・石（石器）
・へら
・かき氷マシーン
・大根おろし（おろし金）
・ミキサー
・金ぞく（空き缶）
・麺棒（のばし棒）
すりつぶす
・すりばちとすりこぎ
・にゅうばちとにゅうぼう
・ペットボトルキャップ
・マッシャー
・麺棒、のばし棒
・ビン

C：「かき氷マシーンで砕けると思う！」

C：「ポテトを潰すマッシャーはどうかな」

子どもの「みえ方」ってすごいです。等身大のアイデアは本当に面白いですね。

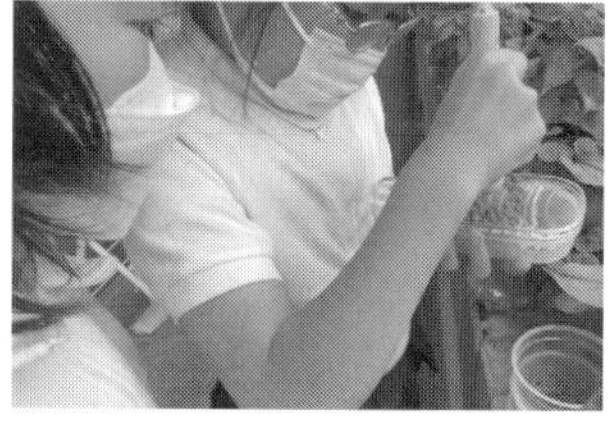
プラスチック製おろし金

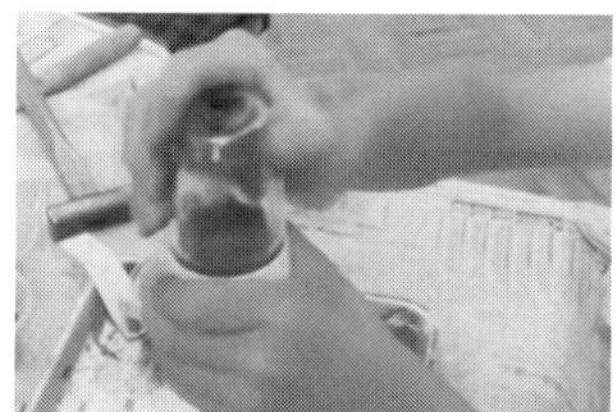
ごまおろし器を持参！

すり鉢と乳棒を教師もスタンバイ

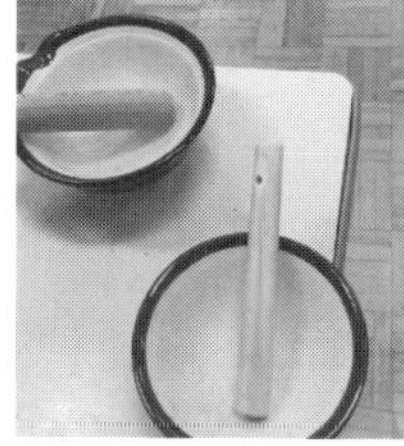
すり鉢持参！

靴の形のペン立てで！

ティーポットもグッド！

だんだん細かくなってきたよ！

T：「ずいぶんくだいたり、すりつぶしたりできたみたいだね！　さあ、はたして絵具ができるか進めていこうね。最初の予想の中で、のりを混ぜればできるかもしえないというものがありました。そこで先生は２種類用意してみました」

「PVA洗濯糊」と「やまと糊」を用意します。どちらも水性で環境負荷も抑えられます。木工ボンドは固まってしまうと洗浄ができません。今回は避けますがこの辺りは発達段階や学習経験に応じて判断するとよいでしょう。

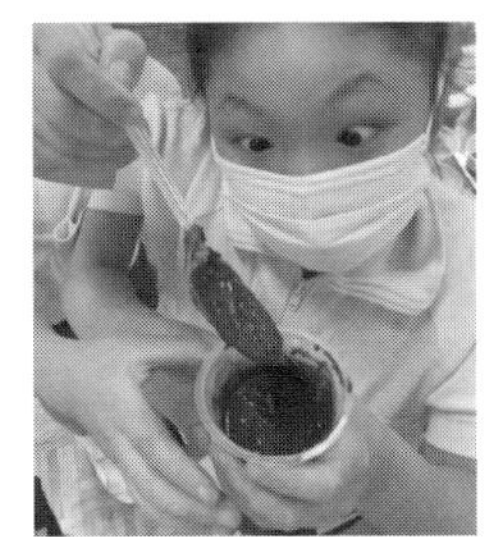

小さなファスナー付き小袋を渡します。その中で細かくした土や砂とのり、水を混ぜるのです。こうすれば片付けがスムーズにできます。とはいえ、子どもたちはより楽しい、よりワクワクする方法を見つけていくものです。カップでつくり始めちゃいました！

C：「わあ！本物の絵具になったよー！洗濯糊いいかも～。」

④「ひと」：今まで人間は、土や砂で絵を描いてきたのかな？（40分）

ここで絵具づくりパート１が時間切れとなりました。片付けの時間も十分に取る必要があります。授業の最後に次時へつなげる投げかけとして問いを出します。

T：「ところで、人間は今までに土や砂で絵を描いてきたのかな？」

C：「描いてきたと思うよ！　洞窟の絵とか。見たことあるもん」

T：「へえ、本当かなあ。それから最初の予想の中に『昔の人は絵具をつくってた』というのがあったよね。あれも本当かね？」

C：「たぶん、そうだと思うよ！　石とかも使ってたって本で読んだことあるもん」

T：じゃあさ、みんなお家で調べて、『学びポケット』にアップしてみてよ」

昔は木の実をすりつぶして描いていたと思います

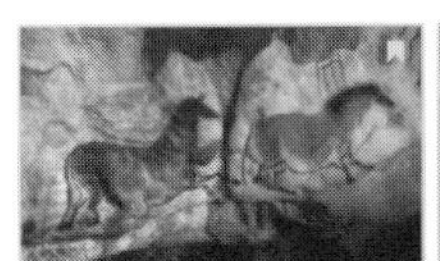

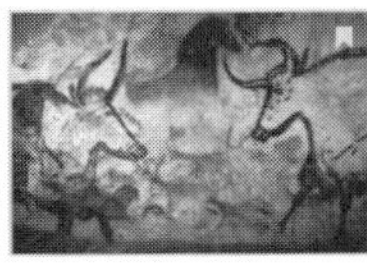

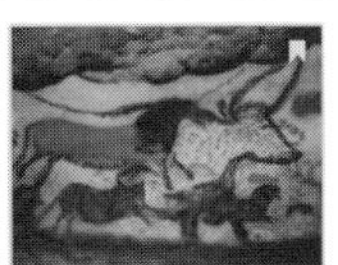

洞窟の土の壁に、食べ物のあまりや血や土で描いたえがあって、身近で手に入りやすいから土や砂で描いたんだと思います。これはラスコーの壁画といいます。

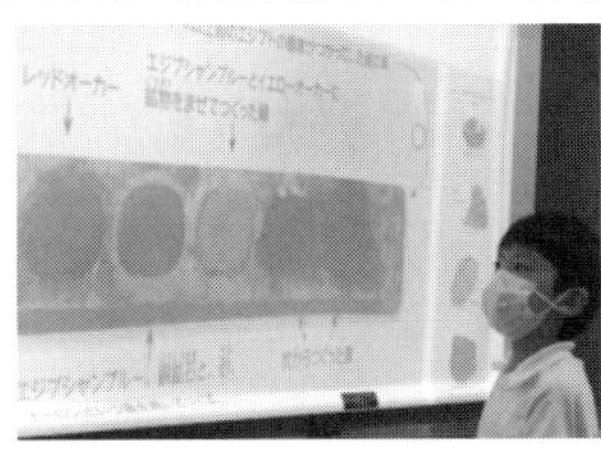

昔は、炭や石や鉱物をすりつぶして天然の色をそのまま使っていたようです

「ひと」領域へ誘う問いかけです。前頁の写真は、子ども自らが美術の歴史にアクセスした結果です。これを朝のクラス時間と、次の図工の導入で発表し合いました。

紀元前の洞窟画や、ナスカの地上絵、砂浜の砂絵アート、日本庭園の石庭など様々なものが紹介されました。ここで面白かったのは、絵具のつくり方の歴史について調べてきた子どもがいたことです。元々は鉱物や、今でいう宝石を用いていたこと、動物の油（にかわ）が糊がわりだったことなどです。美術史などの知識と今まさに自分たちが体感していることを自ら繋いでいく姿は、これまでの私の図工授業にはありませんでした。これがまさに「美意識」の育ちと言えるでしょう（「学びポケット」は本校のクラウドプラットフォームです）。

④「こと」：本当に学校の土や砂から絵具はできたのかな？（60分）

前の時間同様、すりつぶしたり、のりを混ぜたりするなどして絵具づくりをさらに進めます。集めてきた土や砂の色の違いから、それらを混合したり、木の実をすりつぶして加えるなど美術史から学んだことを意識する子どもいます。

この時間では、リサイクルダンボールをA4程度に切ったものや、小さなベニヤ板のあまりなどを用意しておきます。つまり絵具ができたかどうか描いてみるのです。

T：「だいぶ絵具のようなものができたみたいだね。でも、本当に絵具になってるのかな？　描いてみない？」

C：「先生描けたよー！」

T：「わあ！　すごいねえ！　土や砂から絵の具できちゃったね！　やったね！　おめでとう！」

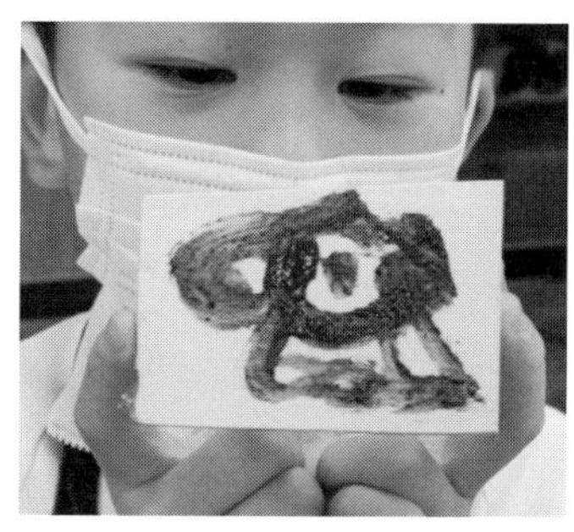

教師も一緒に喜んでしまいます。授業設計としてのゴールは見えにくいですが、造形的な「問い」を軸に「もの」「こと」「ひと」を探求していく授業は、教師も本当にワクワク、ドキドキなのです。子どもの小さな作品が愛おしく思えます。

（文責　笠 雷太）

実践３　仲嶺盛之

学年：５年生

領域：「A表現（２）絵」

題材名「カメレオンの気持ちになって」（絵・鑑賞）

「もの」　身の回りにあるものや環境の色や形のよさや美しさ、特徴は何か？

「こと」　自分のカメレオン君をどのような形や色で表すか？

「ひと」　先輩たちは、場所やものの形や色の感じからどのようなカメレオン君をつくってきたのだろう？

（1）　本題材(ユニット)について

子どもたちの造形活動は、「みること」と「つくること」が同時に行われています。

例えば、つくりながら周りにいる仲間の作品や活動の様子が目に入り、それに影響を受けるなどして、「あっ！」と、新たなアイデアや気づきを得ることもあります。そして、それまでの自分の活動や表現をつくり変えていく姿などです。

そのような姿を引き出すために、「もの（外発的）」、「こと（内発的）」、「ひと（相発的）」の３つの領域から絵に表す学習をユニットで構想します。これまでの先輩の作品を見たり、クラスの仲間とお互いの作品を見合ったりして、自分なりの新しいアイデアにつなげようとする姿を引き出します。

①題材について

教室や廊下など、学校生活の環境に働きかける題材です。見慣れた場所や景色に「カメレオンの気持ち」になることで、これまで意識しなかった身の回りの形や色の特徴や美しさを発見していきます。

カメレオンという生き物は、自分の身を守るために周囲の環境に合わせて、皮膚の色を変化させ擬態します。

活動の概要としては、「もし、教室にカメレオンがいたらどのような形や色がその身体に出てくるだろう」という問いから始めます。カメレオンの気持ちに自分を重ねて環境に関わりながら、どんなカメレオンの形にしようか、どんな色にしようかとイメージを膨らませます。そして、つくったカメレオンを置いたり互いに探したりする活動を楽しむことで、また自分のイメージやアイデアを更新し、新しいカメレオンをいくつもつくっていきます。

②本題材のねらい

本題材は「もの」「こと」「ひと」の中で、特に「もの」（外発的）を基点に展開する学習です。

○「もの」: 見慣れた場所や景色、作品に、カメレオンの気持ちになってかかわることで、これまで気づかなかった形や色の面白さに気づく
○「こと」: 環境の造形的なよさを「感受」する、創る、仕掛ける、探す、見る、味わうなどから、自分らしい発想・構想に向かおうとする
○「ひと」: 教室に設置された先達の作品を探すことで、題材の面白さを「感受」し、互いに評価し合い、使える意味や価値に高めようとする

（2） 授業の実際

①活動のきっかけ

導入では、32切り画用紙を半分に折り曲げ、はさみでシンメトリーの生き物らしき形を切り出します（写真①）。この時点では、次の展開を子どもたちにはまだ告げません。

T:「なんか生き物ができたよ。この生き物、実は教室にかくれているかもよ！」

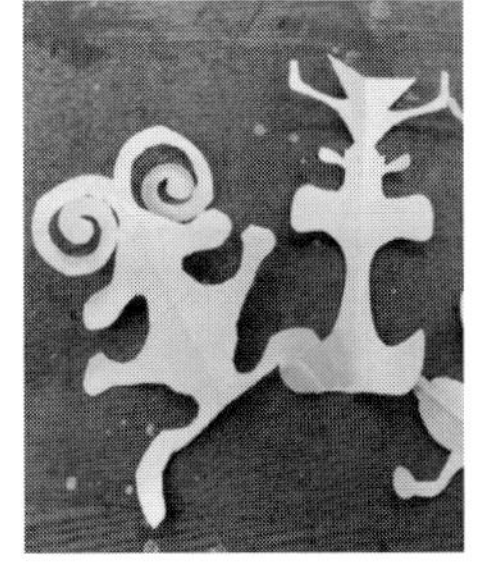
写真①活動のきっかけ

すると、子どもたちはキョロキョロと教室を探し始めます。実は、教室の中には、教師や先輩（場合によっては他クラス）がつくった、周りの形や色そっくりに着彩した不思議な生き物、カメレオンくんが隠れているのです。子どもたちはそれを発見し始めます。（写真②）

C：「なるほど！これはカメレオンだね!」

C：「あそこにもあったよ！」

写真②先輩のカメレオン

このような仕掛けは、先輩や他クラスの作品という「ひと」との出会いの場として設定しています。学習の動機づけと意欲を引き出し、一人ひとりのイメージを広げるきっかけになります。

②活動のはじまり

ある授業での様子です。まず、子どもたちは机や壁など身近な場所を試し始めました（写真③）。

徐々に、「リアルなカメレオンにするには、適当な色じゃだめだ」と、こだわりのつぶやきが聞こえはじました。周囲のものや環境の色に近づけるために、絵具を混ぜたり薄めたり、部分的にクレヨンや色鉛筆を使ったりするなど、自分なりのイメージを実現するために自分らしく技能を創り出していきました。

写真③まず試してみる

写真④リアルな色合いを追求する

ある子どもが試行錯誤した「机の上のカメレオン」（写真④）です。板目などにはクレヨンのかすれ具合を使うとよいことを、仲間に紹介していました。

また、写真⑤は、カメレオンが、壁と戸棚という２つの場所にまたがっています。引き出しの奥行きなども細かく表現しています。場や環境へ造形的に深くかかわっています。

写真⑤

写真⑥様々なアイデアに気づく

教室には「文字」が多いことにも気づきます。その文字にカメレオンを擬態させることから発想を深め、商品名をパロディ化したりもしていました。クラスの笑いを誘いました（写真⑥）。

③活動の深まり

写真⑦は窓ガラスにはりついたカメレオンです。

T：「このカメレオン、どういう意味かな？」

C：「先生、床のこの場所に立ってこのくらいの目の高さでカメレオンを見るとわかるんだよ！」。

写真⑦新しい発見～未知の美

子どもに誘われるまま立ち位置を確かめ、作品を見ると「あっ！」と気づきました。なんと、ガラスの向こう側に見える建物に擬態させたのです。カメレオンの気持ちになって、奥行き、空間から、造形的な可能性を見出す高学年らしい姿です。まさに「その先の美に意識を向けようとする姿」と言えるでしょう。

この作品の考え方にクラスが影響を受けていきます。ある子どもは教室の中にあった鏡に着目し取り入れる可能性を考えました。白い画用紙のカメレオンを鏡に乗せ「筆を持つ自分の手が鏡に映り込む様子」をまずは描きはじめました。タブレット端末のカメラを使って作品を描いては撮り、描き直しては撮りと試行錯誤していました。最後にはあることに気づいたといいました。

C：「のぞく度に、鏡の中に不安定な景色ができる。それは不安定な今の自分の心を映しているよう。」

鏡の中のカメレオンは自分自身であるかもしれない、というものと環境と自分の内面（こと）を自らつなぐ姿です。（写真⑧）　　　　（文責　仲嶺盛之）

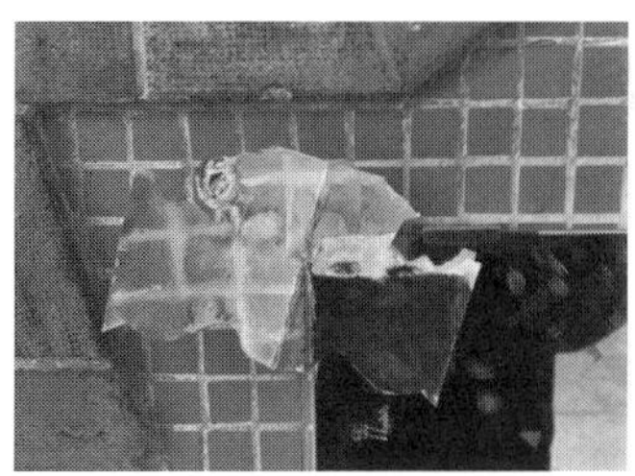
写真⑧自分の内面を映し出した鏡の上のカメレオン

（3） まとめ

身の回りには多様な形と色があります。机、文字、ガラス窓、鏡など、それらのものや環境は、カメレオンの気持ちになることによって形や色、質感の造形的な可能性の発見となって表れます。

カメレオンをガラスに置いた作品で、新しい「みえ方」が提示されました。クラスの仲間たちは「自分もやってみたいな！」と憧れたことでしょう。しかし、同じようにガラスにカメレオンを擬態させては真似になってしまう。おそらく心の中に切なる葛藤が生まれた子どももいたことでしょう。ですから、新たな「その先の美」に意識を向けて、他の「みえ方」を模索せざるをえないのです。仲間を受け入れるからこその心情の高まりも、お互いの「みえ方」を感じ、新たな自分の「見方」へと取り込もうとする気持ちがもたらす成果だと思います。つまり、「もの・こと・ひと」をユニットとして捉えた一連の活動は、自分たちの「みえ方」を更新しようとする子ども達の姿として表れたのです。

4.図画工作科で「美意識」を育てるカリキュラム

「もの」「こと」「ひと」の３領域、そしてそれぞれの「大きな問い」を設定している点が特徴です。これを一つの「ユニット」として構成するわけです。

このカリキュラムの効果について現時点でわかってきたことを述べます。

最大の特徴は「ユニット」として学習を構成することで、現行学習指導要領が示す「表現」と「鑑賞」をより一体的に扱うことができ、「表現」に偏りがちだった指導内容のバランスを整えることが可能となる点です。これは学習指導要領の示す「資質・能力３つの柱」をバランスよく子どもが働かせることにつながります。また、これまで最も効果を感じている特徴的な点として「ひと」領域があります。私たちは、この領域を通して美意識を育てる重要な力として「答えのないものについて他者と了解する力」を設定しています。これは、学校という協働的な学びの中でこそ成立するものです。また「もの領域」や「こと領域」と関連づけたユニット構成をすることで学びの広がりや深まりが期待できるのです。この「ひと」領域の設定は、図画工作科での協働的で深い学びをつくる大きなポイントになると考えています。

そして「内容は少なく、学びは深く」を実現する「もの」「こと」「ひと」領域のユニット構成をするためには時数が必要です。したがって、筑波大学附属小学校の図画工作科は、すべての学年で週２時間（年間70時間）を設定し、本カリキュラムの実現を日々目指しています。

（文責　笠 雷太）

参考文献

⑴「学習指導要領解説（平成29年告示）図画工作科編」 文部科学省

⑵「美術教育と子どもの知的発達」 E.Wアイスナー　著 ［訳仲瀬律久 他］（黎明書房1986/9）

⑶「筑波大学附属小学校研究紀要第72集，第75集，第76集，第77集，第78集」

「美意識」を育てる「もの」「こと」「ひと」ユニットカリキュラム

「美意識」を育てるために身につけさせたい力	領域	大きな問い	対象の具体	学習内容（3年生の例）
「今の私」を取り巻く世界の形や色、イメージを手がかりに、あらゆるものや環境などから造形的な可能性や美しさを自分らしく見出しながら表していく力	a もの〈外発的〉	ここにある「もの」や「環境」の持つ、造形的な特徴 は何か？ また、そのような造形的な特徴に対して、どのように自分らしく働きかけるか？	**「もの」「環境」** ・自然（素材） ・人工（素材） ・場所や環境	●学校にはどんな土や砂があるだろう？
「今の私」に起こる感情、思いや願い、想像するイメージを大切にし、計画や見通しをもち、確かめながら広げ深め、自分らしく美しさを見出し表していく力	b こと〈内発的〉	自分らしい思いやイメージ,アイデアを持ち、造形的に具現化し活動や表現をするか？ 自分の活動や表現の、造形的な特徴や美しさは何か？	**「自分（の内面）」** ・感情や願い ・想像や空想 ・言葉や物語 ・経験や思い出 ・用途や目的	ユニット（授業構成として入れ替え可能） ●学校の土や砂から絵具はどうやったらつくれるのかな？
これまでの人類の「美」「造形」の営みや、仲間の見え方や考え方、表し方に出会うことを通して、答えのない「美」を模索、探求、共感、了解しようとする力	c ひと〈相発的〉	人は形や色、イメージで、何を、どのように表わそうとしてきたのか？	**「人（の表現）」** ・友だちの造形表現 ・生活の中の造形・美術 ・過去の造形・美術	●今まで人間は土や砂で絵を描いてきたのかな？

家庭科 家庭科の「美意識」は、生活の中で生きて働く

家庭科教育研究部 横山みどり

1.家庭科で育てたい「美意識」とは

家庭科の学習は、家庭での実践や将来の生活で役立つことをねらっています。つまり、家庭科の授業で育てる「美意識」は家庭生活やよりよい社会へ向けられる必要があるのです。また、学習したことを授業後に実践したり、自分の生活に馴染ませたりすることは、子どもたちの判断に委ねられていることから、家庭科における「美意識」には、生活を見つめながらよりよく工夫し続ける原動力としての役割もあるように思えます。私は、家庭科における「美意識」を以下のように考えています。これは「美意識」の研究が始まってからの4年間変わっていません。

自分がよりよいと感じるものに向かうために働かせる個々の感覚

(1) 自分がよりよいと感じるもの

これは「よりよい生活や社会」を指しています。そこで、子どもたちにとって「よりよい」とは、「自分が大切だと考えるものがよい状態であること」と仮定して、「自分にとって大切なものを見つけるワーク」を行ったことがあります。その結果、子どもたちにとって本当に大切なものは「家族」「命」「優しさ」「思いやり」などであることがわかりました。また、これらを守る生活が子どもたちの向かいたいよりよい方向で、そこに向かう際に働く感情や感覚が家庭科授業で育てる子どもたち一人ひとりの「美意識」だと捉えました。

(2) 個々の感覚

「感覚」というと直感的なイメージがあるでしょう。ですが、この「感覚」とは直感的なものだけでなく、学習を深めたり家庭での経験を重ねたりすることによって確かとなった「感覚」を主に指しています。例えば、家の冷蔵庫にある材料を使って何かおかずをつくろうと考えたとします。冷蔵庫にある材料で何ができるのか、必要な人数分ならどれくらいの分量をつくればよいのか、つくる分量に合った調味料はどれ

くらいか、などは確かな知識・技能に支えられている「だいたいこのくらい」という感覚的な見当のつけ方です。また、そこには家族の好みや健康を思いやる工夫なども自然と含まれ、これこそが家庭科授業で育んだ「美意識」を主体的に働かせている姿だと考えています。

2．家庭科で「美意識」を育てる授業の条件

家庭科における「美意識」を「個々の感覚」としたのは、授業づくりの根底に、子どもたちには教師の枠の中だけで活動してほしくないという思いがあるからです。それは同じものを目指すのではなく、子どもたちそれぞれが、よりよい方向を向いている授業であり、家庭科で「美意識」を育てる授業の条件と言えます。

家庭科の学習のまとまりは「単元」ではなく「題材」です。これは、教師が工夫をして題材をつくることが求められているということで、「美意識」を育てる授業を工夫しやすいということでもあります。図1は「美意識」の評価観点がすべて当てはまる題材「思い出に魔法をかけてプレゼント」の活動例です（内容・活動を一部抜粋）。

図1

学習内容	実際の活動	「美意識」の評価観点
製作計画 製作	・材料にする（家族の思い出がある）布製品を準備する。 ・作品のデザインを決める。 ・使い方を考えながら工夫して作る。	・共に幸せになること ・好き嫌い、好み ・自分のこだわり
製作後の リフレクション	・使いやすさや問題点を考え、話し合う ・豊かな生活について考え、話し合う	・役に立つこと ・共に幸せになること
発展課題	・布、布製品の活用について、世界的な課題であるサステナブルな生活について調べたり、わかったことから意見交換したりする。	・役に立つこと ・共に幸せになること

この題材で思い出のある布製品をリフォームするねらいには、ミシン縫いの技能定着だけでなく、作品製作を通して家族との関わりを深めたり、生活を豊かにしたりすることもあります。このように、家庭科でも「子どもの美意識を評価する観点」を意識した題材づくりは十分可能です。しかしそれは、「見方」を意識して働かせる場面などが授業の中になければ、「美意識」を評価することが難しいということでもあります。「美意識」を育てる授業を工夫することは、日々の授業を改善する大きな視点でもあるのです。次に、「美意識」の評価観点から家庭科における授業場面例（図2）を挙げてみましょう。

図2

「美意識」の評価観点	授業場面例	内　容　例
①好き嫌い、好み	・自分で決める ・自分で選ぶ	・製作するもの、調理するもの、材料、図案、色
②自分のこだわり	・目的をもって工夫する	・自分が決めた使い方からデザインを考える ・忙しいお父さんのためのお弁当を考える
③役に立つこと	・試す ・実践する ・リフレクション	・製作した物を使う ・学習を生かして、家でやってみる ・活動や実践をよりよくする、他の課題で生かす
④共に幸せになること	・家族や友だちとの関わりから学びを深める	・自分の家で工夫していることを知る ・家族の思いや願いに気づく ・友だちの意見や活動を自分と比べる

図２で挙げた「授業場面例」の他にも、これまでも工夫してきた様々な学習過程があります。今後も、題材によって働かせる「美意識」の違いに留意しながら、「個々が目指すよりよい方向」を意識した授業づくりを続けたいと考えています。

3．家庭科で「美意識」を育てる授業の実際

実践題材❶

⑴題材名　第５学年「縦の旅をしよう」

⑵題材について

本題材の開発は、家庭科では使われることが多い言葉「地域」について、その指す内容が社会の変化などによって大きく変わったことを子どもたちと共有したいという教師の思いからはじまりました。「地域」を強く意識させるのは、小学校と中学校の学習をつなぐ6年の終わりがよいのではないかと当初は考えましたが、子どもたちの記述などを見ると２年間の小学校家庭科でこそ必要な視点であることに気づき、ガイダンス（５年生はじめ）として指導するのがよいと現在は考えています。

⑶題材の目標

○家庭生活と家族の大切さに気づく。（知・技）

○家庭生活における、家族との協力や地域の人々との関わりについて考える。（思・判・表）

○家族の一員として、生活をよりよくしようと、２年間の学習の見通しをもち、課題の解決に向けて主体的に取り組んだり、振り返って改善したりして、生活を工夫し、実践しようとする。（態度）

⑷指導計画（全３時間）

次	小題材名（時間）	主な学習活動
1	家庭科の はじまり、はじまり （0.5）	・これまでの生活や学習で、できるようになったことを振り返る。 ・６年のおわりに「家庭科学習を通して、できるようになったこと」を発表している先輩の動画をみて、感じたことを交流する。 ・個々に、家庭科学習への取り組み方を考える。
2	縦の旅をしよう （2.5）	・「地域」のイメージを交流する。 ・カズオ・イシグロ氏のインタビュー記事から考えたことを交流する。 ・「縦の旅」 読み聞かせや多様性などの視点で絵本を読んで、考えたことを交流する。 ・個々に、地域の人との関わりや、家庭科で学んだことの生かし方を考える。

⑸「美意識」を育てる授業の実際（①～④は「美意識」の評価観点と対応）

①好き嫌い、好み

絵本を読む場面では、どの絵本を手に取るかを自分で決めました。学校司書がテーマごとに色分けしたシールを貼って分類しましたが、「全部の色の本を読もう」と促すにとどめました。また、子どもの視点で読めるようにテーマも知らせませんでした。

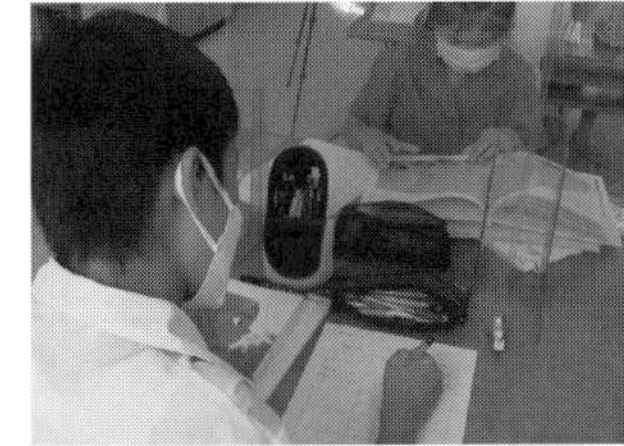

②自分のこだわり

学校司書の読み聞かせから、絵本をよむ視点（「縦の旅」の視点）を考えました。また、絵本を読みながら気づいた視点もありました。

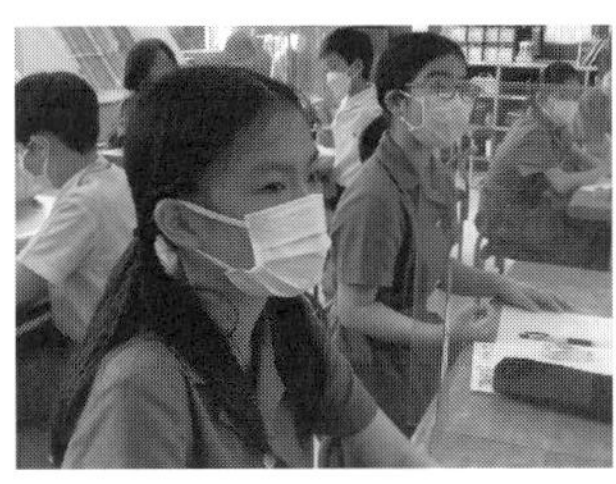
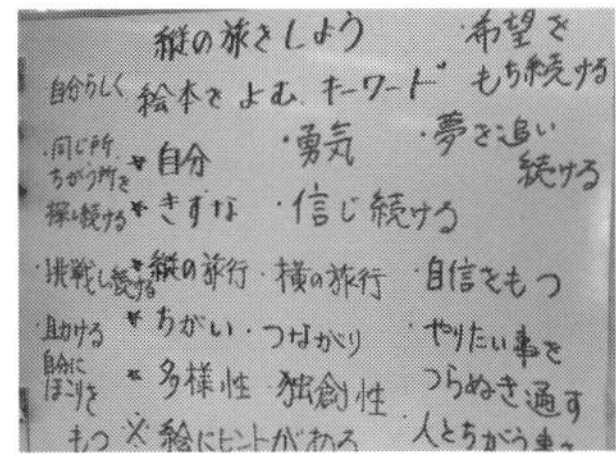

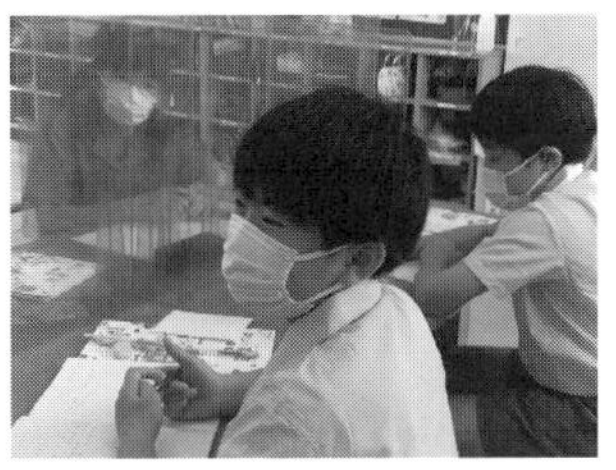

④共に幸せになること

「『縦の旅』とはなにか」、「これからの生活にどう生かせるのか」を話し合いました。授業の最後には、学級での毎日の生活も「縦の旅」だということに気づけました。

クレッシェンドのように広がる

縦糸と横糸のように

距離は近いけど絆は深い

実践題材❷

⑴題材名　第５学年「五つ星で学ぶ　掃除、整理・整とん」

⑵題材について

これまでにも子どもたちは学習過程や課題を「五つ星」で表した題材を段階的に経験してきました。すると、子どもたちにとっての「星」が教師の示した学習内容のまとまりから、自分ごととしての課題へと変化していったように感じられました。

そこで本題材では、さらに学習を子どもたちに委ね、学習過程を考えたり活動を工夫したりさせることにしました。また、調べたり実践したりすることに加え、グループ毎に活動内容を交流することを通して、子どもたちが主体的に学ぶ力を高めることも期待しました。

本題材のような学習過程は、結果的には題材の時数を減らすことにもつながると考えています。

⑶題材の目標

○住まいの整理・整とんや清掃の仕方を理解しているとともに、適切にできる。
（知・技）

○整理・整とんや清掃の仕方について課題を設定し、様々な解決方法を考え、実践を評価・改善し、考えたことを表現するなどして課題を解決する力を身につけている。
（思・判・表）

○課題の解決に向けて主体的に活動の仕方を考えたり、振り返って改善したりすることで、生活を工夫し実践しようとしている。　（態度）

⑷指導計画（全５時間）

次	小題材名（時間）	主な学習活動・内容
1	どう学ぶ?（1）	・教科書50～57頁の内容の学び方を考える。 □目標 □五つ星の設定 □学習方法 □目標が達成できたかを証明する方法 □その他
2	自分たちで やってみよう！（3）	・計画した学び方に沿って活動する。 ・必要な場合は他のグループと交流する。
3	成果を発表しよう！ （1）	・自分たちの計画した学び方や、やってみてどうだったかを交流する。 ・１人１人が自分のこれからの生活に、今回の学習をどう生かせるかを考える。

⑸「美意識」を育てる授業の実際（①～④は「美意識」の評価観点と対応）

②自分のこだわり

教師から示した「五つ星」には、まず「掃除の順序」を入れました。学習内容のまとまりとして、「掃除」と「掃除の順序」では、大きさがだいぶ違うので、他の星を子どもたちが考えるヒントとして、教師が星を示すことが必要だと考えたのです。また、グループでの活動をしながらも、常に個々が自分の生活と比べながら学習が進められるよう、５つ目の

星は「自分のキラ星」としました。さらに、これらも各グループで変更してよいことにしました。

教師からは、学習環境として1.教科書にある活動をやってみる　2.図書室の活用　3.ビデオ教材の活用　4.パソコンの活用　5.家庭科室・教室の活用を提案しました。

まずは道具箱の物を全部出してみよう

図書室の先生に本の整理・整とんについてインタビュー

物を入れる前にきれいにしたくなった

③役に立つこと

学習の目標や方法などを交流しました。どのグループも「調べる」「やってみる」「話し合う」などをバランスよく計画し、活動できました。また、「わかったこと」「できるようになったこと」を証明するために、発表の中で実際に道具箱を短時間で整とんして見せるなど、家庭生活でも活用できることを感じさせる姿が見られました。

家庭科室の前では3つのグループが集まって自主的な中間交流会

学習の方法、順序
本やネットで掃除、整理整頓について調べる。
↓
ビデオを見る。
↓
実際に机の中を整理してみる。
↓
結果をまとめる。

発表に使われたスライドの1枚

「しめりぶき」をやって見せよう

実践題材❸

⑴題材名　第5・6学年「目指せ！ステキな6年生」

⑵題材について

本題材は、今期学習指導要領に新設された「家族・家庭生活についての課題と実践」です。5年末から6年はじめと学年をまたいで行うことから、題材開発には次の2点を特に意識しました。

1. 子どもたちが課題をもって（計画的に）活動するとともに、活動する中で生じる課題にも自分なりに工夫して対応できるような学習過程
2. 友達と自分の実践とを比べて交流できるような、実践に関わる共通の視点（本題材なら、ステキな6年生になるための実践）の設定

1次は5年生の終わりです。はじめに1年間の家庭科学習を振り返ることを通して、自分ができるようになったことを確認しました。次に、6年生としての生活や学習をイメージしながら、どんな準備が必要となるかを考え、できるようになったことと関連させながら自分の課題をもちました。実践するのは春休みです。ここでは、自分の課題をもとに活動する（計画実践）と、実践中に起きたトラブルや、計画外に必要が

生じた活動（場面実践）についても大切な機会と捉え、やったことをまとめてくるようにさせました。

⑶題材の目標

○５年生の学習活動を振り返ることを通して、家族や地域の人々との関わりに関心をもち、生活を大切にしようとする。（態度）

○６年生の生活や学習に見通しをもち、その準備について考えたり自分なりに工夫したりしている。（思・判・表）

⑷指導計画（全４時間）

次	小題材名（時間）	主な学習活動・内容
1	私ができるようになったこと（2） 5年	・5年生の学習を振り返る。 ・6年生の生活や学習をイメージして、5年生の学習を生かしてできる準備を考える。 ・ワーク「自分の大切なもの」を再度行い、結果について話し合う。
学習を生かした実践についてまとめる。（春休み）		家庭学習 ・実践したことについて。 ・6年の学習や家庭生活に生かしたいこと。
2	目指せステキな6年生（2） 6年	・実践したことを発表し合う。 ・さらに、よりよい生活にするための改善策を考える。

⑸「美意識」を育てる授業の実際（①～④は「美意識」の評価観点と対応）

②自分のこだわり

５年生の終わりに、１年間の家庭科学習を振り返りながら、自分ができるようになったことを確認しました。また、「みんなの進んでいる先には何があるのかな」という投げかけから、５年生はじめに行った「自分が大切なものをみつけるワーク」を再度行う提案をして、結果から話し合い（リフレクション）をしました。子どもたちからは、「本当に大切なものは、よっぽどのことがないと変わらない」「１回目は目に見えるものが大切だったけど、今は目に見えないものの方が大切に思える」などの意見が出され、成長の姿には様々あると改めて感じるとともに、子どもたちに「美意識」が育まれ、成長しているように思えました。

③役に立つこと

６年生はじめの授業で実践報告会をしました。まずはグループ内で交流し、その後で希望者が全体に向けて発表してから意見を出し合いました。ここでは、発表だけで終わらないように、「ステキな６年生としてこの実践はどうかな」「みんなの実践はど

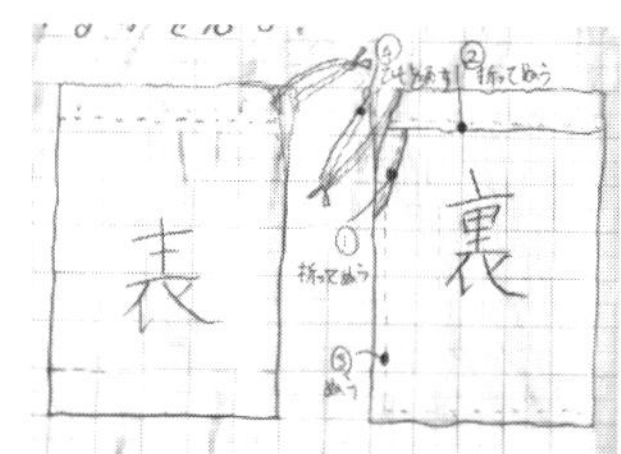

製作順序を示した図

オンラインで参加している児童の発表

クイズを入れて楽しく発表

んなことにつながっていくのかな」などの投げかけをし、話し合うこと（リフレクション）で成長を実感させるようにしました。

実践題材❹

⑴題材名　第6学年「お米の調理自由自在！」

⑵題材について

日本の伝統的な日常食である米飯についての知識や技能は、小学校家庭科において必ず学習する内容です。固い米が柔らかい米飯になるまでの一連の操作や変化を実感的に捉えて炊飯できるようになることをねらいとしていますが、家庭では自動炊飯器を利用することが多いために、学習したことを生かした実践をする機会が少ないのが現状です。そこで、身につけた米飯についての知識や技能を活用して、現在も家庭において鍋で調理されることが多い「お粥」についても取り上げることにしました。また家庭で「お粥」を調理する場合には、何かしらの理由があることが予想されることから、実習計画を立てる際には家族への思いや、関わりを大切にさせ、実践を継続する意欲を育みたいと考えました。

⑶目標

○日本の伝統的な日常食である米飯及びお粥に関心をもち、調理しようとしている。（態度）

○おいしい米飯及びお粥について考えたり、自分なりに工夫したりしている。（思・判・表）

○米飯及び目的に応じたお粥の調理ができる。（知・技）

○米飯及びお粥の調理の仕方について理解している。（知・技）

⑷指導計画（全9時間）

次	小題材名（時間）	主な学習活動・内容
1	やっぱりいいね！ ほかほかごはん（4）	・ご飯とふりかけの実習計画（1） ・調理実習（2） ・実習のリフレクション（1）
家庭学習	お粥について、家の人にインタビューしたり、調べたりしてくる。	
2	心と体にやさしい おかゆを作ろう（4）	・お粥の実習計画（2） ・調理実習（2）
3	お米の調理は 自由自在？（1）	・学習してわかったことや感じたこと、家で実践したこと、などを発表し合い、自分が今後の生活に生かしたいことを考える。

⑸「美意識」を育てる授業の実際（①～④は「美意識」の評価観点と対応）

①好き嫌い、好み

水加減と火加減で、好みのご飯が炊けることがわかった子どもたちはグループで相談しながら、調理計画を立てました。グループでの実習に自分の好みとのズレがあった子は、家庭実践への意欲が高まりました。

好みのご飯にするには、正確に計量することが大切

他のグループのご飯も試食、違いはあるかな?

④共に幸せになること

お粥についての家庭学習では、離乳食の話や、自分が赤ちゃんだった頃の様子を聞くことができた子どももいました。また、お粥をつくってあげたいという気持ちになった子も多く、家族との関わりが深まったことが感じられました。以下は、題材の学習が終わってから家庭実践をした子の記録です。

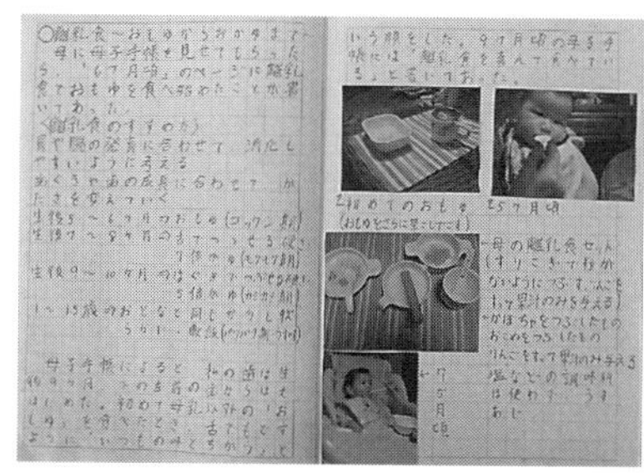

家庭学習では家族との関わりを深められた

「朝から健康！きれいな３色おかゆ」

「お料理は味と色が大切なんだな」と、私はいろいろなお料理を見て思っています。だから今回も、簡単にできるおかゆでも「色と盛り付け」を大切にしたいと思いました。そして、「朝から」としたのは、前に授業で「朝に炭水化物を摂ると脳によい」と教わったからです。（途中略）色も栄養も温かさもそろった、このおかゆを家族に食べてもらいたいです。

実践題材❺

⑴題材名　第６学年「どう使う?どう作る?Ⅱ」

⑵題材について

５年生の手縫いの学習では、使い方を決めてから形やつくり方を考えてフェルトの小物を製作しました。小物の使い方に合った、大きさやデザイン（吊るして使うから、かけるひもを縫い付ける必要があるなど）を考えることは、子どもたちに作品製作の目的をもたせるだけでなく、製作意欲を高めることにもつながりました。しかし、フェルトは端の始末がいらないことや小物は縫う長さが短いことなどから、製作計画の必要性を十分に子どもたちに感じさせることはできませんでした。そこで、最終的には子どもたち一人ひとりが自分のつくりたい作品をイメージ通りに完成させられることを目標として、本題材では製作計画を立てる力を重視した指導を展開しました。製作計画として最初に考える必要があるのは、製作の順序です。順序を決定する規準は「作業できる」「作業しやすい」「見栄えよく仕上がる」などが挙げられますが、「作業しやすい」「見栄えがいい」という規準は、子どもたちに実感させることが難しいとこれまでの指導から判断し、本題材では「どんな作品をつくることができたら自分は嬉しいのか」について話し合い、その後の製作活動につなげました。

⑶題材の目標

○製作の手順について理解し、よりよい製作手順を考えることができる。
（思・判・表）

○目的に応じた縫い方などについて考え、工夫して製作計画を立てることができる。
（知・技）

⑷指導計画（全４時間）

次	小題材名（時間）	主な学習活動・内容
1	どう作る? (2)	・２つの実物見本のつくり方を考える。（観察して手順を決める、考えた手順を実際につくって確かめる） ・製作手順の決め方、よりよい作品について話し合う。
家庭学習　製作する作品の使い方を考える		
2	どう使う? こう作ろう！ (2)	・自分がつくる作品の製作計画を立てる。 ・製作手順についてや本題材でわかったことを友達と交流する。

⑸「美意識」を育てる授業の実際（①〜④は「美意識」の評価観点と対応）

①好き嫌い、好み

表面

裏面

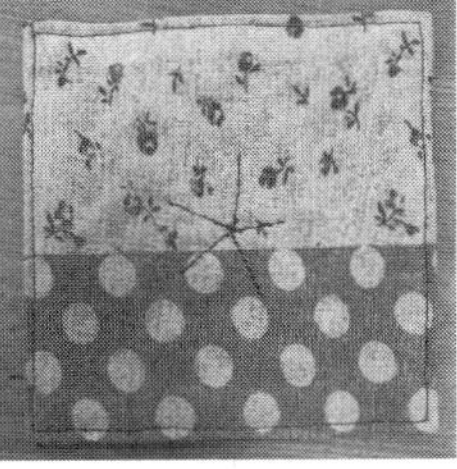

はじめにつくり方を考えたのは、教師がつくったコースターです。実際に手に取り、縫い目を見ながら予想を立てました。その後、裏面の縫い目に注目させ、もし自分が縫い目を出さないようにつくりたいと思うなら、制作の順序をどうかえればいいのかを考えました。このことで、「より見栄えよくつくる」ための製作手順があることに気づけました。

②自分のこだわり

次につくり方を考えたのは、コースターより製作手順の多い、お弁当包みです。しかし、各グループに配られたお弁当包みは、教師の完成イメージのイラストとはだいぶ違っているものでした。子どもたちは、コースターのときのように実物見本を観察するに加え、短冊に製作工程や注意することを書きながら、教師の完成イメージのイラストに近づけるよう、サイズやつくり方をかえて考えることができました。

端を結んでもイラストみたいにはならないよ!

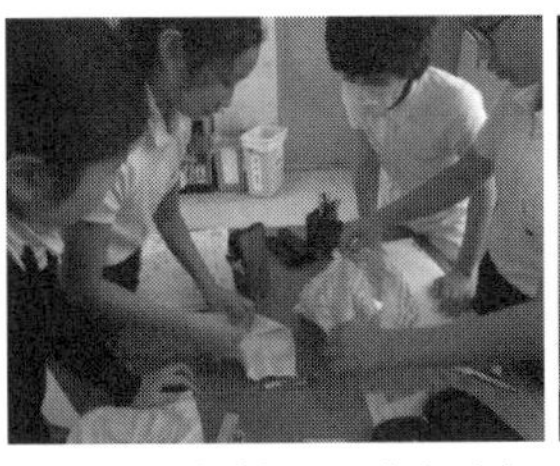

ハンカチを折って確かめれば、縫う順序がわかるかな?

③役に立つこと

よい製作手順について話し合う中で、そもそも教師がイメージしたお弁当包みは、お弁当を持ち歩くのに適切かということが話題になりました。そこで、お弁当包みとしての必要な条件を出し合うことで、「見栄えよくつくる」だけでなく、「使いやすさ」や「丈夫さ」などがあってこそ、生活の中で役立つ作品になることに気づけました。

4．家庭科で「美意識」を育てるカリキュラム

本校家庭科部では、以下を「教科の本質」と捉えています。

人がよりよい家庭や社会（Well-being）を希求することを前提とし、誰しもが直面する生活の問題を永続的な実践課題として捉え、その解決過程を探究する方法を学習することを通して、実際の生活における課題と主体的に向き合う力を育むこと。また、自分自身の働きかけによって未来を創造することができるという前向きな思いを、各学習活動において育み高めること。

「美意識」を育む家庭科授業は、「教科の本質」と重なるところが大きいという考えのもと、今回「美意識」を育み、磨くための、「子どもたちの成長」をテーマにした家庭科カリキュラムを作成しました。２年間の学習は、成長を支える題材を骨組みとして構成されています。それは、題材「縦の旅をしよう」と「縦の旅を続けよう」を入口・出口とし、その他の様々な題材は、大題材「見つけよう私らしい豊かな生活」としてまとめることができると考えています。また、５年生と６年生の学びは、題材「めざせ！すてきな６年生」がつないでいます。これは、指導内容A⑷「家族・家庭生活の課題と実践」にあたり、１年間の学習で成長した自分を実感し、６年生の学習へよいスタートが切れることを意図しています。さらに、時間数が少ない中での実際のカリキュラム運営は、指導の効率性を高めた題材と、子どもたちの追求活動に時間的にゆとりをもった題材とのメリハリをつけることが求められるでしょう。

各題材は、学習指導要領で示されている内容項目だけでなく、「安全」「ICTの活用」「SDGs」など教師が学びを継続して見守りたい指導の視点が様々考えられます。また、題材同士が影響することも期待しています。

「成長」がテーマのカリキュラム【５年】
☆実践題材❶～❸として紹介

成長を支える題材 成長のイメージ	題材の活動例 指導における学習指導要領の内容 A家族・家庭生活	B衣食住の生活	C消費生活・環境
☆❶縦の旅をしよう(3) 自分はこれまでに 家族の支えで成長してきた	絵本を活用して「多様性」について考えよう		
	（１）ア ガイダンス		
見つけよう私らしい豊かな生活／「美意識」を育もう			
家族と HOT・ホッとタイム	家族と一緒に家の仕事をやってみよう		
	（２）アイ （３）アイ	（２）ア（イ）	
どう使う?どう作る?Ⅰ	使い方を考えてよりよく作ろう		
		（４）ア（イ） （５）アイ	
ゆでていためて ナイスクッキング！	実習で確かめることを考えよう		
		（２）ア（ア） （イ）（ウ） （エ）	
☆❷五つ星で学ぶ 掃除、整理・整とん	学習方法を自分達で考えて取り組もう		
		（６）ア（イ） イ	
大切に使おう！ 上手に買おう！	宿泊行事のお土産から考えよう		
			（１） （２）
ドキドキ！ ミシン縫いの練習 ようこそ！ ミシンスクールへ	教え合いの準備で力を高めよう		
		（５）ア	
☆❸目指せ！ステキな６年生 家族に１年間の成長を 表して一緒に喜びたい	ステキな６年生をイメージしてみよう		
	（４） 家族・家庭生活の課題と実践		

「成長」がテーマのカリキュラム【６年】
☆実践題材❸～❺として紹介

成長を支える題材 成長のイメージ	題材の活動例 指導における学習指導要領の内容 A家族・家庭生活	B衣食住の生活	C消費生活・環境
☆❸目指せ！ステキな６年生 春休みの実践を交流し ６年生の家庭科を スタートしよう	失敗や実践しながら気づいたことも交流しよう		
	（４） 家族・家庭生活の課題と実践		
見つけよう私らしい豊かな生活／「美意識」を磨こう			
☆❹お米の調理 自由自在	いろいろな方法でご飯をたいてみよう		
みそ汁 わが家のコツ		（１）アイ （２）ア（ア） （イ）（ウ） （オ） イ 食事の役割	
	コツを生かしておいしいみそ汁をつくろう		
	栄養・献立	（３）アイ	
夏を快適に 過ごそう	すずしく、さわやかな着方・住まい方を工夫しよう		
		（４）アイ （６）アイ	
☆❺どう使う? どう作る?Ⅱ	製作の順序を工夫しよう		
		（５）ア（ア）	
思い出に魔法をかけて プレゼント	思い出のある布製品をリフォームしよう		
		（５）アイ	
今、ここを快適に	その場所の役割を考えて、快適な生活を工夫しよう		
		（４）アイ （６）アイ	
縦の旅を続けよう ２年間の成長を 中学生の学びにつなげよう	自分らしい豊かな生活をイメージしよう		
	（１）ア （３）アイ		

参考資料　小学校学習指導要領（平成29年告示）解説　家庭編/2017年
筑波大学附属小学校研究紀要　第76集/2020年,第77集/2021年

体育科 「美意識」を育てる ～新しいカリキュラムの創造～

体育科教育研究部　眞榮里耕太　平川 譲　齋藤直人　山崎和人

1．体育科で育みたい「美意識」とは

体育科における美意識は、次のように定義しています。

体育科における「美意識」とは、その子の「できそう」「上手になりたい」「できるようになりたい」という思いや運動の「みえ方」をもとに、運動の技能や「見方」を獲得し、自他の運動学習に生かしていこうという心の働きである。
それは、「共に幸せに生きるために発揮される資質・能力」の源である。

体育授業は、主に運動・スポーツに取り組み、それらにかかわる運動感覚・技能の習得や向上をねらいとしています。この運動感覚・技能は、ある特定の運動・スポーツの感覚・技能に特化するものではなく、様々な運動・スポーツに活かせる汎用的な感覚・技能であることが望ましいと考えています。すなわち「動ける身体」の育成を第一のねらいと考えているからです。

ただし、自分だけが技能を身につけ、上手になることを目指すのではなく、一緒に活動する仲間と共に上達することを目指します。このように運動感覚・技能の習得に加えて、仲間とのかかわりを学ぶ中で「美意識」を育むのです。

また、子どもたちが、新しい運動との出会いの中で、個人の技能を習得する際には、それまでの経験を活かして既習の運動との類似点を探してみたり、つながりを発見したりそれらを学習の中に活かせる機会を設定していきたいと考えます。それらは「以前取り組んだ○○に似ている」と、つながりを見つけ、「あのときの方法を使ってみよう」などと既習の知識や技能を活用して試行錯誤する姿がみられます。過去の成功体験がもとになって、「なんとなくできそう」「やってみたい」という、運動への高い意欲づけに繋げられるような授業づくりを心がけています。

例えば、「回転する」という動きの仕組みは、活動する場が鉄棒やマットであっても回転前半は、腰の角度を広げて勢いをつけ、回転の後半に身体を丸めて半径を小さくするという原理が共通することに気がつくようにしていきたいのです。

また、技能を身につけて一度できるようになった運動に対しても「こだわり」をも

ってさらに追究する姿勢を育みたいと考えます。例を挙げると、「技の回数を増やすこと」「動きのスピードを変化させる」など運動・スポーツの楽しみ方すなわち「こだわる」ポイントを増やしていくことをねらうのです。

その上で共に幸せになるための方法として子ども同士の「お手伝い（相互補助)」が有効であると考えています。これまでも「お手伝い」は、体育授業の中で大切にしてきた学び方の一つです。共に幸せになるための方法として焦点を当てています。

仲間が困っていたら「お手伝いをする」、自分が困っていたら「手伝ってもらう」ということを常に意識させておきます。そのため、お手伝いについても低学年から継続的な取り組みをすることが重要であると考えられます。

体育授業の中で「美意識」を育むことによって、次のような姿が子どもたちに現れてくると考えています。

①動きや楽しみ方に素直に向き合い、追求したいことを見出すこと
②運動の楽しみ方に向き合い、正しいと思ったことを実行すること
③動きや楽しみ方に向き合い、よいと思ったものを取り入れること
④動きや楽しみ方に向き合い、新たな価値を共に創造することを楽しむこと
⑤自らの動きや楽しみを成長させようとすること

2. 体育科で「美意識」を育てる授業の条件

上述している通り、体育授業のねらいについての基本的な考え方に変更はありません。それらの考えの上で「美意識」を育てるための条件として次の５つをあげています。

①味わわせたい教材の美を吟味し、それに対する子どもの「みえ方」を表出させること
②「みえ方」を自覚化し、新たな課題や方法を見出すリフレクションや、「みえ方」を検討し、「見方」へと深めるリフレクションを行う
③「見方」を意識して働かせる場面をつくる
④子どもの「美意識」を評価しながら授業を展開する
⑤「内容の美」と「方法の美」を分けて捉える

①味わわせたい教材の美を吟味し、それに対する子どもの「みえ方」を表出させること

体育科における教材の美は、次のように捉えています。

○基礎感覚づくりや技能の獲得を確実に進めることを意図した教材
○発達段階に合わせた系統的に積み重ねられた教材

子どもたちが「できる・できそう」な教材を繰り返していくことによって、子どもたちは意欲的に運動に取り組むようになります。体育授業では、運動の「成功」と「失敗」が目に見えて明確に表れてしまいます。苦手な子にとっては、「失敗」や「できない」が繰り返されると運動そのものが「嫌い」になってしまう可能性があります。それは、マイナスの「みえ方」です。このようにならないためにも、低学年からのスモールステップによる積み重ねが必須です。これにより、既習の経験をもとにした好意的な「みえ方」と運動に対する好意的な感情をもたせることができます。

②「みえ方」を自覚化し、新たな課題や方法を見出すリフレクションや、「みえ方」を検討し、「見方」へと深めるリフレクションを行う

これまでの体育授業でも、取り組みを振り返る活動は取り入れていました。子どもたちの「見方」を深めるためには、授業の最後のまとめや単元終盤のまとめだけではなく、子どもたちが、取り組みについて振り返る機会を頻繁に用意することがのぞましいでしょう。「できる」ようになるために試行錯誤することによる自分自身と対話や、活動中の仲間とのかかわりの中で深めていく他者との対話、自分の経験と仲間とのかかわりを組み合わせる自他との対話を振り返ります。

③「見方」を意識して働かせる場面をつくる

6年間の指導計画の中でトピック的な内容を配列するのではなく、感覚・技能につながりのあるものを配列していきます。これにより子どもたちに「みえ方」を表出させ、それを「見方」へ深めていくのです。このように既習の「見方」を深め、リフレクションすることをスパイラルに繰り返すことで意識化させていきます。

④子どもの「美意識」を評価しながら授業を展開する

子どもたちが運動教材に出会ったときには、はじめ自分にとって「楽しそう、つまらなそう」という「みえ方」が優先されます。

そして2つ目の段階では、自分自身のもっている感覚や経験値をもとに自分なりのかかわり方をしようとします。

3つ目では、自分自身をよくするためのものと捉えることができます。それぞれの目的を達成するために必要になってくるものを「美」と捉えることができます。

表1 「美意識」を評価する観点

	美意識の観点	特徴	
1	好き嫌い、好み	直感的 嗜好的	自己了解
2	自分のこだわり	感性的 個性的	
3	役に立つこと	合目的 個別条件的	共通了解
4	共に幸せになること	普遍的 互恵的	

4つ目では、自分自身をよりよくすることはもちろん、仲間と共によりよくなりたい、仲間をよりよくさせたいという想いや願いを達成させるために、普遍性や一般性を見出し、それを周りのために活用し、仲間の達成をも心から共感する姿を「美」と捉えることができます。

⑤「内容の美」「方法の美」を分けて捉える

体育科では、子どもたちが次々とめあてをもって取り組めるような教材、様々な角度から取り組むことのできる教材、発展的な取り組みができる教材に「内容の美」があると考えています。換言すれば、一つの技ができたか、できないかできそうかで終わる教材ではなく、入り口は入りやすく、そこから発展して奥行きがあったり、広がりがあったりする教材です。

「方法の美」については、「お手伝い」と「対話」を主軸とします。

「お手伝い」は、自分自身が「できる」ようになることに加え仲間が「できる」ための方法です。このことに子どもたちが価値を感じるように育てたいと考えます。

「対話」は、子どもたちが自由にかかわるような場を保障することで出現しやすくなります。決まった班のメンバーだけではなくフリーな場や時間を与えることで、困っている仲間にどのようにかかわればいいのかを主体的に考えて対話する姿が出てくると考えています。（文責　眞榮里耕太）

3．体育科で「美意識」を育てる授業の実際

【ダルマ回り「回転感覚」の実践】

ダルマ回りは、回転感覚を身につけ高める運動として、本校では最重点教材として扱っています。他の教材では難しい連続回転を十分に経験しておくことで、後方膝掛け回転や後方支持回転といった他の技にもつながる回転感覚を身につけることができます。これらの運動は、回転半径が異なるという技の違いこそあるもの、頭を落とし込んで一度逆さまの姿勢を経過し、元の姿勢に戻るという姿勢変化を伴う運動であることは共通しています。このような同じ基礎感覚を高める運動の系統を利用して、子どもの「美意識」を系統的に育てることができると考えています。

○ふとんほしブランコ

１年生から前回りおりやふとんほしを十分に行い、頭を前に落とし込む経験をしておくことで、２年生でダルマ回りに取り組むことができます。まず、ふとんほしブランコで体を大きく揺らすために、脚の曲げ伸ばしが必要であることを学習します。このことは、感覚としてつかむことと並行して、知識として獲得することも必要です。つまり、なんとなくできたという感覚から、どうやったらいつでもできるようになるのかという思考を働かせることで、いつでもできるという段階まで高めていきます。これを「美意識」の系統という観点で考えると、「『回ることができそう』という『みえ方』をもち、ふとんほしブランコやお手伝いダルマ回りのポイントである回転のための『見方』を働かせながらダルマ回りに挑戦することで回転感覚を身につけていく」と置き換えることができます。

○お手伝いダルマ回り

お手伝いダルマ回りは、前段階の教材であるふとんほしブランコが十分にできるようになってから行います。ここでは、鉄棒を軸とした回転を行い、元の姿勢に戻るこ

とや連続での回転を経験することになります。

また、お手伝いは、回転を助けるための正しいお手伝いの仕方を習得することで、これ以降のダルマ回りの学習で必要に応じて運動中の仲間の回転を助けることができるようになります。

〇ダルマ回り

お手伝いダルマ回りの段階で数人がお手伝いをしなくても回転してる段階で指導することで、子どもたちが運動のイメージをもちやすく、「やってみたい」「この運動できそう」という運動の「みえ方」を働かせます。そして、勢いをつけるために脚の曲げ伸ばしをしたことや仲間の運動を観察することを通してどのタイミングで力を入れるとよいかといった一人で回転するための「見方」を獲得していきます。さらに、獲得した「見方」をもとに仲間と助言し合ったり、お手伝いをし合ったりしながら一人で回転することができるように繰り返し取り組んでいきます。

ここで単元の中でも重要な位置づけとなってくるお手伝いについて紹介します。ダルマ回りのお手伝いとしては、試技している仲間に対して脚の曲げ伸ばしするタイミングを伝えることや、連続で回転している仲間の回数を数えることが主な活動となります。また、曲げ伸ばしのタイミングをつかめない子や、一人で回転するために練習している子に対しての回転の補助を行います。単元を通して同じ班で活動することで、お手伝いをしている仲間の運動の変化に気づくことがあります。これは体育科における重要な学びの機会であることから全体で共有します。

ふとんほしブランコの指導では揺れの大きい子を運動のモデルとして「どうして〇〇君は大きく揺れることができるのかな？」と問いかけました。すると「脚を曲げ伸ばししている」ということや「ブランコみたいに漕いでいる」といった発言がありました。また、「大きく曲げ伸ばしをすることで、大きく揺れることができるようになる」ということに気づきました。

伸ばしてー

曲げて！

図1　ダルマ回り

そこで、仲間の運動に合わせて、ふとんほしブランコの揺れを大きくするため「曲げてー、伸ばして」と繰り返し口伴奏をするお手伝いを行いました。この段階で子どもたちの発言に見られた、ブランコみたいな脚の曲げ伸ばしというのが運動の「見方」であり、これをダルマ回りの「みえ方」に繋げていきます。

一人でダルマ回りに挑戦する段階では、子どもたちは脚の曲げ伸ばしを繰り返し行い、何とかして回転するための勢いをつくろうと懸命になっていました。しかし、ダルマ回りは脚を曲げ、頭が上がってきたタイミングで、体幹に力を入れる締めの感覚が必要になります。そこで、全体を集合させて思考場面を設定しました。すでに一人で回転することができている子どもたちに「脚の曲げ伸ばしをやるだけで回転することってできるの？」と尋ねました。すると、「脚を曲げているときにお腹に力を入れている」という発言がありました。これは多くの子がなんとなく感じていたポイントであったことから多くの共感が得られました。そこで、一人で回転できる子をモデルとしてどのタイミングで力を入れるのかを確認する活動を行いました。すると、脚を曲げたタイミングで「今」と指摘することができたので、次にこれまで行っていた「曲げてー、伸ばして」の口伴奏に強弱をつけるように指示をしました。すると、「伸ばしてー、曲げて！」と曲げる所を強調すると共に、「曲げて」と「伸ばして」の順番が入れ替わりました。なぜ順番が入れ替わったのかを尋ねると、この順番の方がより力を入れることができるという返答がありました。つまり、「こうするとできそう」という運動の「みえ方」を働かせ、力を入れるということに気づき、どのタイミングで力を入れるべきかという運動の「見方」を獲得したと考えられます。この後の班での活動では、子どもたちの口伴奏が「伸ばしてー、曲げて！」と強弱をつけたもの変化し、曲げるタイミングで力を入れようと試行錯誤している姿が見られるようになりました。

（文責　山崎和人）

【ネット型ボール運動の実践】

写真１　ハンドテニス

○ハンドテニス

ネット型では、ボールを弾く、アタックで打ち込むというボール操作の技能をある程度身につけておく必要があります。

左写真の、バレーボールを用いたハンドテニスでは、まず、両手でボールを弾く操作に慣れる必要があります。ボールを弾く操作がある程度身につくと、相手コートの後ろやネット際、相手のいないスペースにボールを打ち込むことが有効であると認識してプレイするようになります。これがネット型ボール運動の普遍的な「見方」となります。

○アタックゲーム

ハンドテニスの場合、ボールを下から弾くので、著しくボールの速度を上げて打ち

写真２　アタックゲーム

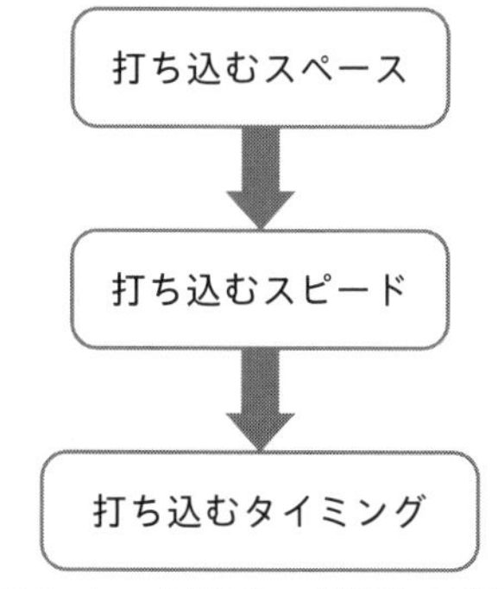

図２ ネット型ボール運動の系統

返すことは不可能です。これがバレーボールタイプのアタックゲームになると、ボールを強く打ち込んで、ボールの速度を上げて得点することも考えはじめます。相手のいないスペース、捕りにくいスペースに打つという「見方」をもとに、新しい「みえ方」を試すことになります。小学生の技能では強く打つことと、ねらったスペースに打つことの両立は難しく、スペースをねらう場合は、ある程度強さ（ボールの速度）を調整しながらの試行錯誤となります。

さらに単元が進むと、相手コートに強く打ち込むと見せかけておいて、相手がコート後方に下がったところで、手前に緩く落とすというようなフェイントを用いたり、相手がポジションを整える前に打ち込む速攻を用いたりするようになります。

この場合は、相手のいないスペースにボールを打ち込むという普遍的な「見方」を獲得した後、これを「みえ方」として、自分の「見方」を広げていく系統的な学びになったと考えられます。

ゲームの中でアタックを攻撃の手段とする場合は、ハンドテニスのボールを弾く操作と同様に、アタックの技能を高めておく必要があります。ネット型ボール運動の単元に入ってからこれを練習したのでは、ゲームを楽しめる時間が短くなってしまいます。体つくり運動領域の「用具を操作する運動」「用具などを用いた運動」の単元を活用してボール操作技能を高めることを推奨します。（文責　平川 譲）

【頭はね跳び「逆さ感覚」の実践】

６年生の頭はね跳びは、逆さ感覚を高める学びの系統の最終段階の教材です。

まずは、逆さ感覚を高める運動について具体的な教材を紹介しながら整理していきます。

逆さ感覚は、逆さの姿勢に慣れて、逆さになったときに自分の姿勢や、体の動きを認識できる感覚のことです。日常生活の中で逆さになる機会はほとんどないですが、体育授業で扱う教材の中では逆さ感覚を高める運動教材が多く存在します。

表１　「美意識」を評価する観点

学年	教　材
低	○おりかえしの運動 ○かべ頭つき逆立ち ○ひっぱり逆立ち
中	○かべ逆立ち ○側方倒立回転 ○ハンドスプリング
高	○ロンダート ○頭つき逆立ち ○頭はね跳び

ここではマットを使った逆さ感覚を高める運動についての系統について述べていきます。これらの運動の多くは自分の体を腕（または腕と頭）で支えた上で、自分の頭の位置よりも腰の位置が高くなる姿勢を経過していくことが共通しています。つまり、「みえ方」をもとに運動に取り組み、自分の動きと思考をつなぎ「見方」を獲得し、強化していく。それを次の教材では「みえ方」となり、子どもたち自身が動きと思考をつなぎながら学習に取り組むことが、結果として逆さ感覚を高める上で普遍的な「見方」を獲得することを可能にするのです。

○おりかえしの運動

おりかえしの運動の中でも、手足走りやうさぎ跳びは、逆さ感覚を養う第一歩目の教材と捉えています。頭の位置が腰よりも低くなった状態で運動することに慣れることが重要です。繰り返し取り組むことで、逆さ感覚はもちろん、腕支持感覚も高まっていきます。また、手押し車は、逆立ち系の教材に直接的につながる感覚や動き、つまり「みえ方」「見方」につながる部分が多いです。動きとしては①肘に力を入れて肘を伸ばすことと②お腹と背中に力を入れること（お尻を上にあげる）がポイントになります。この「見方」がこの先に出会う教材に取り組むときの「みえ方」になっていきます。また、仲間に足を支えてもらわなければできない運動であるので、体を支えるお手伝いの第一歩と言えます。仲間の体重を感じながら、しっかりと支えることで仲間をできるようにしたという経験がその後の学習に生きてきます。

○ひっぱり逆立ち

ひっぱり逆立ちは、かべ頭つき逆立ちの姿勢から、お手伝いの子が両足を上に引っぱり上げ、マットから頭を離し、腕で体を支えるかべ逆立ちの姿勢になる教材です。逆立ち姿勢のポイントを知識として、また感覚として獲得するのに非常に有効な教材です。腕で体を支える際には、手押し車で獲得した「見方」をもとに取り組みます。そして、さらに①肘に力を入れて肘を伸ばす際に、あごを上げて手と手の間を見るようにすることでより逆さ姿勢が安定するという「見方」を獲得することにつながります。お手伝いとしては、足を持ち上げて逆立ち姿勢にするだけではなく、逆立ち姿勢になった際の目線を確認し伝えたり、お手伝いを１人にするか２人にするか選ばせたりしながら、お互いに感覚を高めるためにかかわっていきます。

○ハンドスプリング

ハンドスプリングと聞くと、マット運動が得意な一部の子どもたちが取り組む教材と思うかもしれません。しかし、かべ逆立ちで獲得した「見方」をもとに試行錯誤することと、お手伝いを活用することで全員が取り組むことのできる教材として成立します。お手伝いの子が両手・両膝をマットに着いて台をつくり、試技者はその台に向かって逆さ姿勢になり、そのまま台を支えにして前方に展開して着地します。この際

に、試技者の肩甲骨とお手伝いの脇腹がぴったりつくように、着手のタイミングで体を寄せることを声をかけ合いながら意識させる。このお手伝いの方法を丁寧に確認した上で試行錯誤をさせる。それまで獲得した「見方」を生かしながら、技の習熟を図っていきます。この教材を通して、逆さ感覚がより高められるだけでなく、逆立ち系の技の普遍的な「見方」を獲得することにもつながっていきます。

〇頭はね跳び

かべを使わない頭つき逆立ちを扱った上で、お手伝い頭はね跳びについて、お手伝いの方法を含めて理解を図ります。

学習の第一段階としては、お手伝い頭はね跳びを行い、確実に着地をすることを目標に学習に取り組みます。学習を進める中で、「踏み切りのポイント」「三転倒立から足を伸ばすタイミング」「安定した着地のためのポイント」が課題となり、これまでの学習をもとにした「みえ方」から、試行錯誤を重ね、仲間と意見を交流させながら、「見方」を深め、課題の解決に向かっていきます。自分の感覚と思考をつなぎながら、お手伝いを一人にすることや、お手伝いのない頭はね跳びへと挑戦していきます。

お手伝いのない頭はね跳びでは、それぞれの“つまずき”（体を伸ばすタイミングがずれてしまう、勢いを制御できず着地が決まらないなど）に着目し、これまで取り組んできた逆さ感覚を高める運動の「見方」を生かし、課題解決の方法を考えながら取り組みます。同じ教材に全員で取り組んでいるからこそ、互いの運動を観察し、アドバイスし合いながら学習を進めることが可能となります。

お互いに高め合うためのお手伝いやアドバイスを有効に活用しつつ、自身の逆さ感覚を高め、自分に合った課題に積極的に挑戦する授業になっていくのです。　（文責　齋藤直人）

4.体育科で「美意識」を育てるカリキュラム

美意識は子どもたちの「みえ方」を「見方」に深化させることによって育まれると考えています。上述のようにこれらは、低学年から系統的に育成することができます。

(1)「みえ方」・「見方」・技能の関係

新しい運動教材に出会ったときや、初めて試したときの「みえ方」と、子どもが知識として獲得した、運動ができるようになるためのポイントである「見方」、これら２点と技能の関係を学習の段階を追って整理します。

①運動を試す段階

子どもは、既習の運動や、授業以外の運動経験に関する「見方」をもっている状態で新しい運動に出会います。子どもがもっている「見方」は、新しい運動に対する「みえ方」に影響を与え、「できそう」「難しそう」「あの運動に似ているな」等の「みえ方」をもつことになります。

②思考する段階

個別の思考や、学級全体での思考場面を経て、取り組んでいる運動教材の「見方」を獲得します。これは、子どもがもっている「みえ方」を、強化させたり、変容させたりする場面でもあります。

③試行錯誤する段階

獲得した「見方」をもとに、運動を繰り返したり、ゲームで実現するように試してみたりします。ここでは、技能を獲得することにより、「見方」を強化することができると考えられます。獲得した「見方」、子どもによっては獲得後に強化された「見方」は、次の類似の運動に出会った際に子どもがもつ「みえ方」「見方」技能のサイクルで子どもの中に培われていきます。

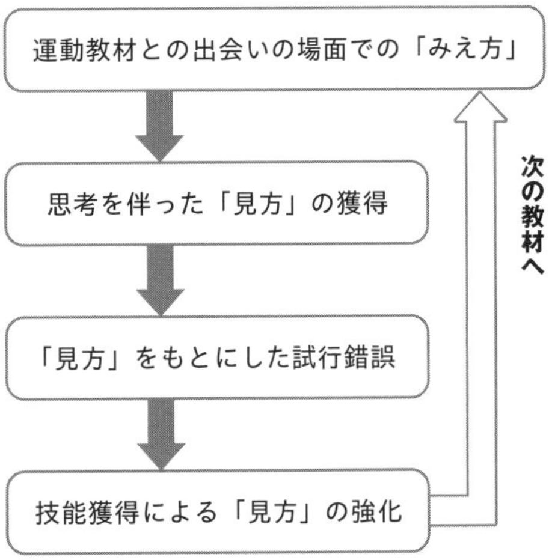

図３　「みえ方」「見方」技能のサイクル

(2)「見方」・技能の系統

「見方」・技能を系統的に学ぶためには、運動経過や学ぶべき「見方」が似た教材をカリキュラム内に配置することが肝要です。類似の運動教材を経験することで、以前に獲得した「見方」が、新しい運動教材との出会いの際に「みえ方」に影響を及ぼすのです。

（文責　平川譲）

(3)カリキュラム作成に当たって

○感覚・技能を柱にする

現在、体育授業における学びの系統について手がかりとなるものは、学習指導要領のみです。学習指導要領では、運動・スポーツ（コンテンツベース）を柱とした領域毎のカリキュラムが編成されています。今回の「美意識を育てる」研究の中で体育科では、各種運動・スポーツの内容の美を捉えながら、子どもたちの「みえ方」を取り入れてカリキュラムの作成を進めています。ここでいう子どもの「みえ方」は、50m走は「走る」、後方支持回転は「回転する」といった動きそのものの捉え方です。カリキュラム作成に向けてまずは、授業で取り組む各種運動・スポーツ教材を通して、子どもたちに身につけさせたい感覚・技能を以下のように抽出しました。

・走る・手足を協調する・逆さ・回転する　・跳躍する・腕支持
・脱力する・振動する　・投捕・潜る、浮く、進む・なわをとぶ回す
・チームで連携・リズムに合わせる・お手伝い

ここで抽出した感覚・技能は、子どもたちが、はじめて運動・スポーツと出会ったときの「みえ方」にも共通するところです。

これまでは、コンテンツを柱にしてカリキュラムを基にして、各学年で系統的に取り組んできました。しかし、このコンテンツの縛りが厳しかったです。類似する運動感覚・技能を習得することを目指していたとしても、他の領域として扱っていました。そのため、領域毎の時間数のバランスをとることに気をつかっていました。感覚・技能で系統性の柱を立てることができれば、これまでは、一見するとつながりが少なかった領域をつないでいくことができます。

○共に幸せに生きるための手段としての相互補助活動（お手伝い）

長年、本校の体育授業の中で大切にしてきた子ども同士の「お手伝い（相互補助）」を通して「美意識」を育む活動に焦点を当てて考えていきます。

これは、本研究の「共に幸せに生きること」を体育授業の中で実現する方法の一つであると考えています。

これまでお手伝いについては、技能を習得するための方法の一つとして考えられていたり、仲間とかかわる手段として取り上げられたりしてきました。前述のように体育科では、一人ひとりの技能の習得と伸張を目指しています。しかし、それは「自分だけが上手になる」ことが目標ではなく、一緒に活動している仲間も上手になることを意識させています。その一環として、このような学び合い方を重要視しています。

ここでいうお手伝いは、実際に体に触れることに加えて、声や音で伝えることも含めています。お手伝いは、次頁のように細分化することができるこれまでの取り組みでも、子ども同士がお手伝いすることは繰り返し行ってきました。しかし、コロナ禍

においては、子ども同士の距離を保つためにお手伝い活動を自粛しなければなりませんでした。そのため、お手伝いによる成功体験を得ることができませんでした。普段よりも技能習得までに時間を要したことが一つの原因として考えられます。

○複数の感覚・技能を育む万能な教材がある

下記の学年毎のカリキュラム表に示した通り複数の感覚・技能にかかわる教材があります。これらの教材は、感覚・技能を身につけ高めていくことに加えて美意識を育むことに優れた価値ある教材であると考えています。

○学年毎のカリキュラム表（１年生）

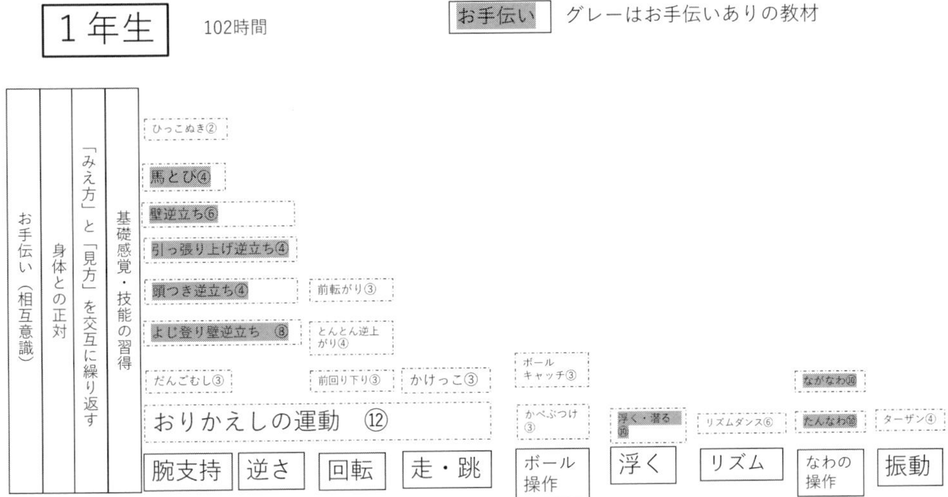

○回転感覚を育むカリキュラム

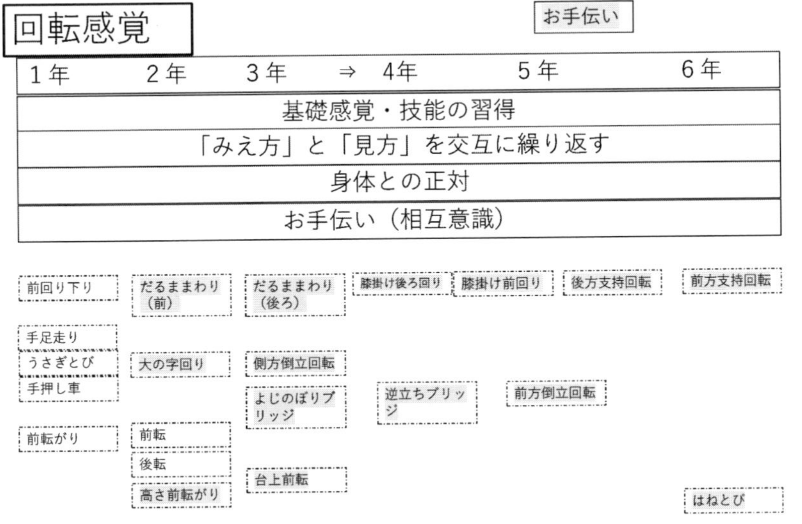

（文責　眞榮里耕太）

外国語科　外国語科で育てる「美意識」～音とコミュニケーションの視点で～

外国語活動・外国語科教育研究部　荒井和枝

1．外国語活動・外国語科で育てたい「美意識」とは

外国語活動・外国語科は、言語活動を通してコミュニケーションを図る素地や基礎となる資質・能力を身につけていくことを目指している教科です。端的に言えば、英語を使って、他者意識をもちながら主体的にコミュニケーションを図る力を育てること、それが教科の本質になります。

外国語活動・外国語科では、その教科の本質に向かうための心の働きとなる「美意識」について右図の１～４つの段階があると想定しました。

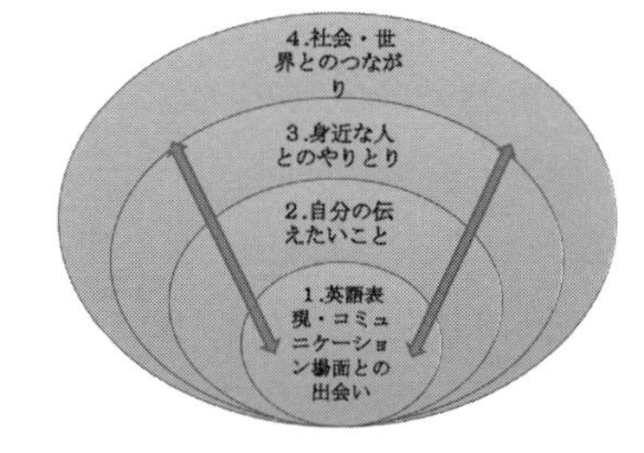

まず、１・２の段階は個人と英語の出会いを出発点として、実際のコミュニケーションにおいて活用できる基礎的な知識や技能を身につける段階で発揮される「美意識」です。英語の表現や教材と出会いによって生まれる「言葉に対する直感的な捉え方」や「個人の思い」が表出する場面に見られる美意識です。母語ではない言語に対する捉え方は個人によって多様ですが、授業では「わからなさとの対峙」という視点から、自分が感じる英語表現に対する「美意識」を高めることを目指します。直感的に「わかる・何となくわかる・まったくわからない」といった素直な反応や「面白そう」「こんな場面かな」といった子どもの「みえ方」を活かしながら言葉の学びを広げていきます。

３・４の段階は、コミュニケーションを行う目的や場面、状況などに応じて自分の考えや気持ちを伝え合う力として発揮される「美意識」です。英語学習では、自己表現をしながら、互恵的な関係を築きコミュニケーションを図る資質・能力を育てていく必要があります。それには、自己表現を追究することや、他者意識をもったやりとりを目指すなど、よりよいコミュニケーションを図るための「美意識」を働かせようとする子どもを育てていく必要があります。

以上のような考えから、外国語活動・外国語科部では、「美意識」について次のように定義しました。

外国語科における「美意識」とは、新しい言語（英語）に触れる感覚的な楽しさや難しさといった多様な感じ方を基点としながら、日本語と英語の言語的な違いに気づき理解すること、また、他者理解をしながら、よりよい関係を築き、主体的にコミュニケーションを図ろうとする心の働きである。それは、共に幸せに生きていくために発揮される資質・能力である。

この研究で追求したい「美意識」の段階は、概ね１から４の段階に向けて広がりをもって高められていくイメージですが、時には各段階を行きつ戻りつしながら、それぞれの資質・能力を高めていくことになります。

一方で、「コミュニケーションを図る」と簡単に書いていますが、これは一足飛びにできるようになることではありません。時間がかかることを念頭におき、「美意識」を育てることを意識していくことが必要です。

また、カリキュラムという視点でみると、言語習得は十分なインプットに浸りながら言葉と出会い、理解を深める段階を経て、他者意識をもったアウトプットにつなげていくことが求められますが、その時間が確保されていないといった課題があげられます。

さらに、現在の外国語活動・外国語科学習指導要領は中学校の前倒しではない、という理念の基で作成されているため、文法シラバスによる系統的な学びを敢えて実施していないのが特徴です。音声でのやりとりを中心に、場面にあった表現を丸ごと覚えていく方法で学びを進めています。これについてはメリット、デメリットの両方がありますが、他者と互恵的な関係を築くことを目標としている「美意識」研究においては、子どもに発信力が求められるため、ある程度系統的な学びが必要になります。

本研究では、それらの課題に挑戦しつつ、外国語が「共に幸せに生きる」ためのコミュニケーションツールとなり得ること、そして、その力を活用することで、自分も相手も幸せになれるのだという思いを、それぞれの子どもが自覚的にもつことが目指されます。コミュニケーション場面では、常に話者の判断が求められています。どのような言葉を使うのか、あるいは相手の意図を理解しどのように伝えるか、という内面的な思いが出発点です。授業では、一人ひとりの思いを大事にしながら、子どもが他者意識を働かせて、共に幸せに生きるためにコミュニケーションを図ろうとする心の働きにどれだけ迫れるかが鍵となります。

2．外国語活動・外国語科で「美意識」を育てる授業の条件

では、具体的に「美意識」を育てる授業の条件にはどのような要素が必要でしょうか。教科の本質に迫る「内容の美」（言語そのものの理解に関わる領域）、「方法の美」（理解したものをどのように活用していくか試行錯誤していく領域）から以下の３つを抽出しました。

①英語表現に触れたときの感覚（みえ方）を表出し、学び合うことを通して英語がもつ「美」に迫る【内容の美】
②コミュニケーションを図る目的、場面や状況に応じて、自分なりのこだわりをもった表現を追求する【内容の美・方法の美】
③スパイラルな学習と振り返りを通して、できたことや改善点などを自覚し、他者への配慮を考えたコミュニケーションを目指す【方法の美】

（1） 英語そのものがもつ「美」に迫ること

１つ目の要素は、英語の音に関する要素を「美」の一つとして捉え、英語に触れたときの感覚的な学びを生かしながら、英語の音やリズム・イントネーションについて理解することを通して、自己表現につなげていくことを目指す授業です。

英語の音に触れたときの感覚（みえ方）は、母語とは違う気づきがたくさんあります。音そのものに対する気づきから、意味理解や文構造の違いなど、感覚的な捉えは多様です。子どもたちの言葉で表現すれば「何を言っているか全然わからない」というものから「何となくこんなことを言っているようだ」「○○と聞こえた」「英語で伝えるときは日本語と違って…」というものまで幅があります。授業のなかでは、それらの感覚的な捉えを受け止めながら、学びのポイントに結びつけていくことによって、音の「美意識」を高めるような手立てをとります。

例えば、bananaという単語が聞こえたときに、子どもたちは日本語と言い方が違うことに気づきます。音にすぐ反応して気づきを声に出したり、そのまま真似をして声に出す子どもがでてきます。このような感覚的な捉えから、「日本語とどのように違っていた？」「どこか一番はっきり聞こえたかな？」といった問いを通して、「英語だと真ん中のところが長い、強い」「日本語だと、ば、な、なのどの音も同じような大きさになる」といった音声的な違いを自覚させてきます。

音やリズム、イントネーションに意識を向けるということは、最終的には相手に伝わりやすい音を追究していくことにつながります。自分の言いたいことが相手に伝わらなければコミュニケーションが成立しません。他者意識をもったコミュニケーションを図るために大切な要素と言えます。

（2） 表現の「美」を追究すること

２つ目の要素は、コミュニケーションを図る目的や場面、状況に応じて、子どもが「こだわり」をもって伝えたい思いを追究していくことです。

子ども自身が英語で何を伝えたいかを考え、「自分だったらこう表現したい」とこだわりをもつことが表現の「美」につながります。そのためには、単元で設定されるゴールが、子どもたちのこだわりや思いを伝え合うような内容となっているか、単元構成を工夫する必要があります。子どもたちの実態に合わせて、単元で扱われる言語材料を、子どもの思いが反映されるようなものにしなくてはなりません。

授業の中で①伝える相手を具体的に設定する②伝える内容について選択肢の中から選ぶ③自分なりのこだわりが表出しやすいテーマにするなどの工夫が考えられます。

例えば、日本の行事紹介をする際には、実際に発表内容を聞いてもらう具体的な相手を設定したり、より子どもの思いが反映されやすい学校行事についてもプラスの情報として加えたりするなど、自分だったらこれを伝えたいと思える内容に変化させる必要があるでしょう。

(3) 振り返りを通して、互恵的な関係を築くための「美」に迫ること

言語学習において自分の取り組みを振り返ることは、自分なりに表現できたことやできなかったことを自覚し、新たなコミュニケーション場面に生かす視点をもつことができます。ノートに自身の気づきなどを記録するだけでなく、他者のフィードバックやICTなどを活用してどのようなパフォーマンスができたか、ということについて振り返りの場を設けます。

授業では、単元ゴールやCan-doリストを示しながら、今はこれくらいできていると自覚的に振り返りができるようにすることと他者からのフィードバックを有効に活用します。やりとりを行う際には、友達からの反応も大切なフィードバックになります。話し手は、伝わって嬉しいと思えるだけでなく、時には自分では伝えていたつもりが、実はあまり伝わっていなかったということも学びの一つになります。そういった自覚的な学びが、英語によるコミュニケーションをどのように図っていきたいか、他者意識をもったコミュニケーションへの美につながっていくと考えています。

3. 外国語活動・外国語科で育てる授業の実際

(1) 英語の歌を活用した帯活動
歌:Down by the bay(入り江のそばで)

本実践は、英語そのものがもつ言語的な「美」を追究する授業実践の一つです。子どもたちの素直な「みえ方」を活かしながら、英語の歌に継続的に取り組むことによって、英語な内包する「美」に触れることを目指します。この歌では、韻を踏むことを好む英語の特性を学ぶことを目標としました。

①全部で6つあるパートの1つを聞かせ導入します。

T:これから新しい歌を歌っていきますよ。入り江のそばでという歌ですよ。

> "Down by the bay. Where the watermelons grow. Back to my home I dare not go.
> For if I do, my mother will say, "Did you ever see a cat wearing a hat?"
> Down by the bay."

T:入り江のそばで、何か果物が育っていたけれど、何かな?

S:ウォーターメロンって言ってた!

T：そうそう、スイカが育つ入り江のそばで、お母さんが○○をみたことある？と聞いているのだけど、何だかわかったかな？と問いかけて、子どもの素直な「みえ方」を表出させます。

S：まだわからないな。 S：cat って言った気がする。

ここでは、子どもによって反応がばらばらでした。まだわからない子も多いので、友達の言葉をヒントに再度聞かせます。（もう一度歌う）

S：cat がでてきてた！

T：そうだね、cat がいるようです。ちょっと面白い猫のようですよ。

多くの子どもがcat を聞き取ることができてきたところで、動画をみせながら、1つ目のパートの 歌の流れをイメージさせました。ここで、「どんな猫を見たことある？」と聞いているでしょうとさらに聞くポイントを示し、フレーズ Did you ever see a cat wearing a hat？Down by the bay. の部分を繰り返し歌いました。

T：どんな猫だったかというと？

S：帽子をかぶってる猫だったよ。

T：That' s right. Did you ever see a cat wearing a hat?（帽子をかぶるジェスチャー）で示し、帽子をかぶった猫でしたね、と確認をする。

②２番目のパートを紹介する。

> "Down by the bay. Where the watermelons grow. Back to my home, I dare not go. For if I do, my mother will say, "Did you ever see a goat rowing a boat?" Down by the bay."

T：１つ目と違っているところはどこかな？

S：新しい動物がでてきた！

S：goat って言ってたけど、何？ S：ヤギじゃない？ S：boat も聞こえたよ。

T：もう一度聞いてみよう。 Did you ever see a goat rowing a boat?

ここで動画を見てヤギと確認したところで、再度動物が出てきたフレーズを聞かせる。

S：ボートを漕いでるヤギってことだ。

T：今日でてきた面白い動物がいたね。Did you ever see a cat wearing a hat? Did you ever see a goat rowing a boat？ ここでどんな感じに聞こえたかな？と問い、歌の中で繰り返される韻に注目させた。

S：なんか、似たようなリズムだよね。 S：後ろの言葉が似ている！

T：どこのこと？ S：ほら、cat の最後と hat の最後。 S：日本語のシャレみたいな感じ？ T：なるほどね、そこが似ているのね。 S：ヤギも同じだ。 S：goat が boat

T：このように、子どもたちが単語の最後が似ている音を Rhyming words と言います。このライムがたくさん入っている歌なんですね。書いてみるとcat, hat, goat, boatのようになります。単語の終わりに同じ音が使われているね。 S：なんか覚えやすいかも。 T：確かにそうですね。記憶に残りやすい気がするね。

③次に４つ目までのパートを順に聞き、その後全体の歌詞が書かれたプリントを配布

し、指でなぞり読みをしながら一緒に歌いました。ここで、ある児童が歌全体の中にもライムがあることに気づきました。これまで、教師からヒントを提示することで気づきを促していましたが、文字情報から歌詞全体を通してライムが使われていることに気づいた声がでてきました。S：ほら、ここにあるよ。say と bay。S：ほんとだ。T：もう一つあるんだけど、わかるかな？ S：見つけられないなぁ。T：実は、grow と home も【ou】という音で同じ音が使われているよ。S：ホームじゃないの？
T：home はカナカナだとホームだけど、英語では ホォウムっという音なんですね。
S：カタカナとまた違った音なんだ。

【美意識の育ち】

子どもたちは、歌全体にも韻が踏まれていることを知り「歌詞はちょっと変だけど、考えられた歌だった」「ライムによってつくり出されるリズムが面白かった」などの感想を述べていました。短いフレーズの中にもライムを踏んで楽しむ英語の特性を理解する姿が多く見られ、日本語の歌でも韻を踏んだものがあると共通点を見いだす子どももいました。英語が得意な児童２名は、自作のライムをつくり、それを学級で共有し、実際に歌ってみることにつなげました。最終的には、なぜこの歌が面白いのか、という点を考えながら歌うことで自覚的な学びにつながりました。

子ども自身が英語独特のリズムを体感していくことは、音声理解とともに、相手に伝わりやすい音やリズムにつながる要素となります。子どもたちに内容の美となる教材を選定しながら、子どもと一緒に追究していくことが大切なポイントであることが明らかになりました。

（2） 単元：NEW HORIZON Elementary 6 Unit 5 We all live on the Earth.

本実践は、自分なりのこだわりをもった表現の美の追究を目指した授業です。単元で提示された言語材料を子どもが伝えたくなる表現に設定しながら、自分なりの思いをもって表現できるかを追究していくものです。

単元目標：地球に住む生き物について説明し、その状況を伝え合おう

言語材料：Where do ～live?　～live in the …　/　What do ～　eat?　～ eat…

語彙：動物、海の生き物、自然、虫など

教科書では最終的な言語活動として、where, what を使った疑問文、答えとなる平叙文を用いて「～は・・・に住んでいる」、「～は・・・を食べる」という食物連鎖について伝え合う活動が設定されていましたが、子どもの伝えたいこだわりという点で工夫が求められました。そこで、単元終末に扱うOver the Horizon頁の内容である環境問題や絶滅危惧種について考える活動を中心に内容を発展させ、この単元を扱う時期

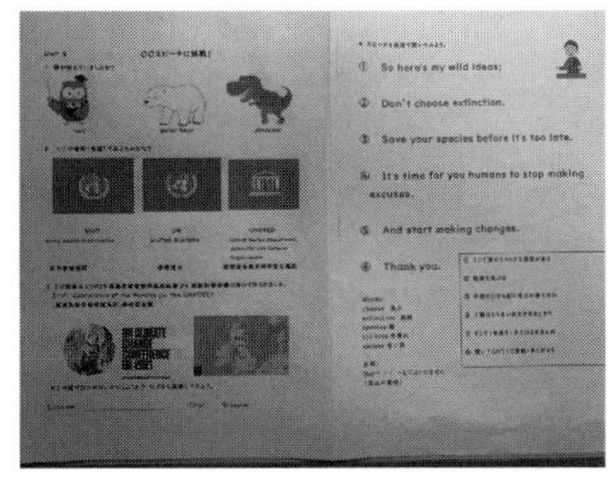

に開催される予定であった第26回気候変動枠組条約締約国会議（COP26）と関連づけて、スピーチや暗唱活動に取り組みました。

導入は国際自然保護連合（IUCN）がRED LISTを作成し保護を訴えていることから、英語で作成された絶滅危惧種の動画を紹介しながら単元内容について概要をつかむことを試みました。子どもたちは映像と音声を頼りに、「動物のことを言ってるね」「レッドリストって聞いたことある」といったキーワードを拾っていきました。もちろん「早くて難しい」という反応もありましたが、キーワードを共有することで聞くポイントを押さえ、何度も聞くことでわかったという達成感を味わえていました。

その後、日本の絶滅危惧種はどれぐらいか？ どんな動物が指定されているか？と投げかけて、より身近な話題にしていきました。

スライドを用いて、動物の住んでいる場所や普段食べているもの、なぜ絶滅しそうなのかについて英語でやりとりを行い、表現について理解を深めました。そして、子ども自身がその状況を伝える側となり、授業交流をしているオーストラリアの子どもたちに向け、日本の絶滅危惧種の紹介動画を作成しました。ここでは、班で話し合いながら、伝えたい内容について検討する時間を十分に設定しました。子どものこだわり、言いたいことを吟味することで、表現のこだわりにつなげたかったためです。ここでは、定型表現だけにとどまらない表現がでてくることで、拡散的な授業になりますが、それは表現を追究する授業には必要な時間だと考えました。

また、国連開発計画（UNDP）がCOP26の開催に合わせ制作した、世界のリーダーに対して気候対策の強化を訴える動画「Don’t Choose Extinction（絶滅を選ぶな）」を教材化し、恐竜スピーチとして音読や暗唱に取り組みました。

So, here’s my wild idea.
Don’t choose extinction.
Save your species before it’s too late.
It’s time for you humans to stop making excuses and start making changes.
Thank you.

導入時は、恐竜が人々に訴えるというユニークな設定もあり、食い入るように動画を見入っていました。意味理解を終えた後で、このスピーチで言いたいことはどこだろう、言葉のどこに気持ちがのせられているかといった観点から、どのように音が聞こえるかについて繰り返し聞きながら、そのポイントを共有させました。子どもたちは「ここが強調だね」「この単語が聞こえなくなっている」「くっついているように聞こえる」といった発見をしていき、内容の美に迫る学びについても深めていきました。

【美意識の育ち】

この単元では、子どもが伝えたい思いを中心に英語表現を取り上げることで、言いたいこと、自分たちのこだわりをもって表現することにつなげることができました。絶滅危惧種紹介動画は班ごとに内容も違っていましたが、紹介したい内容を中心に表現することで、達成感を味わえたようでした。また、音読や暗唱活動では、リズム、イントネーションに焦点を当て内容の「美」に迫り、対象にじっくりと浸ることで表現を試行錯誤する実践となりました。

4.外国語活動・外国語科で「美意識」を育てるカリキュラム

ここで示すカリキュラムは、単元で扱う内容の共通する部分を取り出し、【英語が内包する美A】【表現を追究する美B】【互恵的な関係を築くための美C】という観点でまとめたものです。（単元名はLet's try1、２及び東京書籍New Horizon Elementary 5、6）

1	数についての学習（単元）		言語的な学びの視点
3年	Unit 3 How many?	1～20の数【A】 身近に持っているものを尋ね合う【C】	○単数・複数の違い ○数の捉え方 ○冠詞
4年	Unit 4 What time is it?	1～60の数【A】 今の時刻や世界の時刻を伝え合う【B】	
5年	Unit 2 When is your birthday? Unit 6 What would you like?	相手と誕生日をたずね合う【A/B】 オリジナルレストランで、注文したり値段を伝えたりする【C】	○日本語では助数詞を使い分ける ○大きな数の伝え方 日本語は４桁ごと、英語は３桁ごと ○おつりの出し方 ○数のやりとり
6年	単元としての扱いはなし	スモールトークや基本表現に関連する場面で数を尋ね合ったりする【B/C】	

2	食べ物についての学習（単元）		言語的な学びの視点
3年	Unit 3 How many? Unit 4 I like blue. Unit 5 What do you like?	食べ物【A】 好きな食べ物を伝え合う【A/B】	○食べ物の表現 ○食べ物の数え方
4年	Unit 7 What do you want?	ほしいものを伝え合う【B】	○欲しいもの（食べたいもの）の伝え方について場面にあった表現を使う
5年	Unit 6 What would you like? Unit7Welcome to Japan	オリジナルレストランで、場面にあった注文をする。【C】 日本で食べられる伝統的な食べ物を紹介する【B/C】	○食文化について違いを理解する
6年	Unit 3 Let' s go to Italy. Unit 6 Let' s think about our food.	各国で食べられるものを紹介し合う【B/C】 食物連鎖、身近にある世界の食べ物調べ伝え合う【C】	○国による食べ物表現の違い ○普段たべるもの、時々食べるものなど頻度を伝える

（文責　荒井和枝）

道徳科　授業を変える、カリキュラムが変わる

道徳科教育研究部　加藤宣行／山田 誠

1. 道徳科で育てたい「美意識」をどのように捉えたか

（1） 道徳科の本質をなす主要な概念

道徳科の本質とは、換言すれば道徳授業において何を第一義の教育理念として据えるかということだと考えます。その上で、道徳部では次のように主要な概念を捉えることとしました。

> その人やもののために何ができるかにまっすぐ向き合い、行為行動を起こすに至った「大本（おおもと）」の心に焦点を当て、意味づけし、価値観を構築することである。

人は様々な心をもっています。楽な道を選ぼうとしたり、自己中心的な考え方をしたりするような「易きに流れる」心もあります。また、辛くてもなんとか立ち向かおうとしたり、人の為に働くことに喜びを見出したりするような「人としての矜持」を重んずる心をもち合わせているのも人間です。

それらはすべて、人が何か行動を起こすときの原動力となります。例えば、何かの薬品をつくり出すという行動をするとしましょう。新たな薬品を開発する、その行為自体は間違ってはいないでしょう。そのような歴史の積み上げを経て、人類は進歩してきたとも言えます。

問題は、その行為行動を起こす大本の心です。巨額の富や名声を得るためにもできるし、ライバルとの競争に負けないためにもできます。また、人々がよりよく生きていく、すなわち人類の幸福のためにもできるのです。どこに価値を見出すかは自明でしょう。しかし、時に目先の表面的なもの・ことに囚われて、見失うことがあるのが人間であるのも、残念ながら確かなことでしょう。

このように、同じ行為行動であっても、それを生む心は多様なのです。つまり、大事なことは、行為行動の善し悪しではなく、その行為行動を起こすに至った大本の心がどこにあるかということです。そして当然のことではありますが、大本の心はよりよく生きようとする人としての矜持、向上心であるべきでしょう。道徳科はそのよう

な大本の心を明らかにし、そこに自らの生き方を重ねようとする人間を育てることにあるのです。

さらに付け加えると、薬品を開発するためには、あきらめずに努力する必要があるし、仲間と協力して創意工夫を凝らす必要もあるでしょう。また、もの・ことの真理を探究する精神も必要であろうし、失敗を恐れずにチャレンジする勇気も、作業遂行能力も求められるでしょう。このように、様々な価値観が混在するのです。そして、残念ながら、人を陥れたり、自らの富を得たりするためにもその努力心や勇気は使われるのです。つまり、同じ行為行動であっても、大本の心が間違っていたら、そこに費やされる価値に意味はないということになってしまうのです。

地下鉄サリン事件もその最たる例でしょう。ご存知のように、オウム真理教が地下鉄内にサリンという毒薬をまいた、無差別集団テロです。このサリンをつくるために、彼らは相当の労力と時間を費やしたことでしょう。ここにも「創意工夫」や「あきらめずに頑張る」というような、一般的に価値があるとされる行為行動が見られます。これもひとつの努力と言ってもいいかもしれません。しかし、その努力には何ら道徳的価値はないのです。

つまり、極論すれば「あきらめずに努力する」「一生懸命はたらく」というような、一般的に価値があるとされる行為行動に、道徳的価値はないということができます。

このように考えると、道徳科で行うべきことが見えてきます。それは、どのような心からその行為行動に及んだのかを見極める目をもたせることです。この「目」は、みえないものもみることができる「目」です。そのような、本質を見据える「目」をもって、価値を見出すべきでしょう。そしてそのような価値のことを、道徳的価値と呼んでいるのです。

世の中は、「こういうときはこうすればよい」「このマニュアルに従っていれば間違いはない」というベストの方法はないと言ってよいでしょう。常に多様な価値観、考え方の中で葛藤し、多様な方向性を吟味し、深く考え、自らの判断で行動に移す必要があるのです。そこで問われるのは、「考える自分」をいかに育てるかです。

（2） 道徳科における「個別的な知識」及び「指導内容の構造化」に関して

小学校の道徳科は、行為のもととなる心[※1]を自覚することを通して、よりよく生きようとする道徳的実践意欲[※2]を育てる教科と定義しました。行為のもととなる心は、現行学習指導要領では、次頁の４つの内容項目群に大別されています。

これが道徳科における「個別的な知識」となりますが、「知識」については補足が必要でしょう。

当然のことながら、情報として知っているだけでは道徳的に成長している段階とは言えません。なぜなら、「人に親切にすると、相手が喜んでくれる」ことを知っていたところで、それは人間的な成長にはつながらないからです。詐欺師は、ある意味親切で優しい振る舞いをもしかしたら誰よりも知っている（心得ている）かもしれません。物腰の柔らかい、やさしい言い方をすることで商売がうまくいくことを知っている商人は、もしかしたら誰よりも商品をさばくかもしれません。

言うまでもなく、私たちの求める人間性は、そのようなところではないはずです。つまり、道徳科における「個別的な知識」というのは、「なぜそれをすることが大事なのかを、よりよく生きようとする人間として理解し、実践しようとしている」ということなのです。

「特別の教科　道徳」内容一覧

A　主として自分自身に関すること

善悪の判断、自律、自由と責任

正直、誠実

節度、節制

個性の伸長

希望と勇気、努力と強い意志

真理の探究

B　主として人との関わりに関すること

親切、思いやり

感謝

礼儀

友情、信頼

相互理解、寛容

C　主として集団や社会との関わりに関すること

規則の尊重

公正、公平、社会正義

勤労、公共の精神

家族愛、家庭生活の充実

よりよい学校生活、集団生活の充実

伝統と文化の尊重、国や郷土を愛する態度

国際理解、国際親善

D　主として生命や自然、崇高なものとの関わりに関すること

生命の尊さ

自然愛護

感動、畏敬の念

よりよく生きる喜び

これらを年間35週の中で、計画的に配置し、指導内容の精選を行ってつくられたものがカリキュラムです。

※1　心というのは、よりよく生きようとする、善に向かう心である

※2　道徳的実践意欲には、道徳的心情、道徳的問題意識、道徳的判断力、道徳的態度が含まれる

2.道徳科で「美意識」を育てる授業の条件

道徳の授業は基本的に週一回です。それを単発に行うのではなく、毎時間の道徳授業のつながりを意識することで、より一層の効果を望むことができます。また、他教科・他領域の学習との関連・連携を図ることで、なお一層深まりのある学習体験となるに違いありません。さらに発展して、実生活へのつなぎということも視野に入れたいものです。道徳科の場合、日常に生かしてこそという教科特性があるのも確かです。

では、どのような配列がよいでしょうか。ただ機械的に配置するのではなく、複数の内容項目の特質を把握しつつ、関連・連携を図りながら構造化していくことにより、より実効性のあるカリキュラムになると考えます。総合単元道徳的な考え方もその一つです。総合単元的な道徳学習の考え方は以前からありますが、その単元を通す核心となる部分に「よりよく生きる」という内容項目を位置づけたところが今回の提案の根幹となります。そして、「よりよく生きる」という内容項目は、すべての価値観を包含し、その根幹となるべきものであり、我々が考える「美意識」とも通底するものと考えています。

そこで、「よりよく生きる」を中心に置いた、下図のような四象限の図を考えました。①〜④の座標は、内容項目の4つの分類に対応しています。そこから各教科・領域、そして日常生活へと広がっていくイメージです。

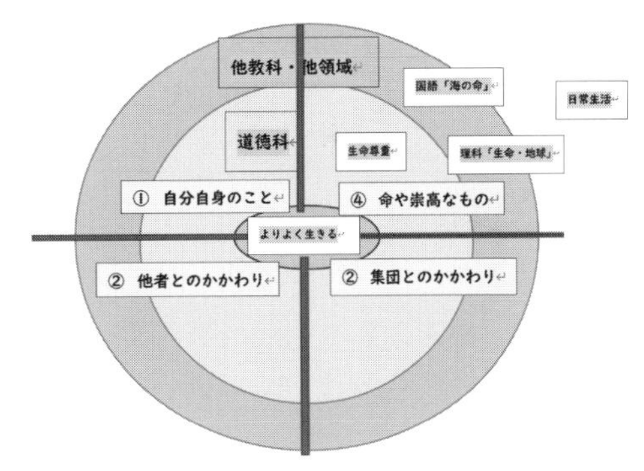

「よりよく生きる」は、どの内容項目にもつながる土台だと考えました。これは「大本の心」と深く関係があるものです。また、「美意識」もこれと本質を一にするものでしょう。

例えば、図の④の部分にある、「命や崇高なもの」という内容項目について考えてみましょう。

「『命を大切にする』とはどういうことか」と子どもたちに問うと、様々な「答え」が返ってきます。

①怪我をしないように長生きする。

②もらった命に感謝して大事にする。

等々。これは、大人に聞いても同じようなリアクションが返ってくるでしょう。いや、もしかしたら、子どもの方が柔軟で幅広い考え方をするかもしれません。

この、子どもの「みえ方」からスタートし、深めていく。その方法の一つが、教師の問い返しです。先ほどの反応①②はどちらももっともなことでありますが、そこからさらに深く考え、議論を通して教科の本質に迫るような展開にしたいのです。

そのための問い返しとして、次のようなものが考えられます。

①では、怪我をしないように、なるべく安全な場所で大人しくしていればいいね。

②もらったというのは、誰からもらったのかな。感謝するのは誰に対してかな。

このような問い返しや教材を利用しての学習展開の中で、子どもたちの生命に対する初発のイメージを自ら掘り下げていくことができるようにしてやるのです。

①のように問い返した場合、おそらく子どもたちは「いや、そうじゃなくて…」というような反応を示すでしょう。

②のような問い返しをした場合は、「お父さん、お母さんだけど、あ、それだけじゃないな」というように、自問自答しながら、やはり自らの価値観を広げていくことでしょう。

そして、そこから最終的には「よりよく生きるとは」という大本の命題に近づいていくことでしょう。ここに教科の本質があり、「美意識」が関与する世界があると考えます。

また、そのような思考は一時間で完結するものではありません。様々なシーンで折に触れて考えを多面的・多角的に更新していくことでしょう。各教科・領域での学習もそこにひと役買うことになります。

□子どもたちが道徳的価値を身につけていく流れ

このように、「子どものみえ方」からスタートし、教師の適切な問い返しや学習展開によって思考のスイッチが入った子どもたちは、自ずと継続して考える存在となります。道徳の授業後に、「この命は誰のものなのか、その命をどのように捉え、生かすべきなのか」というような命題をもち続けるわけです。

この「考え続けようとする存在」が、問題意識をもった状態と言えるでしょう。そのような子どもたちは、その後の様々な学習体験をきっかけにして、新たな発見をしたり、さらに深く考えたりするでしょう。

そう考えると、全教育活動や日常の生活の中に無駄なものは一つもないと言えるのではないでしょうか。問題意識をもった子どもたちにとっては、すべてが学びのきっかけになるはずなのです。

とすると、内容項目を一つずつ消化していくということではなく、右図のように、一つの内容項目を他の内容項目と関連づけて配置していくことで、より一層学習効果が上がると考えられます。また、他教科他領域の学習内容も共通する部分を同時期に行うことにより、さらに学習内容の実感を伴う定着が図れることでしょう。

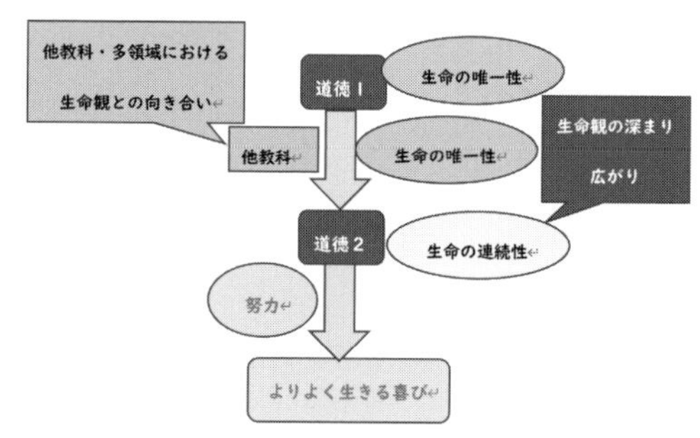

そして、その全ての学習活動は、「よりよく生きる」という内容に集約されます。「よりよく生きる」という観点と、美意識は密接な関連があると考えられます。

以下、子どもたちが学習内容を獲得していく過程を、「生命尊重」という内容項目を例に挙げて、順を追って示していくことにします。

①道徳１で「生命尊重」の内容項目の学習をする。
②他教科・他領域の学習で、別の視点から生命観を揺さぶるような体験や思考をする。
③子どもの生命観が拡充する。
④道徳２で、道徳１とは別の観点からの「生命尊重」の授業をする。
⑤子どもの生命観が補充・深化・統合される。
⑥日常生活での生の営みや、何気ない生物の存在に感動したり、慈しみの心をもったりする。
⑦道徳３で、別の内容項目の学習、例えば「努力と強い意志」の学習をする。
⑧生命尊重の授業で得た価値観と併せて、自らの目標に向かって努力を続ける中に、よりよく生きるという生命観を見出す。

これらの思考の流れは、指導者の方で意図的に組むことも必要でしょうが、それと同時に子どもたち自身が必然的に関連づけ、つなぎ合わせていくというイメージをもつことが大事です。

これまで述べてきたように、「親切、思いやり」や「生命尊重」などの内容項目は、学習内容と言うこともできるし、本質的な学びへ向かう窓口と言うこともできるのです。つまり、「人を思いやって生きていきましょう」とか「命を大切に」などという認識は、誰でももっているものであり、これを学習内容であるとするのでは、道徳科の意義を問われるということです。

道徳科ですべきは、この「命を大切にする」ということの意味を考えることであり、そこから発展して、日常生活の中で、自他ともに様々な命に向き合って生きていく力をつけることであるのです。そのためには、道徳の授業で考えることも、他教科・他領域の学習の中で、実感を伴う学びに発展させることも重要なポイントとなります。

そこで、「美意識」を根幹に置いた授業展開を行うようにするわけです。「美意識」は、教科・領域を横断します。つまり、どのような学習を行おうとも、常にそこに立ち返ることができ、拠り所とすることができるということです。そうすることによって、週一時間の道徳の授業で深く考えたことが、他教科・他領域につながり、点が線となります。結果、学びの継続が可能となり、子どもたちの価値観が拡充していくようになるのです。

ただ、機械的に点を線にすればよいという発想ではありません。カリキュラム上の作業としてつないでいくのではなく、子どもたち自身が自らの学びの発展としてつないでいくようにすることが重要です。そのために、授業で何をするかが、より一層強く問われなければなりません。点である一時間の学びを、より一層充実させなければ、線につながっていかないからです。

（文責　加藤宣行）

3．道徳科で「美意識」を育てる授業の実際

<実践①>子どもと授業をつくる「わたしたちもしごとをしたい」２年生の実践を通して　　　　　　　　　　　　　　　　　　　　　　　　　授業者　　加藤　宣行

（１）主題名　「はたらくよろこび」

C－（12）勤労、公共の精神

（２）教材名　「わたしたちもしごとをしたい」（ゆたかな心２年　光文書院）

（３）主題設定の理由

働くという営みは、人間が生活基盤を得るために行われるものであるが、その中には経済的な面もあれば、人生をより豊かに生きるというような精神的な面もある。仕事に対する報酬は必要である。それがなければ生きていくことができないのは確かである。その一方で、報酬だけで満足しないのも人間である。つまり、報酬度外視で「これをやりたい」という思いがあり、もしかしたら後者の方が、人間を突き動かす原動力としては大きいのかもしれない。

ここに「はたらくよろこび」がある。これは、子どもたちも同じであろう。子どもたちには報酬という形での対価はないが、ご褒美だったり、賞賛の言葉だったりがそれに当たると思う。そしてそれとは別の原動力となる何かがあるはずである。これを明らかにし、その力を使うよさを考えさせることは、これからの人生を豊かに生きていく上で重要なことだろう。

（４）この一点に迫る発問

「この一点に迫る発問」の一つとして、日本道徳基礎教育学会会長の新宮弘識は、「教材に登場する人物の行為を突き動かしたものは何かを問う発問である。」としている。その上で「この発問は、教材に登場する人物のとった行為の中で最も道徳的であると考えられる行為を特定して、その行為を突き動かしたものは、どのような心かを集中的に考えさせる発問である。」との認識の上に、本時での核となる発問を考えたい。このように考えてくると、本時の「この一点に迫る発問」は、

「なぜ、ごほうびをもらわなくてもしごとをしたいと思ったのだろうか。」

ということになると考える。

そしてそれは、とりも直さず本時のねらいと直結するものであろう。

本時でねらうのは「はたらくよろこび」について考えさせることであることは前述した。そこに迫るために、「しごとをしたい」という言葉をキーワードとし、授業前の子どもたちの意識と、授業中の気づき、授業終盤での意識の変容を明らかにしていくようにする。つまり、「はじめは『しごとをしたい』という認識について△△だったが、授業中に◇◇もあることに気づき、最終的には○○と考えるようになった」というような、子どもたちの意識の流れ（変容・学び）が共有できるようにするということである。

そのためには「はたらくよろこび」とは何かを問うというよりは、「しごとをした

い」はどこにあるか、それぞれの「しごとをしたい」は同じなのか違うのかというように、具体から入った方が、子どもたちの思考の流れに寄り添うことができると考えた。

（5）本時の展開

①ねらい

・はたらくよろこびを実感する（知的理解）

・そのようなはたらき方のよさに心が動く（情的理解）

・自らもはたらくよろこびを感じ、もっと「しごとをしたい」と思う（意欲の向上）

②授業の実際

(○教師　・児童)

○「しごとをしたい」と思ったことはありますか。

・ある。大変だな、手伝いたいなと思ったことがある。

・お父さんや、お母さんのしごとをしている姿を見て、ああいうことをしたいなと思った。

T：感謝のきもちを伝えたいと思ったことがある。

(これらの発言を黒板の左側に板書する)

○今日は、「わたしたちもしごとをしたい」という話です。どんな「しごとをしたい」があるか、考え（みつけ）ながら読んでください。

（読み終わると、教師が促す前に発言を始める）

・みんなのためにがんばろうという気持ちがあった。

・やっぱり、手伝いたい、少しでも楽にしてあげたいというのがあった。

(子どもたちは、授業の始めに自分たちが発言した内容に照らし合わせながら、確認するように発言していく)

・それから、「ごほうびをもらわなくてももっと仕事を続けたいです」になった。

R：自分たちのところだけでなく、ほかのところもできそう。

○R子さんの意見は、ちょっと先に行き過ぎている気がするね。ここに書いておくね。

(このR子の発言は、少し時間をおいてから扱った方がよいと考え、黒板の右側に間をあけて書いた)

○なぜ、ポンタくんたちは「ごほうびをいただかなくてもしごとをしたい」と言ったのだろう。

・みんなのためになるということがごほうびだから。

M：自分たちのことは…自分たちだけではできないということに気づいた…

(Mさんは、思いはあったのだが、うまくまとめきれていないようだったため、発言が途切れ途切れであった。しかし、何かを思いつき、それを言いたくて挙手したのだろう。その思いを時間をかけて聞き取ろうと思い、待ちながら板書した)

○自分たちのことは自分たちだけではできないということに気づいた。それに気がついたのはいつですか。

・お手伝いをしてみたあと。

（子どもたちの発言を聞きながら、「はじめ」と「あと」の間に書く。このような板書構成は、子どもたちの発言を生かしながらつくっていく要素が強いため、図式化・横書きの形式をとることが多い）

○ここで気づくことができたんだね。何に気がついたのかな。

・みんなで協力してできたということに気がついた。そうしたら、ごほうびをもらわなくてもしごとをしたいと思った。

○ということは、はじめ（地震で大変なときに大人のお手伝いをしたとき）も「しごとをしたい」があったけれど、あと（村長さんにほめてもらった後）にも「しごとをしたい」があるのですね。このはじめとあとの「しごとをしたい」は同じですか、それとも違いますか。

（この問いかけは、似て非なるものを比較して問う発問であり、ここを考えさせることにより、みえないものがみえる、深層に気づかせることができると考えた）

・違う。

○何が違うのですか。

・はじめはお手伝いをして、みんながうれしい。あとは、自分もうれしい。

・あとの方は、言われなくてもやっている。

○なるほど、自分から進んで仕事を見つけられるようになっているのですね。

○そういう人たちだったら、どんなしごとができると思いますか。

・災害のとき以外でも（いつでも）、仕事ができる。

・教えることができる。（これは、高学年が自分たちに教えてくれている体験ももとにしていると考えられる）

・仕事をしてもらっていることに感謝できる。（この発言は、導入時に「感謝の気持ちを伝えたい」と発言したTくんの意見からつながってきていると考えられる）

・社会のために役に立つことができる。

（この発言は、先のRさんの発言につながると考え、Rさんの発言を板書した部分の上に重ねるように書いた）

○なるほど、社会のために役立つ、これってさっきRさんが言ったこととつながるよね。

・うん、つながる。

○そうやって、みなさんのやる気のある仕事は、教室を超えて、社会につながっていくのですね。これからのみなさんの働きっぷりを楽しみにしています。終わります。

（6）授業を終えて

子どもたちは「しごとをしたい」というキーワードをもとに、「しごとをしたい」と思う心に質の違いがあることに気づいていった。このことにより、本時の主題である「働く喜び・意義」について子どもたちの言葉で思考を深めることができたと考える。本授業に限らず、授業中に子どもたちが主題に近づくための窓口を通して、子どもたち自身が見つけていく展開を心掛けている。

そのような展開を行うためには、指導者は授業を構造的に考える必要があると考える。授業を構造的に考えるとは、表面的な行為行動を生む心を明らかにすることである。「しごと」自体は、役割だから仕方なしにもできるし、デモンストレーション的に自分をアピールするためにもできる。また、その仕事にはどのような意味があるかを理解し、見通しをもちながら自分ができることをしようとする心からもできる。このように、同じ行為行動であっても、大本の心もちによって、その価値は変わってくるであろう。

子どもたちには、どのような心で仕事をすることが大事なのか、そのような心で仕事をすると、どのような生活が実現可能かを展望させることが大切であろう。それを板書の中に視覚的に示すことで、子どもたち自身の理解を深める手助けをしていき、結果的に子どもたち自身の気づきを促し、意味づけしていくことができると考える。

また、板書だけでなく、道徳ノートに書きながら考えさせるという活動を、授業中も授業後も行っている。書くことのメリットは次の３つである。

①自分の思考が整理される

②新たな視点が生まれる

③意識が継続する

書くことで自らの考えを俯瞰することができ、改めて考えをまとめることができる。そうすることで、新たな気づきが生まれたり、多面的・多角的なものの見方ができるようになったりする。板書を通して思考を広げる見方を学び、同時進行で道徳ノートに書きながら考えることによって、気づきが生まれることもある。だから、私は授業中のノートへの書き込みは、基本的にフリーにしている。書きたいときに書かせるのである。

また、書き留めることによって後で読み返すことができ、折あるごとに振り返ることが可能となる。つまり意識が継続するのである。このように「学びの足跡」がきちんと記録され、それが次の学習へと生かされていくのである。

＜実践②＞

主題名　永遠の命（D－生命の尊さ）

授業者　山田 誠

1．本時の授業における美意識

本時は、研究企画部から提案された「美意識の観点」である「共に幸せになること」に焦点を当てた授業である。

2．本時の意味づけ

本時の道徳授業は、「脳死は人の死か」という理科の単元において実施したものである。道徳科でも総合単元的な道徳授業として他教科他領域と関連させて単元を構成し、道徳科の授業を行うことがある。

例えば、理科の授業において自然環境問題について学習してから、道徳科の授業で自然環境問題について考えさせることがある。また、社会科の時間に歴史について学習してから、道徳科の授業で歴史上の人物について考えさせることがある。こうすることにより、道徳科の授業において、子どもたちはより深く具体的に考えることができる。

今回の学習では、コロナによる休校期間中の家庭学習として、臓器移植ネットワークのHPを調べて各自レポートにまとめる活動を行った。

3．単元の目標

呼吸、消化、排出及び循環等の生命を維持する働きを多面的に調べた知識（理科）や、「臓器移植」の実態をもとに、**「脳死」に対する自分なりの考えをもつことができるようにする。**

※太字の部分は、道徳科のねらいとかかわる。

4．本時の教材

『いのちの判断』（NHK道徳ドキュメント）

医学部の４年生だった永吉洋介（ながよしようすけ）さんは、事故で脳死となってしまう。父親の大洋（だいよう）さんと、母親の晶子（あきこ）さんが病院にかけつけると、そこには、首を固定され、人工呼吸器を取り付けられた息子の変わり果てた姿があった。

息子の突然の死に呆然とする夫妻。そんなとき、洋介さんの財布から、臓器提供意思表示カードが発見される。洋介さんは、すべての臓器を他の人に移植してほしいと書いていた。「まだ息をしている。死んだとはどうしても思えない。」「でも洋介の気持ちを尊重するべきじゃないか。」「それでも、心臓が止まるまで、回復する奇跡を信じたい。」夫妻は、臓器移植を認めるかどうかの重い決断を迫られる。

5．授業の実際

※「いのちの判断」前半（臓器移植を認めるかどうか洋介さんの両親が迷う場面まで）を視聴
※以下のようなワークシートに記入してから話し合い。

いのちの判断

部　年　番　名前（　　　　　）

両親（認めたくない）　　　　　　　　洋介（認めて欲しい）

1　2　3　4　5　6　7　8　9　10

◆自分が洋介さんだったらどこですか。

○をつけてください。

理由

T：洋介さんは臓器提供の意志表示をしていたので右側が多いですが、その中で真ん中（両親寄り）だった人、発表して下さい。

C：自分の意志を認めて欲しいけど、自分がこの世界にいるのは、お母さんが苦労して産んでくれたから、お母さんの気持ちもわかる。

T：真ん中より少し洋介さん寄りの人、発表して下さい。

C：両親の気持ちもわかるけど、洋介さんは人の役に立ちたくて医師を目指していたので、臓器を提供して人の命を救えた方が嬉しい。

T：7ではなく、10の人、発表して下さい。

C：人を助けたくて医者を目指した洋介さんにとっては、この臓器移植が人を助ける最後のチャンスだし、親に悩んで欲しくなかったから意志表示カードを書いたのだから、臓器を提供したい。

T：今の法律だと意志表示カードがあっても、最終的な決定権は両親にあります。でも、意志表示をしておけば両親の迷いは少なくなりますね。

C：意志表示カードが無ければ、両親は臓器移植について考えることもなかった。

T：ここで、役割演技をします。お母さん役は、保健のS先生にしてもらいます。洋介さん役は認めて欲しいという気持ちが一番強かったO君にしてもらいます。

※洋介さんの気持ちに一番強く共感していたO君とお母さん役の養護教諭が役割演技を行うことにより、観客の子どもたちも含めて、本時のねらいに迫れるのではないかと考えた。

O：お母さん、ぼくの臓器移植のことで悩まずに臓器移植をして下さい。

S：そんなことを考えていたなんて、全然知らなかったよ。でも、体に触れば温かいし心臓も動いているし、なかなか決められないよ。

O：ぼくは人を救いたくて医者になりたかったけど、もう医者にはなれないので、最後に臓器移植で人を救いたいです。

S：そんなことを考えていたなんて誇りに思うけど、もっと早くから話してくれればよかったね。お母さんももう少し考えてみるね。

O：それでも、ぼくは臓器移植の意志表示をしてでも人を救いたかったので、臓器移植をして下さい。

S：わかった。洋介の気持ちを尊重するようにもう少し考えてみるね。

※役割演技におけるO君の発言には、「自分も人も共に幸せになること」を願うO君の気持ちが表れている。
※この後、役割演技についての話し合いに入る。

T：洋介さんは、どんな気持ちだったかな。

C：お母さんの言うこともわかるけど、医者になれないから、最後に臓器移植で役に立ちたい。

T：お母さんはどんな気持ちだったかな。

C：洋介さんの言うことに納得して、臓器移植を実現しようと考えてはいるけど、まだ体は温かいし、心臓は動いているから、死んだことは認めたくない。少し迷いがある。

T：お母さんは、洋介さんの「臓器移植を認めて欲しい」という気持ちを知って、少し考えが変わってきたのかな。

C：洋介さんの「最後に人を助けたい」という気持ちがわかって、少しずつ「臓器を提供してもいいかな」という気持ちになってきた。

T：次は、役割演技をした人に訊いてみます。O君

O：自分だけの命ではなく、自分を生んでくれたお母さんもいるので、他の人のことも考えなければと思った。

S：洋介君が意志表示カードを書いたことは凄いことなので実現してあげたいと思うけど、自分の子どもが死んだことを認めるのは辛いというのが正直な気持ちです。

※「いのちの判断」後半（悩んだ末に臓器移植を認めたお母さん、臓器移植に複雑な思いを抱きながらも、同じ辛さを味わった人を励ますお父さん）を視聴

※後半には、最愛の息子の死という辛い体験を乗り越えて、「自分も人も共に幸せに生きる」道を歩もうとする父親の姿が表現されている。

T：「いのちの判断」後半を見て、どう思いましたか。

C：初めは洋介さんの意志表示を認めて欲しいと思っていたけど、両親の気持ちもわかるような気がした。

C：お父さんは自分も辛いけど、同じような辛さを味わった人を励ましていたのはすばらしい。（自分も人も共に幸せに生きる道を歩もうとする父親の姿に共感）

T：お父さんは自分が辛い思いをしたからこそ、自分と同じような思いをした人に寄り添ってあげたいと思ったのですね。

6．役割演技

道徳の授業でよく行われる役割演技は、授業者である担任教師が相手役になり、子ども対教師で行われることが多い。しかし、授業者が相手役になると、観客の子どもたちを見取ることができない。私はよほどのことがない限り、子ども同士で役割演技を実施するようにしている。

役割演技では演者の子どもだけでなく、演技を見ている観客の子どもたちも大切である。私は役割演技を実施する際、子どもたちには常に以下の３つのことを徹底するようにしている。「よく視る・よく聴く・よく考える」

本時における役割演技では、子ども同士ではなく養護教諭にお母さん役を演じてもらった。小学生が、我が子を事故で亡くした母親役を演じるのは無理があると思ったからである。このように子ども同士の役割演技が難しい場合は、授業者が相手役を演じるのではなく、本時のように養護教諭や専科の教師に相手役になってもらうことが望ましい。授業参観で道徳の授業を行う場合は、保護者に相手役になってもらってもよい。保護者に参加してもらうことにより、家庭教育との連携を深めることができる。

7．考察

小学生にとっては自分の生活とかけ離れた難しい内容だったが、理科や保健の授業と関連させることにより、子どもたちは本時の内容を自分ごととして考えることができた。そして、今回の実践を通して、「自分も人も共に幸せになることに価値を見出す」という美意識を育むことができた。

（文責　山田 誠）

4.道徳科で「美意識」を育てるカリキュラム

道徳科のカリキュラムは、前述したように学習指導要領に提示されている4つの内容項目群をもとに組まれることが多いです。といっても、1番目から順番に履行していくというのではなく、学期や学校行事等に合わせて配列していくのが一般的です。さらに一歩進んで、他教科他領域の学習と、道徳科の授業を単元として構想し、より有機的に組み合わせていくような試みも為されてきました。

本研究では、そのような経緯を踏まえつつ、子どもたちの学びの履歴、思考の流れを重視し、「子どもたちはいかに学びを継続し、深めていくか」という視点からカリキュラムをつくるという発想で見直しを図りました。その基点となるのが「美意識」です。道徳で言うと「よりよく生きる」という内容項目がありますが、それに近いものであると考えています。つまり、「美意識＝人がよりよく生きるために大切にしたい心」と捉え、それを基点にカリキュラムを組み直すということです。カリキュラムというと、スコープとシーケンスの両輪が言われますが、主にそのうちのシーケンス、すなわち配列について手を加え、スコープ・内容については指導計画の方で発問展開の工夫として位置づけることとしました。

ここでは例として、Bの視点「主として人との関わりに関すること」をどのように見直したかを述べていきたいと思います。学習指導要領では、このカテゴリーの内容項目を次のように分類しています。

【主として人との関わりに関すること】

親切、思いやり　感謝　礼儀　友情、信頼　相互理解、寛容（3年生以上）

Bの視点の内容項目は、子どもたちの生活に身近であり、しかも元徳と言われるような根幹をなすものが多いため、年に一度ではなく重点主題として複数回取り扱われることも少なくないでしょう。

さらに、一つひとつの内容項目を見ていくと、相互に関連づいているものが多いことがわかります。例えば、誰に対しても思いやりの心をもち、言動に表すのが親切であり、その対象が友だちに向けば友情、信頼となります。そのようなお互いの気持ちを理解するためには相互理解の心が大事です。また、当然のことながらそのような思いやりある心に対しては感謝の心をもち、礼儀として「ありがとう」という気持ちを態度に表すのが普通でしょう。というように、全ての内容項目が構造的に関わり合いながら成り立っているのです。というより、Bの視点に限らず、全ての内容項目はこのような構造的なつながりをもっていると考えた方がよいでしょう。実生活においては何事も、一つの内容項目、価値から成り立っているものはないと言ってよいでしょう。これを徳（内容）の構造化と言います。そのように考えると、道徳科のカリキュラムも自ずと関連・連携がなされて当然であると考えられます。

そこで、Bの視点の学習展開を、「美意識」を基点において考え、そこに徳の構造化の理念も加えながら単元カリキュラムとしての構想をしました。

これは子どもたちが学校生活の中でどのような人間関係を結び、発展させていくことができるかという視点で、Bの視点の「親切、思いやり」と「友情、信頼」を関連・連携させて単元を組んだものです。また、視点は異なるが、Cの「よりよい集団生活」にもつなげています。このように、4つの視点を別個のものと捉えずに、広い視野で総合的につないでいくような考え方も必要なのではないでしょうか。

そしてそこに、国語科の学習や、他教科・他領域や日常生活をも視野に入れたカリキュラムづくりが見えてきます。国語の教材は，道徳の学習で扱われる場合もあり、同じ教材でも，双方の特性を生かした学びの深め方があるでしょう。また、他教科・他領域や日常生活においては、教材の世界ではなく、そこから得られる普遍的・本質的なもので一本筋を通すことができるでしょう。それこそが「よりよく生きる」ことであり、「美意識」であると考えます。

今後の課題としては、このような教科横断的な単元学習にした場合、関連性が強い内容項目群は比較的容易にカリキュラムを組みやすいけれど、そうでない場合どうするかということです。つまり、全ての内容項目を一年間の指導計画の中にうまく配列できればそれに超したことはないでしょうが、関連づかない場合にどうするかということと、内容項目に「もれ」が生じないようにする必要があるということす。

内容項目は、低学年が19、中学年が20、高学年が22と決まっています。これら全ての内容項目を学習内容として取り上げる必要があるのです。

結論から言うと、単発で行う内容項目の授業があってもよいと考えます。全てを関連づけようとすると、どうしても「つじつま合わせ」になってしまう可能性が出てくるからです。そんなことならば、無理に関連づけようとしないで、単発で本質的な部分の授業をすればよい。「美意識」に焦点を当てて授業を組む場合、内容項目如何に関わらず、自然につながってくるはずです。どの内容項目であろうと、それを窓口にして、最終的には「よりよく幸せに生きるために」というゴールは一致するのだから。このような本質論で授業をする限り、人間教育として目指すところは同じであり、これは教科が違っても同様のことが言えるのではないでしょうか。

「美意識」を育てる教育は、人間教育なのです。　（文責　加藤宣行）

筑波カリキュラム<Bの視点>

週	道徳科	美意識	国語科	他教科・総合・日常生活
1	親切・思いやり 「ぐみの木と小鳥」 何かをしてあげるだけではない。 行動する前の想像力・心のもち方が大切。	優しさって何だろう	ないた赤おに 青おにのしたことは、本当に赤おにのためになったのだろうか。	プレゼン発表会をしよう どうしたら自分の思いを相手に伝えられるだろうか。相手の思いも受け止めた方がよいのではないかな。
2	友情・信頼 「ないた赤おに」 青おにと赤おには本当の友だちになれたのだろうか。	友だちのよさって、互いに楽しく過ごせることだけではなさそうだ。	ないた赤おに 青おには赤おにの犠牲になったのか。	劇づくり みんなの考えを合わせて、自分一人ではできない世界を創り上げよう。
3	よりよい集団生活 「みんながいるから」 みんなの力を合わせることは、「1＋1＝2」ではない結果を生む。	「みんなちがってみんないい」の本当の意味が分かってきた。	ないた赤おに 赤おにの涙の訳はひとつではなさそうだ。初めに読んだときとは、思いが変わった。	誕生日会をしよう かけがえのない友だちが生まれた、特別な日を、どうやって祝ってあげようかな。

<参考・引用文献>
私の指導案「はたらくよろこび」 日本道徳基礎教育学会機関誌272号　加藤宣行

STEM$^+$総合活動で育てる美意識

総合活動教育研究部

1. STEM$^+$総合活動とは何か

2019年２月、子どもたちの未来を見据え、世界に目を向けた新しい「総合活動」をつくりたい。この思いから研究テーマについての議論を重ね、「STEM$^+$総合活動」という新しい研究テーマが誕生しました。

「STEM教育」は2000年代に米国で導入されはじめた教育のモデルです。STEM（ステム）とは、「S：Science、T：Technology、E：Egineering、M：Mathematics」のことで、STEM教育はこれら４つの内容を横断的に学び、IT社会とグローバル社会に適応した国際競争力をもった人材を生み出すことを目的としました。

この現代的な課題に対応したSTEM教育と、これまで筑波大学附属小学校が重視してきた「子どもの問い」や「子どもの思い」を活かした総合活動との融合を考えて、新しく「STEM$^+$総合活動」という研究テーマがつくられたのです。

新たに「STEM$^+$（ステムプラス）」という言葉をつくったのは、「＋」という記号に子どもが本来もっている力（問いをもつ力、子どもの思いや素直さ、生き生きとした意欲）をイメージしたからでした。

プラスの内容の詳細は、これからの実践的研究の中で明らかにしていくことにし、STEMについては、学ぶ内容としての位置づけではなく、子どもが解決したい課題に取り組むときの方法や道具という位置づけにしました。あくまで、STEMありきではなく、子どもありきの姿勢です。

しかしながら、STEMを活用することで、STEM自体への興味関心が高まることもあり、学ぶ内容そのものになる実践もありえます。STEMについての考え方も実践的研究を通して検証していく必要があると考えていました。そのような考えのもと、「STEM$^+$総合活動」を次のように定義してこの研究はスタートしました。

> イノベーションを創りだす力を育てるために、子どもが本来もっている力を活かして、子どもが決めた課題を、科学、技術、数学、芸術等に関わる内容を横断的・総合的に活用して追究する活動

2. STEM⁺総合活動と「美意識」との関係

本校の総合活動部が「STEM⁺総合活動」の研究を始めた1年後に「『美意識』を育てる」研究が始まりました。「STEM⁺総合活動」の研究に「美意識」という新たな視点が加わったことになります。そのときから総合活動として「美意識」をどのように捉えたらよいのかを考察しはじめました。

将棋士の羽生善治氏は、『捨てる力』（PHP文庫）の中で自分自身の「美意識」を磨くことの大切さを述べています。

「私は常々、『美しい棋譜を残したい』と言ってきました。…価値基準は決して絶対的なものではないけれど、美しさを求めることが大切。手を選ぶ時に『美しい棋譜を』という思いがあれば、それが『美しいかどうか』と考えれば、かなり近道ができる。そういう感覚は大切だと思います。…」1)

「美しさ」とは、とかく芸術の分野における基準として一般的に認識されていますが、羽生氏のように勝負の世界でも「美しさ」を追求したり、そして、今やビジネスの世界でも「美しさ」を求めることが注目されたりしています。いわば、大人になってからも必要な力として「美しさ」が求められているのです。

したがってこの「美しさ」という言葉に隠れている意味は、単に表面的で物理的な見かけのきれいさや、かわいさだけではありません。人間の良心、知性、良識、あるいは周囲への思いやりや感謝の心といったより深く内面的なものが含まれていると考えられます。

本校では、そのような「美しさ」を「美意識」という言葉で表現し、子どもに育てる方法やそのためのカリキュラムを研究しました。

それを受けて総合活動部としては、子どもの思いを大切にした「STEM⁺総合活動」の実践に、どのような子どもの「美意識」を捉えることができるのか、事前に仮説をつくるのではなく、実践を通して明らかにしていきたいと考えました。

そのために、1年目の研究発表として全学級（25学級）の「STEM⁺学級総合」の発表を企画しました。それらの実践から帰納的に総合活動における「美意識」を抽出していったのです。

3. 総合活動で育てたい「美意識」

総合活動における「美意識」を、課題設定時と、課題追究時に分けて捉えました。

【課題設定時の美意識】

自らの問いや思いをもとに、共に幸せに生きることを目的とした課題を設定しようとする心の働き。

【課題追究時の美意識】

STEM的な見方・考え方を働かせたり、試行錯誤や友達との協働を行ったりすることで、課題を追究しようとする心の働き。

STEM⁺総合活動の「＋」という記号には、子どもが本来もっている力として、問いをもつ力、素直さ、生き生きとした意欲という意味が込められています。我々は、2019年２月、新しい総合活動をスタートさせるときに、STEMありきの活動ではなく、「子どもの思い」主体の活動にすることを誓い、あえて「＋」の記号を入れた「STEM⁺総合活動」という名称を発表しました。

「＋」は、子どもが決める課題に大きく関わります。子どもが自らの問いや思いをもとに、どのような課題を設定するかに焦点を当てることで、「美意識」を育てる授業について考察することができました。

次の表は、課題設定時の美意識を捉えるための観点表です。

【課題設定時の「美意識」を評価する観点】

	「美意識」の観点	特徴
1	・好きなこと ・自分のこだわり	個性的 嗜好的
2	みんなで やりたいこと	共通理解 協力的
3	自分たちにとって 役立つこと	合目的的 個別条件的
4	・共に幸せになる ・イノベーション （身の回りの改善）	普遍的 互恵的

１の「好きなこと、自分のこだわり」は、自分の好みや思いを優先して課題を決める心の働きです。実際、2019年から始まったSTEM⁺学級総合の取り組みを見ると、特に低・中学年において、個別またはグループで課題を追究する取り組みが見られました。まずは自分らしいこだわりをもとに課題を決めさせ、自分軸をしっかりつくらせることを意図する場合に用いられる手法です。

２の「みんなでやりたいこと」は、課題の共通理解を図る点で１と異なります。100％自分の思いが反映されるわけではなくても、みんなが認め理解できる課題にしていこうとする心の働きです。

３の「自分たちにとって役立つこと」は、例えば、数か月後に全校児童の前で劇を発表する予定があったとします。そのために、劇で披露するダンスや歌を追究する課題を設定したり、ある劇団の公演から学ぶといった課題を設定したりする心の働きです。合目的的であり、自分たちの活動に役立つ課題を設定しようとする心の働きといえます。

４の「共に幸せになる、イノベーション」は、自分たちのためではなく、周囲の人たちのために何ができるかを考えて課題を考えようとする心の働きです。周囲の人の役に立つことを自らの喜びに変え、自己実現を図る子どもの姿をイメージしています。

次の表は、課題追究時の美意識を捉えるための観点表です。

１の「体験・試行錯誤」については、「まずはやってみよう」という心の働きで、やってみながら調整を繰り返し、求める方向に向かっていこうとする心の働きです。

2の「合意形成・協働」は、仲間と一緒に助け合い、高め合いながら、課題を追究しようとする心の働きです。しかしながら、集団であっても、一人ひとりの「やりたいこと」や「こだわり」を失なわないようにします。そのために合意形成をしようとする心の働きも大切にしなければなりません。

3の「STEM的見方・考え方」については、よりよく課題を達成しようとするときにSTEMを活かそうとする心の働きのことです。

4の「連続する問い・問題発見」については、課題追究の原動力となるものです。課題を追究しているときに、新たな問いが生まれたり、問題を発見したりすることがあります。自分たちの問いに基づいた課題の追究は、「STEM+総合活動」の基盤となる心の働きと言えます。

【課題追究時の「美意識」を評価する観点】

	「美意識」の観点
1	体験・試行錯誤
2	合意形成・協働
3	STEM的見方・考え方
4	連続する問い・問題発見

4.STEM的見方・考え方

「STEM的見方・考え方」とは、STEMに関わる各教科で学習した資質・能力を用いて、問題を発見したり、課題を解決・追究をしようとしたりする心の働きであり、「STEM+総合活動」における「美意識」そのものです。例えば、次のような心の働きを「**STEM的見方・考え方**」と捉えています。

◆グラフを模造紙に表現してプレゼンしようというときに「よりみんなにわかりやすく表現するために、エクセルを使って処理し、パワーポイントで表現しよう」という心の働き。

◆学校に修繕の必要な壁がある。「傷んでいる壁を何とかしたい。そこに自分たちの想いを込めて描いた絵を飾って、人が立ち止まって見てくれるような場所にしよう」という心の働き。

◆投てき板のデザインを描くために、投てき板の縦、横の長さを測定し、紙に長方形の縮図を描き、その上にクーピーでデザインを描く作業をする。⇒大変な作業。その場面で「作業を簡単にするために、iPadで投てき板の写真を撮り、アプリを使って写真の上に直接デザインを描こう」とする心の働き。

日常生活の改善や、自分たちの問いを追究するための活動をしようとするときに、**「STEM的見方・考え方」**を働かせて、より協働的に、より効率的に、より美しく…課題を達成しようとする。この**「STEM的見方・考え方」**を育てることも**「STEM+総合活動」**のねらいの一つなのです。

5．S、T、E、M、A、Lの役割

課題追究時の「美意識」を考えるとき、実践を分析してSTEMの役割を考察しておくことは重要です。子どもたちは、課題を追究する際、STEMのどのような要素を活用する傾向にあるのかを把握することにつながります。

STEMの要素は、S、T、E、Mだけでなく、AとLを含めることを考えています。名称としては「STEM^{+}」にしていますが、定義にあるように、実際には子どもたちのよりよい追究活動にA（芸術）は欠かせません。また、ICTを活用して世界と容易につながることが可能になったグローバル社会においては、コミュニケーションに必要な英語、国語などの言語に関する内容も重要であることから、LanguageのL（言語）を入れる可能性を模索しました。

多くの実践をS、T、E、M、A、Lの６つの視点から分析しました。子どもたちが課題を追究する中で、６つの要素のどの内容がどのような役割を果たしたのか、その結果、子どもにどのような変容が見えたのかを考察したのです。その結果、S、T、E、M、A、Lには、次のような役割があると分析することができました。

S【science】理科に関する知識、理科の見方・考え方を働かせる。
・事象を解明するための方法を与える。
（対象と向き合い、見出した事実をもとに、自分なりの予想や仮説を立て検証する。）
・事象の理由や根拠を説明する。

T【Technology】ICTを活用する。
・必要な情報を収集する。
・効率よく情報を処理する。
・情報について共有したり、共感したりする。
・情報を豊かに表現したり、より多くの人に発信したりする。

E【Engineering】図工、家庭科、算数等
ものづくりに関する教科で培った見方や考え方を働かせる。
・ものづくり自体を課題にする。
・可視化することで、イメージしたり、新たな気づきが生まれたりする。
・新しいものや仕組み、価値を創り出す。

A【Art】音楽、図工、書写等、芸術に関する教科で培った見方や考え方を働かせる。
・対象をより美しく、より豊かに表現する。
・一度できあがった「モノ」や「コト」を見直し、こだわりをもって理想に近づける。

M【Mathematics】算数に関する知識、数学的な見方・考え方を働かせる。
・事象を数理的に分析することで事象の特徴を捉える。
・事象を数理的に考察することで問題を解決する。

L【Language】英語や国語等、言語に関する教科で培った見方や考え方を働かせる。
・自分の思いや考え、判断したことを相手に伝える。

・相手と豊かにコミュニケーションをとる。
・取り組みを記録・整理し、目的に応じて発信する。

6.「美意識」を育てる総合活動の授業の実際

「黒板アートで表現する私たちの想い」

（1） ねらい

傷んだ壁を見て改善する課題を設定し、STEMを活用して追究することができる。また、その経験をもとに他にも周りの人たちのためになる課題を見つけ、STEM的見方・考え方を働かせて課題を追究することができる。

（2） 指導計画

・傷んだ壁の改善…15時間（15時間以外にも絵の交換のため、９月～３月にかけて適宜時間をとって取り組む。）

（3） 授業の概要

① 最初の課題設定における「美意識」

本校の３階にある講堂に上る階段があります。この階段の途中の踊り場にある白い壁が、かなり傷んでいました。この壁をどうにかしよう、という思いがそもそもの始まりでした。

壁を直すのは、お金がかかるので困難でした。その他の方法として、１年生の教室の飾りつけに用いた黒板アートで飾り付けをする案が出てきました。

１年生の教室の飾りつけは、毎年６年生が行っていました。しかし、昨年は、新型コロナウイルスの影響で、飾り付けのために教室に入ることが許されませんでした。飾り付け係のメンバーは肩を落としましたが、その中でも強い想いをもっている子どもがいました。自分が１年生のときに黒板に素敵な絵を描いてもらったことを覚えていて、自分が６年生になったら同じように黒板アートで飾り付けをしたいと思っていたのです。

諦めきれないその子どもは、自分で調べて黒板シートという物を見つけました。その黒板シートに絵を描いて、１年生の教室に掲示すればよいと考えたのです。とてもいいアイディアで、これによって見事な飾りを１年生の教室につくることができました。

【１年生の教室を飾り付けた黒板アート】

このときの成功例を思い出して、その傷んだ壁に黒板アートを飾ろうと発想しました。そして、その黒板アートには、中止になった行事を描き、私たちの想いを表現しようということになりました。

【課題設定に働いた美意識】

・教師が示した写真をもとに、傷んだ壁をどうにかしたいという思いをもちました。この段階では、「みんなでやってみたい」というレベルの美意識でした。子どもたちは、ほぼ毎日壁の前を通っているにもかかわらず、教師が示した写真を見なければ、そのような思いをもつことはできませんでした。それが最初の子どもの「みえ方」でした。

・黒板アートを設置する課題設定は、自分たちが１年生の飾り付けで成功したばかりのもので、それが役立つと判断したからです。合目的的な美意識が働いたと考えられました。

② 黒板アートの制作から設置まで

絵を描くのは主に係の子どもが担当しましたが、絵の設置のための大工仕事や掃除、記録としての撮影等は、別の子どもたちが担当しました。

【休憩時間に絵を描く子ども】

【設置のための大工仕事に取り組む】

【第１回目の絵の設置。みんなで協力。】

【最初の絵は、「富浦でがんばる６年生」】

【できなかった運動会や若桐祭の絵を飾る様子】

【３月、万感の想いで卒業式の絵を飾る】

クラスのみんなが一つになって取り組むことができました。初めて飾った絵は、富浦遠泳の様子で、「富浦でがんばる6年生」という名前をつけました。黒板アートは、アクリル板をあてて保護しましたので、光沢があるような仕上がりに見えました。ちなみにこの絵は、アクリル板を開けて、取り換え可能にしましたので、次は運動会、若桐祭の絵を飾りました。12月にはクリスマスの絵、1月にはお正月の絵を飾りました。在校生の中には、この絵を楽しみにしてくれる子どもも現れました。校長先生にも「いつも絵を見るのを楽しみにしているよ」と声をかけていただきました。

みんなが目をそむけたくなる壁があったその踊り場は、いつの間にか人が足を止めてくれる場所に変わったのです。

自分たちで設定した課題を追究するために、STEMの「芸術」の要素を活用しました。図画工作科で学習した資質・能力を存分に発揮したことになります。

在校生の壁の見方の変化や、在校生からかけられた言葉によって、子どもたちの「みえ方」は変容し始めました。

あるとき、何人かの子どもたちが

「1運にある投てき板が傷んでいるから、直すことができませんか」

と言ってきました。そうすれば低学年の子どもたちがもっと楽しく遊べる場になるのではないかというのです。この課題をクラスで共有したところ、みんな大いに賛成しました。この発想が、次の実践を生みました。

「投てき版リニューアル」

(1) ねらい

投てき板が傷んでいることに気づき、低学年の子どもたちのために修復したいという想いをもつことができる。そして、STEMを活用して追究することができる。

(2) 指導計画

・課題の設定…3時間

・デザインを決める…5時間

・修繕、ペンキ塗り…8時間

(当初の計画は上記の通りだが、新型コロナウイルスの影響でなかなか前に進めることができず、実際にはもっと長い期間を要した。)

(3) 授業の概要

① 課題設定時の子どもの美意識

【古い投てき板】

第一運動場に右の写真のような投てき板がありました。子どもたちは、この投てき板に目を付けました。それは、古いもので痛みが見えたからです。

黒板アートの成功によって、子どもたちは学校にあるものを、修復、改善という視点で見ていました。投てき板の「みえ方」は、黒板アートを飾った傷んだ壁の「みえ方」

とは明らかに異なっていました。今度は、自分たちで積極的に問題を発見したのです。

子どもたちは、低学年の子どもたちに喜んでもらうために、この投てき板のペンキを塗り直して新しくするという課題を設定しました。

【課題設定に働いた美意識】

・投てき板が傷んでいることに気がつき、低学年の子どもたちのために、投てき板の修繕、ペンキの塗りなおしという課題を設定しました。この課題設定に働いた「美意識」は、「共に幸せになる」、「イノベーション」という観点の美意識です。

・黒板アートの実践から得た経験によって、明らかに課題設定に他者の幸せを願う思いが入り、「美意識」の成長を評価することができました。

② デザインを決める

最初にやったことは、デザインの検討でした。体育科の先生に自分たちの考えたデザインを提案し、ご意見を伺いました。投てき板は体育の授業でも使用するので、勝手にデザインをするわけにはいきません。何度も意見を伺い、長い時間をかけて決まっていきました。下の写真㋐、㋑は、提案したいろいろなデザインの一部です。

㋐

㋑

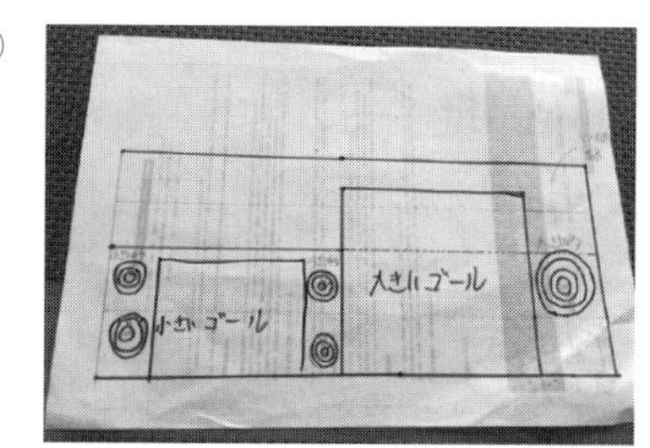

筑波大学附属小学校は、各学年１部～４部まで４クラスあります。各クラスにはクラスカラーがあり、１部（黄色）、２部（緑）、３部（紫）、４部（赤）と決まっています。最終的には、下図のようにその４色をデザインに取り入れることにしました。

③ 板の修繕とペンキ塗り

ペンキ塗りは、自分たちの力だけでは難しいので、図工の先生に相談し、いろいろ教わりながら仕事を進めました。腐った板の張替まで行いました。その後は、白アリが上がってこないように投てき板と地面を離すために土を少し掘ったり、板を雑巾で拭いて掃除をしたりしました。それが終わったら、いよいよペンキ塗り。下地に白色のペンキを塗り、その上に１部～４部の各クラスカラーの４色の色を塗っていきました。最後にテープをとれば、下地として塗っておいた白色の直線があらわれるという段取りでした。

【板の張り替えに取り組む様子】

【シロアリ対策で板と地面の間を掘る様子】

【ペンキ塗りに挑戦。とても楽しかった作業】

【テープをとると、白いラインが現れた】

【最後に投てき板の前で記念撮影】

このすべての工程が終わるまで数か月を要しましたが、クラス一丸となって取り組んだこの活動は、子どもたちに自信を与えてくれました。自分たちで設定した課題の追究のために、STEMの「ものづくり」や「芸術」の要素を活用しました。実際には、図工の先生に板の修繕とペンキ塗りの段取りや技術について、教わりながらの作業でしたが、課題が確かに達成できたときの喜びは格別でした。　（文責　盛山隆雄）

７.「STEM⁺総合活動」のカリキュラム

本校は、「生活科」と「特別活動」と「総合的な学習の時間」をまとめて「総合活動」と称し、特徴ある実践を行っています。４年間の研究から、本校の「STEM⁺総合活動」のカリキュラムを、課題設定時に働く美意識の観点から次のように整理しました。

		子どもの問いや思いに基づいた課題			
学年		**A 自分のこだわりの活動**	**活用STEM（例）**	**B みんなでやりたい活動**	**活用STEM（例）**
低学年	行事に関わる活動	・学習発表 自分の得意な、または好きな表現にこだわって取り組む。		・きょうだい遠足 高学年に案内してもらい、一緒に楽しく遊ぶ。	・お礼の気持ちを手紙やビデオレターで表現する。(L,T)
		・運動会 自分の得意な個人種目にこだわって努力する。	・タイムを測定し、記録する。(M)	・運動会 クラスで目標をもって練習に取り組む。	・練習の様子をビデオにとり、振り返りに活用する。(T)
				・保谷農園での活動 さつまいもの苗差し、じゃがいもやさつまいも掘りを行う。	・収穫したさつまいもやじゃがいもの個数を数える。(M)
	STEM+ 学級総合	・自分の好きなことを見つけて、自分なりに追究し、みんなの前で発表する。 ・例）学校の好きな場所や、町の素敵な場所、さらにその季節らしいものを決めて、工作や絵で表現したり、みんなの前で発表したりする。 『なわとび名人をめざそう』 『教室に役立つものを作ろう』	・工作や絵で表現したものを書画カメラで発表したり、端末を使用し写真撮影をしてプレゼンをしたりする。(E,A,T,L)	・グループまたはクラスのみんなでやりたいことを見つけ、協力して課題を追究する。 『とべ紙ひこうき！』	・グループごとに工作や絵で表現したものを書画カメラで発表し合う。端末を使用し写真撮影をしてプレゼンをし合う。(E,A,T,L)
	生活科の内容のまとまり	(1)学校と生活 (2)家庭と生活 (3)地域と生活 (4)公共物や公共施設の利用 (5)季節の変化と生活 (6)自然や物を使った遊び (7)動植物の飼育・栽培		(1)学校と生活 (7)動植物の飼育・栽培 (8)生活や出来事の伝え合い (9)自分の成長	
中学年	行事に関わる活動	・運動会 自分の得意な個人種目にこだわって努力する。		・清里合宿 みんなと協力して生活することで親睦を深め、清里の自然を満喫する。	・清里の自然について、インターネットで調べる。(T)
		・学習発表 自分の得意な、または好きな表現にこだわって取り組む。		・保谷農園での活動 さつまいもの苗差し、じゃがいもやさつまいも掘りを行う。3年生は、クラス替え前のお別れ行事を行う。	・さつまいもやじゃがいもの生育ついて調べる。(S)
	STEM+ 学級総合	・個人の追究活動 自分の好きなことを追究し、発表する。友だちとの意見交換を通して、新たな問いをつくる。 『探究タイム』	・工作や絵、書画カメラやPCを使って、プロジェクターで表現する。(E,A,T,L)	・集団での追究活動 グループまたはクラスでやりたいことを見つけ、協力して課題を追究する。意見交換を通して新たな問いをつくる。 『キレのあるダンスを踊ろう！』 『筑波小の生き物』	・工作や絵、書画カメラやPCを使って、プロジェクターで表現する。(E,A,T,L)
高学年	行事に関わる活動	・運動会 自分の得意な個人種目にこだわって努力する。	・記録を数値化して、グラフに表すなどして伸びを捉える。(T,M)	・保谷農園での活動 さつまいもの苗差し、じゃがいもやさつまいも掘りを行う。6年生は、卒業前のお別れ行事を行う。	・
		・学習発表 自分の得意な、または好きな表現にこだわって取り組む。	・工作、絵、歌、演奏、ダンス、映像などによる表現。(L,E,A,T)	・清里合宿 グループごとに協力して、自由行動の計画を立て実行することができる。	・PCを使って検索をするなどして、計画を立てる。(S,T,E,A,M,L)
	STEM+ 学級総合	・個人の追究活動 自分の決めた課題を追究し発表する。友だちとの意見交換を通して、新たな問いをつくり深める。 『プログラマブル炊飯器でお米を美味しく!』	・PCを使って検索、分析を行う。 ・課題追究のための計画を立てる。 ・PC等を用いて表現方法を工夫する。(S,T,E,A,M,L)	・集団での追究活動 グループまたはクラスで決めた課題を協力して追究する。意見交換を通して新たな問いをつくり深める。 『目指せ！未来を拓く知識人』 『得意なことを生かした作品づくり』 『幸せをつくる・増やすプロジェクト』	・PCを使って検索、分析を行う。 ・課題追究のための計画を立てる。 ・PC等を用いて表現方法を工夫する。(S,T,E,A,M,L)

	子どもの問いや思いに基づいた課題				
	C 自分たちにとって役立つ（意義のある）活動	**活用STEM（例）**	**D 共に幸せになるための活動**	**活用STEM（例）**	**E テクノロジーの習得**
	・学習発表 劇づくりなど、様々な表現活動を行う。友だちと協力して一つのものをつくりあげる。	・衣装や大道具づくりに関わる。(E,A) ・台詞の表現の仕方を工夫する。(L)	・１年生を迎える子ども会 ３年生の企画のもと、２年生としてできる仕事を担い、歓迎の気持ちを表す。	・作文、工作、絵、歌、ダンス、映像などによる表現。(L,E,A,T)	・PC等機器の管理方法 ・電源の入れ方 ・タイピングの基礎（日本語入力・ローマ字入力） ・カメラによる写真撮影 ・インターネットへの接続とモラル（ルール、マナー、危機管理） ・インターネットによる検索の基礎 ・インターネット図書の利用 ・「学びポケット」へのアクセスと使用方法、ルール・マナーの基礎 ・「学びポケット」へのコメントの書き込みとルール・マナーの基礎 ・microsoft「teams」へのアクセスと使用方法、ルール・マナーの基礎 ・コマドリアニメーションの制作と活用 ・プレゼンテーション「excel」の使用方法の基礎
			・６年生を送る子ども会 ５年生の企画のもと、低学年としてできる仕事を担い、６年生への感謝の気持ちを表す。	・作文、工作、絵、歌、ダンス、映像などによる表現。(L,E,A,T)	
	・保谷農園での活動 保谷農園ならではの自然を生かした遊びを創造する。	・七夕祭りや収穫祭のための飾りやものづくりを行う。(E,A)			
	・自分たちのやりたいことを見つけて、それを実現するために自分たちなりに追究し、みんなと一緒に実行する。 『学校の食べられる植物さがし＋』 『クラスで生き物を飼おう』 『しぜんであそぼう』	・作文、工作、絵、歌、演奏、ダンス、映像などによる表現。(L,E,A,T)	・自分の生活を振り返り、自分を支えてくれた人の存在を知り、感謝の気持ちを表す。 『学校だいすき』 『1年生を楽しませよう大作戦』 『学校を楽しくする会社活動』	・作文、工作、絵、歌、演奏、ダンス、映像などで表現したり、端末を使用し写真やビデオでプレゼンをしたりする。(E,A,T,L)	
	(5)季節の変化と生活 (6)自然や物を使った遊び (8)生活や出来事の伝え合い (9)自分の成長		(2)家庭と生活 (3)地域と生活 (4)公共物や公共施設の利用 (8)生活や出来事の伝え合い (9)自分の成長		
	・運動会 仲間と一緒に目標に向かって努力する態度を育て、クラスのまとまりをつくる。	・練習の様子をビデオにとり、振り返りに活用する。(T)	・きょうだい遠足 ペア学年を楽しませるために遠足の企画や準備、当日の案内等を行う。	・しおりを作成する。(T,L,A)	・インターネットへの接続とモラル（ルール、マナー、危機管理） ・自身の興味関心に応じたインターネット図書の活用 ・自身の興味関心に応じたインターネットによる検索の活用 ・microsoft「teams」「学びポケット」での協働制作の基礎 ・microsoft「teams」「学びポケット」でのオンラインチャットミーティング ・プレゼンテーション「excel」による、自身の興味関心に応じた研究などの発表の活用 ・動画編集、映像、音楽などをミックスしたメディア表現の基礎
	・学習発表会 日頃の学習を活用し、発表する内容や方法について検討して友だちと協力して発表をつくる。	・衣装や大道具づくりに関わる（E,T,A） ・台詞づくりに関わる。台詞の表現の仕方を工夫する。(L)	・１年生を迎える子ども会 ３年生は会の企画や準備を行う。４年生はできる仕事を担い、１年生に歓迎の気持ちを表す。	・作文、工作、絵、歌、演奏、ダンス、映像などによる表現。(L,E,A,T)	
			・６年生を送る子ども会 ５年生の企画のもと、中学年としてできる仕事を担い、6年生への感謝の気持ちを表す。	・作文、工作、絵、歌、演奏、ダンス、映像などによる表現。(L,E,A,T)	
	・行事に関連した追究活動 学習発表会や運動会、清里合宿などの成功のために課題をつくって取り組む。 『オリジナル劇をつくろう』 『なりたい自分の姿』 『本当の豊かさ』	・工作や絵、書画カメラやPCを使って、プロジェクターで表現する。(E,A,T,L)	・学校生活をよくするための追究活動　身のまわりの状況を観察し、問題を見つけ、その改善に取り組む。結果的に、自分たちだけでなく周囲の人も喜んでくれることを目指す。 『のはらうたミュージアム①』 『～のために自分ができること』 『私たちと環境にとって大切なこと』 『子どもが行き先を決める“きょうだいタイム”』	・PCを使って検索、分析を行う。 ・課題追究のための計画を立てる ・PC等を用いて表現方法を工夫する。(S,T,E,A,M,L)	
	・運動会 仲間と一緒に目標に向かって努力し、自己実現を果たすと共に、その姿を下級生に示す。	・練習の様子をビデオにとり、振り返りに活用する。(T)	・きょうだい遠足 ５年生は、３年生の案内をフォローしながら遠足を行う。６年生は、１年生を楽しませるために企画、準備、当日の案内等を行う。	・しおりを作成する。(T,L,A)	・インターネットへの接続とモラル（ルール、マナー、危機管理） ・クラスや、学校全体への働きかけを目指すmicrosoft「teams」「学びポケット」での協働制作とその自主的活用 ・クラスや、学校全体への働きかけを目指すmicrosoft「teams」「学びポケット」でのオンラインチャットミーティング自主的活用 ・クラスや、学校全体への働きかけを目指すプレゼンテーション等表現ツールの活用 ・クラスや、学校全体への働きかけを目指す写真、動画編集、映像表現等メディアの活用
	・学習発表会 日頃の学習を活用し、発表する内容や方法について検討して友だちと協力して発表をつくる。下級生にメッセージを発信する。	・衣装や大道具づくりに関わる（E,T,A） ・台詞づくりに関わる。台詞の表現の仕方を工夫する。(L)	・１年生を迎えるジャンボ遊び １年生を楽しませる遊びをつくる。６年生は、１年生の学校生活になれるためのお世話をする。	・工作、絵、歌、演奏、ダンス、映像などによる表現。(L,E,A,T)	
	・清里合宿 三ツ頭登山など、目標に向かって協力して取り組む。自己実現を果たすと共に、クラスの絆を深める。		・６年生を送る子ども会 ５年生は会の企画、準備、当日の運営にあたる。	・工作、絵、歌、演奏、ダンス、映像などによる表現。(L,E,A,T)	
	・富浦合宿 ６年間の水泳学校の集大成として、富浦海岸で遠泳に挑戦する。				
	・行事に関連した追究活動 学習発表会や運動会、清里合宿などの成功のために課題をつくって取り組む。 『自分たちで創る劇』	・PCを使って検索、分析を行う。 ・課題追究のための計画を立てる。 ・PC等を用いて表現方法を工夫する。(S,T,E,A,M,L)	・学校生活をよくするための追究活動　身のまわりの状況を観察し、問題を見つけ、その改善に取り組む。結果的に、自分たちだけでなく周囲の人も喜んでくれることを目指す。 『スマイルプロジェクト』 『ようこそ１年生』	・PCを使って検索、分析を行う。 ・課題追究のための計画を立てる。 ・PC等を用いて表現方法を工夫する。(S,T,E,A,M,L)	

教科等横断的な学習(理科・保健教育・道徳科)

正解のない問題に納得解を出す「いのちの授業」

齋藤久美／佐々木昭弘／加藤宣行／山田 誠

1.「いのちの授業」で育てたい「美意識」とは

OECDが組織したプロジェクトであるDeSeCoが示したキーコンピテンシーの一つに「異質な集団で交流する力」があります。今後さらにグローバル化が進めば、自分の価値基準にとらわれず、様々な文化的背景、価値観、経歴をもった異質な集団といかに交流できる“柔軟な心のもちかた”が求められるでしょう。

さらに、現代を生きる私たちの目の前には、正解のない様々な問題が山積しています。例えば、安楽死、原子力発電、死刑制度、クローン技術等の是非と、枚挙に暇がありません。そのような中で建設的な議論をするためには、いたずらに対立構造をつくることなく、自ら学び自ら考え、主体的に判断して自分なりの「納得解」を導き出そうとする態度が求められることになります。

本実践「いのちの授業」で取り扱う「脳死・臓器移植」もまた、正解がない問題の一つです。多様な価値観の中で学習が展開する過程で、普遍性（共通了解可能性）を共に見出そうとする態度が求められます。そして、「脳死・臓器移植」に対する納得解を創り上げることが求められます。

本実践では、理科、保健教育、道徳科の教科横断的な指導と、医療従事者との連携により、「脳死・臓器移植」に対する考えを児童が構築していく過程で、「命」の尊厳と、「生きる」ことの価値を見出すことをねらいとしています。また、子どもたちに臓器移植の必要性を理解させることを主たる目的とするのではなく、脳死と臓器移植に関わる問題について、小学生なりに考える場を設定していることを重視しており、「正解を求めない」問題解決的な学習の一つの形と言えます。

これは、「共に幸せに生きるためのこだわり」であり、知識を増やしたり、仲間と話し合ったり、家族と話し合ったりする過程で育まれていく「美意識」と考えています。

2.「いのちの授業」で「美意識」を育てる条件

臓器移植に対する考え方は、2010年に改定された臓器移植法が日本で施行された後も実に多様です。特に、ドナー（臓器提供者）側とレシピエント（移植希望者）側では、「脳死」を人の死と考えてよいのか、その解釈に大きな隔たりが生じてしまうことがあり、未だに議論が続いています。

もしも身内が「脳死」と判定されたとします。心拍や呼吸があり、体温も感じられるにも関わらず「死んでいる」と自分が納得できるでしょうか。しかし、臓器移植を待つ患者（レシピエント）に視点を移したとき、やがて死が訪れる脳死者の臓器を提供（ドナー）し、命をつなぐことの価値は理解できるはずであり、視点を変えることで生じる自己矛盾による葛藤が生まれることになります。

この葛藤場面に子どもたちを立たせてみたいのです。ここに、「共に幸せになること」の共通了解を見出そうとする態度を育成できる可能性があると考えています。教師が想定している「教科の本質」と子どもの「みえ方」とを融合させることで、教師にとっても子どもにとっても価値ある学びの系統を実現させたいと考えました。

そこで、本実践では、理科・総合活動（保健教育）・道徳科との教科横断的なカリキュラムを作成することにしました。

3.「いのちの授業」で「美意識」を育てる授業の実際

(1)　指導計画〔総17時間：理科10・総合活動５・道徳科２〕

次	教科等	主題と主な学習内容	指導者
1～10	理科 1～10	「人の体のしくみと働き」７時間、「人の死の判定の条件」３時間（①生命を維持する働きと脳・②「三徴候」による死の判定・③「脳死」による死の判定）	理科教諭医師
11～15	総合活動１	「Sちゃんとわたしたち」：心臓病の少女「Sちゃん」の事例を通して、病気と闘っている子や家族、医療関係者等について知る。	養護教諭担任
	総合活動２	「Sちゃんの闘病」～どうしてアメリカで移植手術を受けたのか～：アメリカでの闘病、心臓移植の大変さや本人、家族の思いを理解し、日本で心臓移植が少ない理由について、考えをまとめたり、友人や家族と話し合ったりする。	養護教諭医師
	総合活動３	心臓移植のドナーの家族の思いを知り、自分の考えをまとめたり、友人や家族と話し合ったりする。	養護教諭
	総合活動４	児童各自による調べ学習 ・日本臓器移植ネットワークのHP、ワークシートを使用	担任、 養護教諭
	総合活動５	「いのちを大切に」：学習してきたことを生かし、自分たちが今後どう生活していったらよいかを考え、表現する。	養護教諭
16、17	道徳科1、2	教材や話し合いを通して、生命尊重について考える。 ・自分がドナーになったとき、家族がドナーになったとき ・自分がレシピエントになったとき、家族がレシピエントになったとき	道徳科教諭

(2)　授業の実際

〈理科〉　授業者：佐々木昭弘・土井庄三郎（医師）

「脳死」は人の死か？

第６学年の理科単元「人の体のしくみと働き」では、呼吸・消化・循環の働きによって生命活動が維持されていることを学習します。

ここに、「生」とは真逆の「死」の視点を加えてみます。

生命を維持する働きが失われれば、当然のことながら生物は「死」を迎えることになります。しかし、医師は生命を維持する働きすべてを確認することはできないため、三徴候（呼吸停止・心拍停止・瞳孔散大）によって死を判定しています。

ここで「問い」が生まれます。なぜ３つの徴候だけを確認することで死を判定することが可能なのでしょうか。子どもたちは、呼吸・心拍による循環が他の生命を維持する働きをも支える重要な働きであることに気づいていきます。

さらに、呼吸・消化・循環の働きは、自律神経の支配を受け、主に脳幹によってコントロールされていること、さらに、瞳孔散大もまた脳幹の働きが失われている可能性を示しており、「脳死」判定の基準に関係していることを知ります。

物事の本質は多面的であり、相反する概念との比較によってこそ浮き彫りになっていきます。理科教育における「生命を維持する働き」もまた、「生」と「死」との比較によって多面的な理解へと深化させることができると考えます。〔P.81参照〕

理科の学習に「死」及び脳（神経系）の内容を加えることで「脳死」の原理についての理解を図り、総合活動（保健教育）との連携によりレシピエントとドナー双方の視点で考えることで「脳死・臓器移植」に対する自分なりの立場を決めます（注：ここでの立場とは、あくまでも現時点でのものであり、今後の学びや生活の中で得られる情報をもとに変化し続けることを前提としている）。さらに、道徳科との連携により、これからの自分の生き方や生きることの意味について考えていきます。

これまでの小学校学習指導要領の「理科の目標」に必ず記されている「自然を愛する心情」もまた、「美意識」のフィルターを通せば、科学技術の進歩に伴う倫理観もまた、様々な考え方の中での共通了解の必要性が見えてきます。ゲノム解析、再生医療、脳死、臓器移植等に対して自分はどう考えるのか、他者と共通了解できる納得解を求めようとする態度の育成です。

人の「死」を小学校の学習で取り扱うことは、死への恐怖をいたずらにあおるのではないかという批判があります。そのような風評は学校現場でも例外なく強く、実践に踏み込めない教師が多く存在しています。しかし、学習後の感想文では、自分にとって「生きること」の価値を見出そうとする児童がむしろ多い結果が得られました。〔P.181参照〕

限りある命だからこそ、すべての命には尊厳があります。脳死・臓器移植の現実を学ぶことをきっかけとして「死」について考えることは、「生きること」への価値を学ぶことそのものなのであることを、多くの教育関係者に理解してほしいと願います。

（文責　佐々木昭弘）

〈総合活動（保健）〉　授業者：齋藤久美・内田敬子（医師）

「いのちの授業」～心臓移植について考えよう～

日本の小児の心臓移植件数は欧米に比べて非常に少なく、危険を冒して海外渡航移植を受ける子が多いという実態があります。日本と欧米の脳死についての考えや臓器提供の意思表示のルールの違いなどが背景にあると考えられています。2009年の改正臓器移植法により、15歳未満の脳死での臓器提供も可能となった現在も認知度は高くありません。この問題を未来の社会を支える児童に自分ごとと捉えさせ、自他の健康や命に関する問題に正面から向き合い、自分がどう生きるかについても考えさせ、いじめや自殺企図などの心身の健康問題の防止につなげたいと考えました。

以下、総合活動の実践より１時間目、２時間目を紹介します。

◇　この授業で育てたい子どもの美意識

・子どもの心臓移植にかかわる問題や関係者の気持ちを自分ごとと捉え、自分にできることを考え、言ったり書いたりできる。

・健康に生活できていることが当たり前ではないことに気づき、自他の命を大切にして精一杯生きようとする。

・必要な人が移植を受けることができ、共に幸せに生きることができる社会の実現に向けて、知り、考えようとする。

◇　美意識を育てるかかわり

同世代のレシピエントの事例を紹介し、自分たちの生活との違いや本人と闘病を支える人たちの思いを想像して話し合わせる（第一次)、レシピエントの少女がアメリカへ渡航しての移植手術を決断した理由について児童の予想（みえ方）を表出させる（第二次）など、教材の美を吟味し、それに対する子どものみえ方を表出させるよう工夫しています。

さらに、日本のドナーが少ないことに気づかせ、その理由を考え、予想し、新たな問いを表出させた後、ゲストティーチャーである医師より事実を聞き、その上で自分なりの問いの答え（見方）を見出すようにしました。

◇　授業の流れ

①　総合活動１「Sちゃんとわたしたち」

活動１ Sちゃんの経過を紹介

Sちゃん：実在する2010年生まれの心臓の重い病気の女の子。心臓の筋肉が働かなくなった状態、不整脈を起こして突然死する可能性がある。

最初に、母親の闘病日記を抜粋した資料を掲示し、日本臓器移植ネットワークに登録するまでの病状を紹介しました。そして、心臓移植は、手術や薬などでは治療できない病気に対して行われる医療であり、自分たちもいつそのような状態になるかわからないことに気づかせ、自分ごととして考えられるようにしました。さらに、本人や家族に心臓病既往者がいることを想定した配慮として、「心臓の病気は、軽いものでは、定期的に検査を受けて様子を見ればよいものもあること、心筋梗塞も手術などで治療できるものもあること」を指導しました。

活動２　Sちゃんや家族、医療従事者などの気持ちを考え、話し合う。

※Tは教師、Cは児童

（T：Sちゃん、家族、医療従事者、友達や先生、自分たちの関係を図に表す）

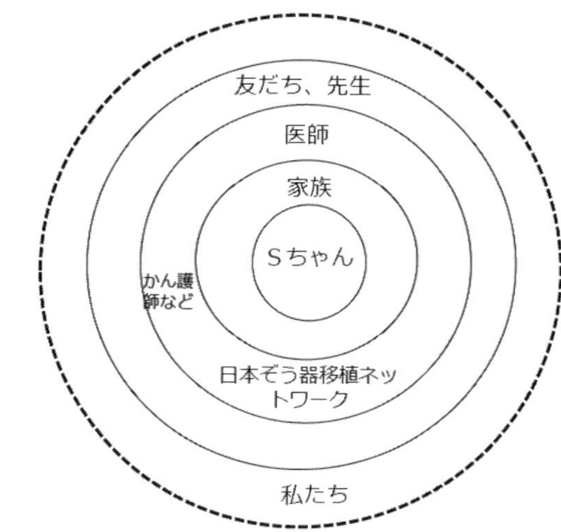

T　Sちゃんや家族、治療を支えている医師などの医療従事者、友達や先生などは、どんな気持ちでしょうか。

C　Sちゃんは治るかどうか不安で、恐怖を感じている。少しでも早く治したい。でも、夢や希望をあきらめずに、生きようとしているし、支えてくれている人に感謝している。
家族は、悲しい、責任を感じている。励まし、未来への希望を信じている。幸せになってほしいと思っている。

C　医療従事者は、何とか治してあげて、元気な姿にもどしたい、早くドナーが見つかってほしいと思っている。Sちゃんにできることはすべてやったが、すぐに治してあげられず、つらい気持ち。友達・先生などは、早く病気を治して一緒に遊んだり、勉強したりしたいと思っている。応援している。会いたい。

C　家族は、自分たちにできることを探しているが、何もできない現実がある。

C　家族は、早く移植を受け、普通の生活を送らせてあげたいと思っている。

活動３　事例を知った自分たちの思いを話し合う。

T　皆さんは、Sちゃんのことを知って、どう思いますか。

C　Sちゃんのような人は他にもいる。直接会うことはできないが、インターネットなどでその人たちのことをよく知ったり、今できる最善のサポートをしたりすることが大切だと思う。

C　臓器移植を受ける立場なら受けたいが、ドナーになるのは、今は気が進まない。

C　今、自分たちが、普通の生活をできていることは幸せだと思う。

C　Sちゃんは、家族団らんとか、一緒に運動したり遊んだりするなど、当たり前の生活ができていないと思う。移植手術が成功するようになって、みんなが当たり前の生活ができるような世の中になってほしい。

◎１時間目授業後の考察（ノートの記述）※抜粋

C　自分は今すぐ心臓移植でＳちゃんを助けることはできないが、心臓移植について知ることで、できることがある。世間に理解を深めることが大切。

C　もしかしたら、Ｓちゃんと自分の立場が逆だったかもしれないと思うと胸が痛いし、Ｓちゃんは本当に強い。いつか大人になったら、Ｓちゃんのような

C　子を救えるようになりたい。そのために、今から勉強をしていこうと思う。
C　命は大切だと改めて感じた。自分の毎日が当たり前ではなく、その生活に感謝し、毎日を一生けん命生きることが大切だと感じた。

②　総合活動２「Sちゃんの闘病～どうしてアメリカで移植手術を受けたのか～」

ゲストティーチャー　内田敬子先生（医師・慶應義塾大学）

活動１　**前時の感想を共有する。**

意図的指名により、２～３名に前時の感想を発表させました（前頁参照）。

活動２　**闘病日記から、アメリカへの渡航や闘病生活の苦労について知る。**

〈闘病日記〉　※抜粋
○募金が集まり、危険を冒して渡航し、アメリカの病院で「待機リスト」に登録され、心臓移植を待つ。その間に心臓が止まったり、脳出血を起こしたりして危険な状態になる。
○５月にドナーが見つかり、心臓移植手術を受ける。その後も壮絶な闘病を経て帰国する。

活動３　**どうしてアメリカで心臓移植を受けたのかを話し合う。**

※Tは教師、Cは児童
T　Sちゃんは、どうしてアメリカで心臓移植を受けたのでしょうか。
C　日本はドナーが少なく、移植が進んでいないのではないか。
C　日本は医療機器が進んでいないのではないか。
C　アメリカでドナーが見つかったから渡航したのではないか。
C　日本よりアメリカの方が、医療技術が進んでいるのではないか。
C　日本は臓器提供のルールが厳しいのではないか。
C　日本人は脳死での移植に消極的なのではないか。

活動４　**小児循環器医より、海外の国々と比較した日本の臓器移植を巡る状況について、データ等も活用して話を聞く。**

○日本ではドナーが少ないのは事実。
○日本には、移植手術に必要な医療機器は全て揃っている。
○Sちゃんは、ドナーが見つかっていない状況で渡航し、順番を待った。
○日本は移植手術後の生存率が高く、医療技術は進んでいる。
○日本では、ドナーとレシピエント双方が納得して移植を受けられるようにするため、臓器提供のルールが厳密に決められている。
○日本人は脳死を死と捉えにくいのではないか。

〈活用した資料〉
・日本で臓器移植を希望する人と受けられた人の割合
・日本とアメリカの心臓移植の件数（子ども）

・世界と日本の臓器提供数の違い
・臓器提供の制度（OPTING IN,OPTING OUT）
・日本の臓器移植の４つの権利

活動５　臓器移植のドナーについての投書をもとに話し合う。

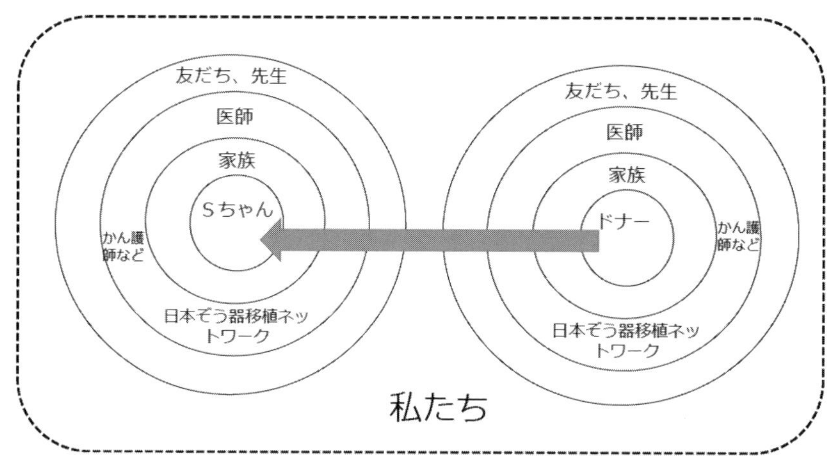

・レシピエント・ドナーとその家族、医療従事者、友達と、自分たちの関係を図に表す。
・ドナー家族や移植に反対する人の投書を読み、ドナーがいてはじめて移植が行われることに気づかせるとともに、ドナーの家族の苦悩や、家族をドナーにしたくないという思いについて考える。

活動６　学習のまとめを行う。また、さらに知りたいことをまとめ、調べ学習につなげる。

◎２時間目授業後の考察（ノートの記述）※抜粋

C　自分は、移植を受ける側なら臓器提供してほしいが、提供する側になりたいと思っていなかった。でも、資料を読んで、自分が脳死になってもう動かなくても、自分の臓器で他の人が生きられると思ったら、少し提供してもいいかなと思った。

C　一刻も早く移植を受けたいレシピエントと、ついさっきまで元気だった家族などの臓器を提供するドナーの家族の思いは真逆。お互いにその思いをわかり合うことが大切。また、今回私たちが学んだように、臓器移植について学ぶ機会が必要。臓器移植について深く考え、個人の意志を尊重した移植を受けやすくする制度が必要。

C　ドナーになったり、移植を受けたりする権利を守りながら、自分の気持ちを押しつけるではなく、本人の意思を尊重する必要があるとわかった。また、いろいろな立場から考えることが大切だとわかった。臓器提供をすることで、自分はもう生きることができないけど、他の人の身体で生きることができるので、よく考えることが必要だ。

◇　授業を終えて

授業後には、日本臓器移植ネットワークのキッズサイト（HP）のワークシートを活用して、調べ学習を行うよう指導しました。ワークシートは、4面あり、児童が臓器移植についての知識を深めたり、家族や友人などにインタビューしたりするコーナーがあり、最後に児童が学習のまとめを記入するようになっています。ノートに書かれた1時間目、2時間目の考察と、ワークシートの記述をもとに、児童の考えの変容を追いました。

下の表は、男子Aと女子Bの変容を表したものです。A、Bはそれぞれ、1時間目の考察では、客観的であったり、「支える」「励ます」といった、当事者からは離れていたりする「みえ方」を書いていました。しかし2時間目の授業後には、学んだことをもとに脳死での臓器移植について自分の意見（「見方」）をもち、「さらに学びたい」「考えたい」と書いていました。授業後の、ワークシートを活用した調べ学習では、両親へのインタビューで、「子どもの臓器を提供したくない、でも移植は受けさせたい」「この機会によく考えたい」「臓器提供・移植に賛成」という様々な意見を受け止めていました。学習のまとめでは、自分なりのこだわりをもって、新たな課題を見出している姿が見られました。

（文責　齋藤久美）

		児童A（男子）の変容
1時間目の考察		僕たちは、ドナーとなり、直接的にかかわるほかにも、病気そのものをよく知っていくような間接的なかかわりもできる。
2時間目の考察		僕は、脳死状態になったら、臓器提供していいと思う。もう助かる見込みのない人よりも、助かる見込みのある人を助ける方が、人の一生を全うできると思う。移植について学び、考えることが、日本のドナーの増加につながるのではないか。
調べ学習	インタビュー	両親：子どもが脳死になっても、体を傷つけられたくないので提供はしたくない。でも、移植は受けさせたい。死んでほしくない。
	学習のまとめ	日本の移植率の低さは、認知が進んでいないからではないか。自分は提供も移植もOKだが、家族は違う。家族の考えが一致しないとだめだ。現状を知り、自力でよく考えることから始めよう。

		児童B（女子）の変容
1時間目の考察		Sちゃんのことは知らなかったが、私たちがいつ、その立場になるかわからない。「関係ない」と思うのではなく、Sちゃんの気持ちを考え、少しでも力になったり支えてあげたりしたい。
2時間目の考察		私は、心臓が動いているのに、移植することは気がのらなかったが、授業の資料を見て、1人の命で7人もの命を救うことができるのなら、いいなと思った。自分で考えて、一番よい答えを出そうと思った。
調べ学習	インタビュー	母：免許証などに意思表示を記載できることは知っていたが、書いていなかった。この機会によく考えてみようと思った。 父：臓器提供する。自分が貰う立場になったときに、「自分はあげない」という選択をするのは失礼だと思う。
	学習のまとめ	脳死になったら、臓器を移植すれば、自分はいなくなってしまうけど、多くの人の命を救うことができる。そう思うと移植してもいいのかなと思った。また自分は、臓器をあげた人の中に生きている。なので私は臓器移植に賛成だ。

〈道徳科〉　授業者：加藤宣行・山田誠　～授業の実際は略～

4.「いのちの授業」で「美意識」を育てるカリキュラム

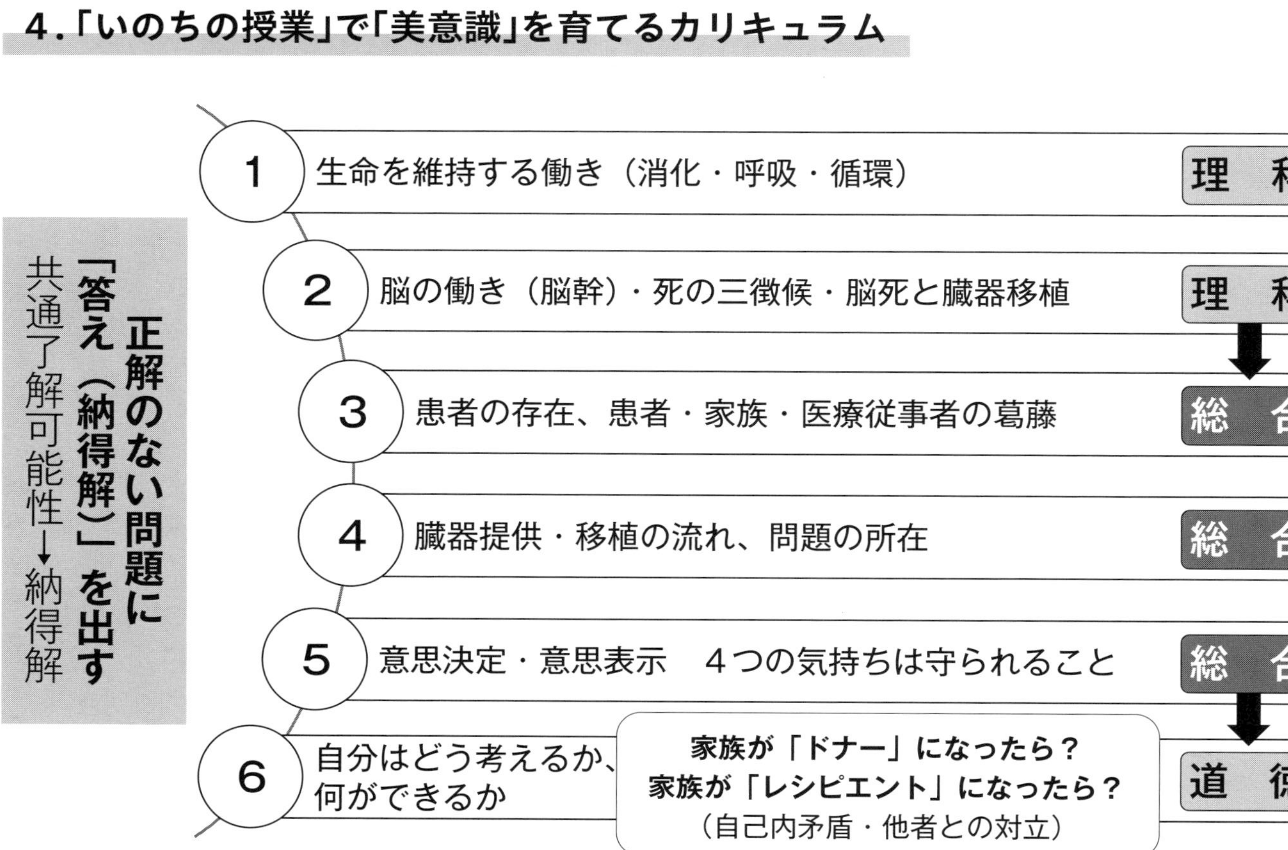

研究同人

校　長　佐々木昭弘
副校長　夏坂　哲志

研究企画部　○髙倉　弘光　桂　聖　由井薗　健　大野　桂
辻　健　平野　次郎　笠　雷太　眞榮里耕太
加藤　宣行　盛山　隆雄

国語科教育研究部　○白坂　洋一　青木　伸生　青山　由紀
桂　聖　弥延　浩史

社会科教育研究部　○粕谷　昌良　由井薗　健　山下　真一
梅澤　真一（R4年度まで）

算数科教育研究部　○大野　桂　盛山　隆雄　夏坂　哲志　中田　寿幸
森本　隆史　青山　尚司　田中　英海
山本　良和（R2年度まで）

理科教育研究部　○辻　健　鷲見　辰美　佐々木昭弘
志田　正訓　富田　瑞枝

音楽科教育研究部　○平野　次郎　髙倉　弘光　笠原　壮史

図画工作科教育研究部　○笠　雷太　北川　智久　仲嶺　盛之

家庭科教育研究部　○横山みどり

体育科教育研究部　○山崎　和人　平川　譲　眞榮里耕太　齋藤　直人
清水　由（R2年度まで）

道徳科教育研究部　○加藤　宣行　山田　誠

外国語科・外国語活動教育研究部
○荒井　和枝

総合活動部　○由井薗　健　盛山　隆雄　仲嶺　盛之　北川　智久
鷲見　辰美　青山　由紀　中田　寿幸　髙倉　弘光
桂　聖　青木　伸生　平川　譲　横山みどり
笠　雷太　辻　健　笠原　壮史　粕谷　昌良
森本　隆史　大野　桂　白坂　洋一　眞榮里耕太
荒井　和枝　弥延　浩史　平野　次郎　志田　正訓
富田　瑞枝　齋藤　直人　青山　尚司　田中　英海
山崎　和人（以上R4年度）

養護教諭（学校保健研究部）
○齋藤　久美

（○印…各部主任）

あとがき

「美意識」という、教育の世界では馴染みの薄い言葉をテーマに据えた本研究でした。しかし、この4年間を振り返って思うことは、「美意識」という言葉がもつ多様な意味を探究し、子どもたちが各教科等の本質、そして「美」を捉えるための教育方法について考え、実践してきたことは、やりがいのある仕事だったということです。「美意識」を育むことは、子どもたちがより豊かな人生を送るために欠かせないことであり、教育において重要な役割を果たすことを研究の過程で感じ取ることができました。

一方、本研究が新型コロナウィルス感染症拡大のパンデミックの時期とピタリと重なってしまったのは、研究推進に困難をもたらすものでした。しかし、予測困難な時代を生き抜くという、まさに現代社会の課題に、筑波の教員全員で力を合わせて立ち向かうことができたことは、私たちの結束力を強めるとともに自信にもつながったと思っています。

この書籍が、少しでも多くの先生のお手元に届き、これからの教育について考えるきっかけになればこの上ない喜びです。

この場をお借りして、本研究にお力添えをいただいたすべての皆様に心より感謝申し上げます。

筑波大学附属小学校
「『美意識』を育てる」研究企画部長　髙倉弘光

カスタマーレビュー募集

本書をお読みになった感想を下記サイトにお寄せ下さい。レビューいただいた方には特典がございます。

「美意識」を育てる
共に幸せに生きるための授業とカリキュラム

2023年(令和5年)6月7日　初版第1刷発行

著　者: 筑波大学附属小学校
発行者: 錦織圭之介
発行所: 株式会社東洋館出版社
〒101-0054　東京都千代田区神田錦町2丁目9番1号
コンフォール安田ビル2階
代　表　電話03-6778-4343　FAX03-5281-8091
営業部　電話03-6778-7278　FAX03-5281-8092
振　替　00180-7-96823
U R L　https://www.toyokan.co.jp

装丁デザイン: 國枝達也
本文デザイン: 株式会社明昌堂
印刷・製本: 株式会社シナノ

ISBN978-4-491-05122-2　Printed in Japan